정태기.

3·6 자유언론실천운동 농성 100시간째를 맞아 기자들이 투쟁의 결의를 다지며 기념 촬영을 했다. 이 자리엔 이미 해직되어 쫓겨난 1차 집행부 동료 기자들의 얼굴은 보이지 않는다(1975.3.10).

1975년 3월 11일, 6일간의 농성투쟁 끝에 남은 30여 명의 기자들이 조선일보에서 쫓겨나자 전체 기자들이 회사 앞에 모여 조선일보 규탄집회를 가졌다

1975년 6월 중순 종각빌딩의 좁은 사무실에서 조선일보에서 해직된 기자들이 모여 조선투위 100일을 기념하는 자축모임을 가졌다. 앞줄 왼쪽에서 3번째가 조선투위 위원장 정태기다.

1975년을 보내면서 苦難가운데서도 우리들에게 信念과 勇氣를 잃지않게 해주셨던 여러분의 激勵에 감사드립니다.

3월 6일 朝鮮日報에서 罷免된 우리記者들이 회사측을 상대로 낸 「不当解任無效確認」訴訟은 12월 18일 제4회 公判을 끝으로 새해로 넘겨졌읍니다. 우리들 33명은 가을 이후 생계지탱을 위한 동분서주 끝에 20명이 우선 일자리를 잡았읍니다.

고등과 감격의 한해를 넘기면서 우리들은 새로이 용기를 가다듬습니다. 우리들의 주장은 새해에도 계속될 것입니다.

自由와 正義로 축복받는 새해가 되기를 빕니다.

1975년 12월 25일
朝鮮日報 自由言論守護 투쟁위원회
한국 記者協会 朝鮮日報 分会
代表 鄭泰基

金善珠 金英璐 金有源 金載汶 金鍾元
金泰浩 馬相元 文昌錫 朴範珍 朴世元
朴漢植 白基範 徐昌模 成漢杓 申鉉國
愼洪範 沈琭鎭 安城岩 吳性浩 柳壯弘
李鍾求 李柱赫 李昌擧 任煊淳 鄭在佑
鄭俊 鄭泰基 周永宇 崔炳琁 崔東珍
崔長鶴 崔埈明 黃憲植

≪조선투위 소식≫지에 실린 조선투위 기자들의 새해 연하장. 1976년의 새해를 앞두고 그동안의 격려에 감사드리며 새해의 투쟁을 다짐하고 있다. 해직기자 33명 중 20명이 일자리를 잡았다는 소식을 함께 전하고 있다(1975.12.25).

ORIENTAL CHEMICAL INDUSTRY

June 13 '77

京雅.

한동안 편지를 못 썼오. 연거퍼 3通의 편지를 받도록. 겸연겸연 時間이란 놈이 휘어 가는것 같은 느낌이오. 명철하게 時間을 승리하는 듯이 있지. 이제 여러가지로 精神을 차리고 앉으니 바로 밖아낫 때인것을 아프게 느끼면서도 있게.

사라진 3通의 편지에 관해서는 나도 좀 안수 없지만. 우리方분이 (다른 사람들에게) 있었든 꼭 같지는 않오. 어쩌보면 그렇게 보였을리도 모를 句節들, 이를테면 新주통라든지, 우리 친구들이 으레 大膽 갖는 토식이 그렇게 만든 것이나 또 해 주오는 느낌이오. 아마 지난 片紙에 얕고 놓았던 것은 침께는 내 신경으로라 본능적이 이제는 약간 시간이 흐르만큼 (지난 3月까지는 대단히 忙(바)쁬던) 당신이 내게서 좀 멀어지고 회상이 었는것가 하는데 더욱 直觀 높은 길로 갖는기 不便하게 느껴진 것이고 둘째는 우리 사이의 情的 距離에 하나 Bloc 시키는게 介在됐었오. 내외 다시 해 있을리라 모른다는 충격이오. 결국 어떻게되오. 오늘 부치야도 滯기 어려운 일이고 그래으로 하도 답답한것 편지에 함께 더우기 는거냐.

① 青燕의 배우 잘 될거오. 本版社는 하足 몸씨 기뻐하고 있오. Roma 에서 것은 내가 애기 하지 않았오. 하루에 내 旅憩를 주선해 준다니 계획대로 M. Ende를 만날 준비는 하도록 하오. 껄둘을 보내는 문제대 그곳에 있는 친구들 모색하여 우리 스도록 활주 정이니 더욱 모색 기대 하시오.

② 내가 가는 문제는 상황를 하고 있으나 기다려가 솜이 오는대로 吉州 결정하겠오. 상영희 가벼게는 애기하는대 豪萬的으로는 一때 시오이나 느끼움 갖아 있는추.

※ 무슨 일이 있어도 돌아나야 하오. 그것은 가능하는 대로 빨리. 당신은 우주, 구정을 내가 더 통독하게 느끼고 있오. 나의 편리에 사내히 선짜오. 힘내시오. 당기

1985년 3월 조선투위 10주년 기념행사에서 정태기 위원장이 인사말을 하고 있다.

조선투위 결성 15주년 기념식.

조선투위 월례회를 마치고. 오른쪽부터 성한표, 정태기, 신홍범, 이주혁, 김선주, 류장홍, 최병선, 임희순.

한겨레신문 창간사무국을 차렸던 안국빌딩에 한겨레 창간을 알리는 현수막이 걸려 있다.

한겨레신문 창간을 알리기 위해 만든 판화.

1987년 10월 30일 한겨레신문 창간 발기 선언대회에서 한겨레 창간을 축하하는 배우들이 퍼포먼스를 펼치고 있다 (AFP통신제공).

1987년 11월 18일 한겨레신문 창간 주역들(왼쪽부터 송건호, 정태기, 권근술, 임재경)이 국민들을 대상으로 주주를 모집하기 위해 거리에서 ≪한겨레신문 창간 소식≫지를 시민들에게 나누어주고 있다(AFP통신의 임희순 기자, 조선투위원이 찍은 것이다).

창간호가 나오는 윤전기 앞에는 내외빈과 외신기자들로 발 디딜 틈이 없었다. 왼쪽부터 조성숙, 이효재, 홍성우, 김종철, 성유보, 리영희 등이 창간호를 들고 기뻐하고 있다.

1988년 5월 14일 오후, 한겨레 사람들이 막 윤전기를 빠져나온 창간호를 들고 감격해하고 있다. 앞줄의 임재경, 이돈명, 송건호와 함께 정운영, 이부영 등의 얼굴이 보인다.

한겨레창간기념 행사장에서. 맨 왼쪽 리영희 선생, 오른쪽 정태기. 가운데에 작가 황석영, 시인 고은의 얼굴이 보인다.

한겨레창간기념 행사장에서 백낙청 교수(오른쪽)와 함께(왼쪽 정태기).

한겨레신문 창간호가 나오던 날 가족과 함께. 오른쪽부터 부인 차경아 교수, 정태기, 딸 정재은, 배동순(동아투위), 이병주(동아투위 전 위원장).

한겨레신문 방북취재단사건과 관련해 1989년 4월 20일 정태기 개발본부장(앞줄 왼쪽)과 장윤환 편집위원장(오른쪽)이 안기부 수사관들에게 구인되기 전 맞잡은 손을 치켜들고 있다. 리영희 논설고문은 이보다 앞서 4월 14일 구속되었다.

대산농촌문화상 시상식에서 축사를 하고 있는 정태기 재단 이사장.

대산농촌재단 해외농업연수에서(2007).

2004년 6월 15일 백두산 천지에서. 왼쪽부터 정운영, 리영희, 정태기, 조정래.

2004년 6월 15일 백두산 천지에서. 왼쪽부터 정태기, 권근술, 정운영.

2010년 캐나다 밴쿠버에서. 오른쪽 정태기 대산농촌재단 이사장, 가운데는 김현대 한겨레신문 전 대표이사, 왼쪽 신수경 대산농촌재단 사무국장.

정태기 할아버지와 함께 농사를 짓고 있는 손녀 지오 양.

언론인 정태기 이야기
언론을 바꾸지 않으면 미래는 없다

두레

일러두기
이 책의 화보집에 실린 사진은 대부분 임희순 기자가 찍고 제공한 것이다. 임 기자는 조선일보에서 해직당한 조선투위 위원으로 한국의 엘리트 사진기자 중의 한 사람이다. 그는 해직당한 뒤 AFP 통신의 사진기자로 활약했다.

언론인 정태기 이야기

언론을 바꾸지 않으면 미래는 없다

조선자유언론수호투쟁위원회 엮음

두레

이 책을 펴내면서

성한표
조선자유언론수호투쟁위원회 위원장, 한겨레신문 전 편집국장, 논설주간

정태기 조선투위 전 위원장이 이 세상을 떠난 지 만 3년이 되었습니다. 정 위원장은 신문 제작에 참여한 기자로서도 뛰어났지만, 1975년 당시 박정희 독재정권에 맞서 언론의 사회적, 역사적 책무를 지키려던 언론운동에서도 탁월한 지도력을 보여주었습니다.

그는 조선일보 동료기자들의 자유언론 수호를 위한 신문 제작 거부 투쟁을 주도했으며, 이 과정에서 조선일보사로부터 해고당한 32명의 기자들과 함께 조선자유언론수호투쟁위원회(조선투위)를 결성하여 투위 위원장으로서 한국의 언론운동을 이끌어나갔습니다. 2년이 채 남지 않은 2025년 3월이면 조선투위 출범 50주년을 맞게 되는데, 그는 이 50주년을 5년 남겨두고 이 세상을 떠난 것입니다.

조선투위는 출범 50주년을 앞두고 여러 의미 있는 행사를 계획하고 있는데, 고 정태기 위원장을 추모하는 문집은 이 행사의 첫걸음이 됩니다. 조선투위는 같은 시기에 결성된 동아투위와 함께 한국 언론사에 뚜렷한 족적을 남기고 있습니다.

조선투위는 특히 동아투위 및 80년해직언론인협의회와 함께 민주 민족 언론을 지향하는 한겨레 창간을 주도했으며, 오늘까지 한국 언론의 주요 국면에서 필요한 역할을 수행해오고 있습니다. 이와 같은 조선투위의 역사가 바로 정태기 위원장의 투쟁의 역사라고 해도 지나치지 않을 것입니다.

이 책을 많은 분들이 읽고 한국 언론사에 지조 있고, 유능하며, 책임감 강한 언론인의 전형을 발견하는 보람을 느끼기를 바랍니다. 이 책을 특히 남편을 먼저 보낸 차경아 여사를 비롯한 고인의 가족에게 드립니다. 감사합니다.

이 책을 왜 내게 되었나?

추모문집 편집인 신홍범
조선투위 위원, 한겨레신문 전 논설주간

이 문집은 고인 정태기 선생의 뜻에 반反한 것입니다. 고인의 뜻에 정면으로 배치되는 것입니다. 평소 그가 자신을 드러내는 것을 극도로 꺼려 했다는 것을 많은 이들이 잘 알고 있습니다. 그러므로 자신에 관한 책이 준비되고 있다는 이야기를 들었다면 그는 강력하게 반대했을 것이고 한사코 말렸을 것입니다. 자신을 욕되게 하지 말라고 손사래를 쳤을 것입니다.

그것을 잘 알면서도 이 책을 냈습니다. 그 까닭은 그가 남긴 정신적 유산이 너무 고귀하고 크기 때문입니다. 그 유산을 기리고 싶었습니다. 그리고 지금 한국의 언론이 아주 큰 위기를 맞고 있어 그의 유산을 적극 살려야 할 필요가 있다고 보았습니다.

정태기 선생은 3년 전에 세상을 떠났습니다. 그러나 지금도 때때로, 곳곳에서 '정태기'가 이야기되고 있는 것을 봅니다. 그를 존경하는 후배들이 그의 부재不在를 안타까워하는 소리를 듣습니다. 이것을 보면서 '비범한 정신', '숭고한 혼'은 죽어도 죽지 않는다는 것을 다시 확인했습니다.

이 세상엔 여러 가치들이 있지만 정태기 선생은 언론의 가치를 '지고한 가치'로 알았습니다. 그래서 그 가치를 지키려고 싸웠고, 그 때문에 고난을 당했습니다. 언론이 탄압을 받아 죽음에 이르렀을 때 그 언론을 살려내려고 조선투위 기자들과 함께 단호하게 싸웠습니다. 그래서 해직되었고 8년 동안이나 조선투위위원장으로 이 단체를 이끌었습니다. 그 때문에 감옥에도 갔습니다.

그의 분투는 여기에서 그치지 않았습니다. 그는 진짜 언론, 참된 언론은 무엇인가를 끊임없이 찾아 나섰으며, 그런 언론을 통해 세상을 바꾸어보려고 했습니다. 참된 언론은 세상을 바꿀 수 있다고 믿었습니다. 그리하여 그가 앞장서서 만든 것이 '한겨레신문'입니다. 한겨레는 많은 해직언론인들과 국민들의 뜨거운 염원이 모아져 만들어졌습니다. 그러나 이 신문을 '시작한' 정태기가 아니었으면 한겨레는 아직도 우리의 머릿속에만 들어 있을지 모릅니다.

지금 한국의 언론은 또다시 큰 위기를 맞고 있습니다. 박정희·전두환 정권이 사라진 지 30여 년 후에 또다시 '언론 암흑시대'를 맞으려고 합니다. 이미 그 어둠 속에 들어서 있습니다. 국민들의 소중한 자산인 공영방송을 사유물인 양 장악하려고 온갖 무법적인 행동을 자행하고 있으며, 신문을 포함한 모든 언론을 손아귀에 넣고 통제하려 합니다. 가짜 뉴스를 없애겠다면서 자신의 마음에 들지 않는 언론을 '국가 반역죄'로 다스려 '폐간'시키고 기자를 '사형'에 처할 수도 있다고 공공연하게 말합니다. 군사독재 아래서도 이렇게 야만적인 폭언을 들어본 적이 없습니다. 한국언론이 이런 경멸과 모욕을 받아본 적이 없습니다. 한국기자협회가 지난 8월 회원들(약 1만 명)을 대상으로 여론 조사한 바에 따르면 기자들의 85%가 현재의 언론이 '억압당하고 있다'라고 대답했습니다. 언론의 자유가 보장되어 있다는 대답은 고작 9.9%였다고 합니다.

한국의 언론계는 이 위기의 정체를 바로 보고 모든 힘을 모아 단호하게 싸워야 합니다. '함께' 투쟁해야 합니다. 언론 탄압을 남의 일로 보고 방관한다면 머지않아 그 탄압의 칼날이 자신의 가슴을 찌를 것입니다. 언론계 전체가 나서야 합니다. 한국 언론이 이 탄압을 막아내지 못한다면 우리 사회는 또다시 저 끔찍한 '암흑' 속으로 떨어져버릴 것입니다.

언론자유를 지키기 위해 자신을 바쳤던 정태기 선생의 투쟁정신이 여러분의 싸움을 도와주기 바랍니다. 그리고 참 언론을 찾아 나섰던 고인의 '언론 정신'이 '프로파간다'로 전락한 오늘의 거짓된 언론을 바로 보게 하고 이를 바로잡는 데 도움이 되었으면 합니다.

유난히 뜨거웠던 폭염 속에서 글을 쓰시느라 고생하신 필자 여러분들께 고맙다는 말씀을 드립니다. 정말 애 많이 쓰셨습니다.

차례

이 책을 펴내면서 — 성한표	5
이 책을 왜 내게 되었나? — 신홍범	7

1. 조선투위와 함께

- "기자 더 하고 싶지만…" — 성한표 … 15
- 추억 속의 그 사람 정태기 — 신홍범 … 21
- 내가 본 정태기 — 최병선 … 54

2. 한겨레와 정태기

- '공성이불거', 정태기와 한겨레 창간 과정 — 이원섭 … 63
- 언론인 정태기를 위한 작은 기록 — 김현대 … 105
- 배우는 머무르지 않는다 — 박성득 … 126
- 뒤늦게 드리는 감사의 인사 — 지영선 … 150
- 2020년 언론은 두 큰 별을 잃다 — 김형배 … 161
- 功成而弗居 — 고급 정론지를 꿈꾼 이상주의자 — 권태선 … 180
- 어느 지혜로운 이의 고독 — 정남구 … 189
- 성공으로 이끈 매그넘 코리아 프로젝트 — 하수정 … 193
- 정태기 선배를 추모하며 — 안수찬 … 196
- 정태기 사장님의 기억 — 이원재 … 205

3. 정태기를 생각하며

- 정태기를 그리워한다—이대공   209
- 그는 뛰어난, 친절한, 겸손한 신사였습니다—쿠보다 히로지   212
- 농업, 농촌을 돕는 일이라면 해보죠—신수경   217

4. 나의 아버지

- 나의 아버지—정진형   235
- 그 우주의 마당—정재은   238

5. 기록 속의 언론인 정태기

- 『한겨레 사사社史』에 기록된 언론인 정태기   253
- 9회 만루 투수 심정으로   265

6. 정태기가 남긴 글

- 우리의 결의   273
- 제 3년을 맞으며   276
- 3년이 뜻하는 것   278
- 우리는 돌아가야 한다   282
- 또 다른 20년을 향하여   287
- 학생과 매스컴   298
- 지식인의 자세: 최영오崔永吾 군의 기사를 읽고   303
- 농업과 농촌의 중요성에 관한 국민적 공감이 필요한 이유   309

7. 정태기의 생태적 세계관과 문명관
  : 대산농촌재단 이사장으로서 「대산농촌」에 쓴 글

- 우리 농업의 창조적 결실을 위하여   321
- 우선 농지만은 지키자   324
- 아시아 유일의 청정 농업국가를 이루자   328
- 희망은 농촌과 농업의 부흥에 있습니다   332
- 농업은 국방과 같은 것   339
- 농촌 불패, 농업이 미래다   344
- 2010년 새해, 지구를 살리는 농업의 가치는 더욱 무거워질 것입니다   349
- 농업의 미래, '씨앗 민주주의'   353
- "3만 달러까지만"   358
- 농업, 농촌 부흥운동을   362
- 앞으로의 '10년'   366
- 농업은 영원하다: 재단 창립 20주년을 맞으며   370

정태기 약력   374

1
조선투위와 함께

"기자 더 하고 싶지만…"

성한표

조선자유언론수호투쟁위원회 위원장, 한겨레신문 전 편집국장, 논설주간

"솔직히… 나는 기사 쓰는 기자를 더 하고 싶다. 하지만… 여건이 이를 허용하지 않으면, 하는 수 없지."

1975년 초 지금은 고인이 되어 천국에 가 있는 당시 동료 기자 박세원과 내가 정태기 선배 기자를 만나 한국기자협회 조선일보 분회장직을 맡아달라고 요청했을 때, 정태기 선배가 한 대답이다. 한 달 남짓 전인 1974년 10월 24일 기자들이 '선언'으로만 끝났던 자유언론 수호운동을 이제부터는 '실천'으로까지 밀고 나간다는 새로운 각오를 다짐하고 천명(10·24 자유언론실천선언)한 이후 각 신문사 분위기는 삼엄했고, 기자들의 각오와 다짐도 비장해져가고 있던 때였다.

기사 쓰는 기자를 더 하고 싶다는 정 선배의 말이 당시 우리들의 가슴을 울린 것은 그가 어떤 기자 생활을 하고 있었는지를 잘 알았기 때문이다. 경제부 기자였던 그는 우리들 후배 기자들의 눈에 조선일보뿐만 아니라 한국 전체 기자들 중에서도 뛰어난 기자로 비쳐지고 있었다. 그가 쓴 해설기사는 후배들에게 인기였고, 경제 현

안에 대한 그의 탁월한 분석이 당시 경제문제를 대하는 우리들에게 아주 유용한 지침이 되고 있었던 것이다.

더욱이 내가 소속되어 있던 정치부와는 달리 경제 기사는 당시의 극심한 언론 탄압하에서도 약간의 숨 쉴 틈을 만들어나갈 수도 있었기 때문에 우수한 기자들이 계속 기사를 쓰는 것이 아주 필요한 때이기도 했다. 기사 쓰는 기자를 더 하고 싶다는 그의 간절한 소망에는 바로 이와 같은 정황이 배경으로 깔려 있었던 것 같다. 이뿐만 아니라 그즈음 기자협회 조선일보 분회장을 맡는다는 것이 어떤 의미를 갖고 있었는지를 그가 명확히 이해하고 있었음을 그의 망설임과 결단을 통해 짐작할 수 있었다.

자유언론 투쟁의 최일선에

그즈음 기자협회 분회장을 맡는다는 것은 정부의 극렬한 언론 탄압에 맞서는 일선 기자들의 투쟁을 선두에서 이끈다는 것을 의미했다. 더욱이 1974년 10·24 자유언론실천선언 이후 이를 신문 제작 일선에서 관철시키는 투쟁을 벌이다가 그해 12월 18일 해직당한 신홍범(문화부), 백기범(외신부) 두 선배 기자의 복직을 요구하는 기자들과 이미 독재정권의 하수인으로 전락한 경영진과의 3월 대결전을 앞두고 긴장이 고조되고 있던 때였다. 기자들은 복직 시한을 창간기념일인 3월 5일로 정하고, 이를 기점으로 대대적인 투쟁에 들어간다는 예고를 하고 있었고, 이 때문에 편집국 내에 긴장감이 흐르고 있었다.

기자를 더 하고 싶지만, 상황이 허락하지 않으니 하는 수 없다는 정태기 선배의 말은 그가 언론운동에 앞장섰을 경우 그에게 무슨 일이 일어날 것인지를 통찰하고 있었다는 뜻으로 읽힌다. 투쟁에 참여했던 많은 기자들은 3월 초의 대결전을 거쳐 신홍범, 백기범 두 기자의 복직을 달성하고, 기자들은 다시 본업인 기자 업무로 복귀하게 될 것으로 막연히 기대하고 있었다. 하지만 정태기 기자는 분회장을 맡기로 결단하면서 이미 경제부 기자로 복귀하여 기사를 다시 쓸 수 있을 것이라는 기대를 접어버렸던 것을 알 수 있다. 그만큼 그는 당시 대부분의 동료 선후배 기자들에 비해 상황 파악 능력이 앞서 있었고, 그 바탕 위에서 남들보다 더욱 어려운 결단을 내렸으리라 짐작된다.

그때에는 산별노조로서의 언론노조가 없었고, 조선일보에 기업별 노조도 없었을 뿐만 아니라 기자협회도 무기력했던 때라 조선일보 지면이 극도로 오염되고 무기력해지는 것을 저지할 수 있는 상시적인 조직이 없었다. 그래서 기자들이 투쟁의 수단으로 발표하는 성명서도 '조선일보 기자 일동'이라는 이름으로 나가기 일쑤였다. 때로는 기자들 중 선배급을 일시적으로 기자협회 조선일보 분회장으로 추대하여 성명서를 내기도 했지만 일회성으로 그치는 추대였고, 언론운동을 이끄는 지도자로서의 역할은 할 수가 없었.

한편 10·24 이후 기자협회도 각 신문사에서 전개되는 자유언론 수호투쟁에 적극적인 관심을 보였고, 조선일보 기자들도 조선일보 분회를 자유언론 수호투쟁을 실질적으로 이끄는 구심체로 키워나가기로 뜻을 모았다. 이와 같은 흐름 속에서 강한 분회를 준비하던 기자들이 나와 박세원을 시켜 정태기 선배의 의사를 타진케 했고, 정 선배로부터 고무적인 대답을 얻어냈던 것이다.

정태기 선배는 그 이후 1983년 3월까지 8년여 동안 조선투위 위원장으로 봉사했는데, 그동안 그는 결단력을 가진 유능한 대표였을 뿐만 아니라 투위의 동료와 선후배들을 한 덩어리로 묶어낸 따뜻한 리더십을 보여주었다. 지금은 투위의 많은 위원들이 타계하여 월례회의 모임에 모이는 숫자가 많지 않지만, 당시에는 총 32명의 투위원 중 월례 모임에 대체로 스무 명 안팎의 위원들이 참석했었다.

다시 내려놓은 기자의 꿈

이렇게 많은 사람들이 모일 때는 누구든지 자기 곁에 앉아 있는 사람들과만 대화를 나누고, 다른 참석자들과는 수인사 정도로 만족할 수밖에 없는 것이 대체로 우리가 경험하는 회식 자리다. 모임의 대표나 그 대표 주변에 앉아 있는 선배들과 끝자리에 앉아 있는 후배들이 모임에서 깊은 대화를 나누는 일은 기대하기 어렵다. 하지만 정 선배는 이런 상황을 바꾸기 위한 여러 가지 노력을 기울였던 리더였다. 회식 도중 가급적 많은 위원들과 대화를 나누기 위해 여러 차례 자리를 옮겨가며 술잔을 나누는 번거로운 일을 마다하지 않았다.

정태기 위원장을 생각하면 많은 모습들이 떠오르지만, 그를 설명하는 가장 결정적인 특징은 한겨레 창간 당시에 그가 보여준 모습이다. 그는 한겨레 창간을 처음으로 발상했고, 소수의 선후배들과 함께 창간 작업을 진행했었다. 그가 없었다면 한겨레도 없었을 것이라고 할 정도로 한겨레에 대한 그의 역할은 절대적이었다.

그는 간절히 더 하고 싶었던 기자 생활을 포기하고, 자유언론 투쟁에 뛰어든 지 13년 만에 한겨레 창간에 주도적인 역할을 했다. 그는 자신의 꿈이었던 기자로 13년 만에 돌아갈 수 있었다. 물론 이제는 평기자가 아니라 논설위원실이나 편집국을 끌고 가는 역할이 되었을 것이다. 하지만 그는 새로 출범한 한겨레에서 기자 쪽 일을 선택하지 않고, 기자 출신들은 잘 맡지 않으려 하는 업무 쪽 일을 맡았다. 당시 그는 편집진의 구성과 편집 방향 등 신문의 골격을 만드는 일을 임재경 선배에게 부탁하면서 "저는 '신문사'를 만드는 일에 매진할 테니, '신문'을 만드는 일은 임 선배께서 맡아주세요"라고 다짐했었다.

그는 새 언론에 대한 자신의 꿈을 우리 모두의 꿈으로 만들었고, 기어코 이를 현실의 일로 성사시켰다. 이 일을 통해 그는 언론 현장에서 쫓겨난 많은 기자들과 굴욕적인 언론 현장을 떠나 참 언론인의 길을 걷기를 열망하는 많은 기자들이 다시 모여 자신의 꿈과 열정을 불태울 수 있는, '한겨레신문'이라는 전혀 새로운 투쟁의 현장을 만들어냈다. 하지만 13년 전, 기자 생활을 더 하고 싶다는 간절한 소망을 털어놓았던 그는 정작 그 모든 것이 가능해진 이제 기자로서의 꿈을 접었다. 그는 한겨레 신문사의 업무파트, 다시 말하면 광고, 판매, 관리 등 세 파트 중 관리파트의 책임을 맡는 것으로 자신을 낮췄던 것이다.

그가 80도 되기 전에 이 세상을 떠난 것은 무엇보다도 한국 언론을 위해 매우 슬프고 불행한 일이다. 나는 그와 몇몇 선배들이 시작한 새 언론의 꿈이 한겨레 창간으로 실현되었던 것을 회상하면서 지금이 또 그런 꿈을 꿀 기자들이 절실히 필요한 때라는 깨달음을 얻는다. 그리고 정 선배가 아직도 살아 있다면, 그는 반드시 또 움직이기 시작했을 것이라는 생각과 함께 그의 타계로 인한 상실감을 다시 한번 깊이 느끼게 된다.

추억 속의 그 사람 정태기

신홍범

조선투위 위원, 한겨레신문 전 논설주간

내가 정태기를 처음 만난 것은 조선일보에서였다. 그와 나는 1965년 12월 이 신문사에 함께 들어간 동기생이었다. 모두 7명(여기자 1명)이 수습기자로 함께 훈련을 받았다. 그때 내가 그에게서 받은 인상은 요즘 말로 '스마트하다'는 것이었다. 말을 군더더기가 없이 깔끔하게 했으며, 반짝이는 위트도 인상적이었다. 책을 많이 읽었다는 것도 드러났다. 그리고 그때의 우리 나이에 비해 정신이 성숙해 있다는 느낌을 받았다.

6달 동안의 수습기자를 마치면서 알게 된 것인데, 그는 서울대 법대를 나왔는데도 당시 조선일보에서 보았던 같은 대학 출신의 여러 기자들과 많이 달랐다. 고정된 좁은 틀frame을 통해 세계를 보는 것이 아니라 '자유로운 정신'과 '열린 눈'으로 세상을 보는 것이

---

* 조선투위를 **빼놓고** 고인(정태기) 이야기를 할 수는 없다. 이 글은 고인과 조선투위의 관계를 잘 모르는 분들을 위해 쓴 것이다.

달랐다. 나중에 들은 것인데, 그는 때때로 문리대로 건너와 인문학 강의도 듣고 독일어 소설 강독도 들었다고 한다. 그만큼 정신이 자유롭고 알고 싶은 세계가 넓었다는 것을 말해준다. 그래서 어떤 사람은 그가 '문리대 체질에 가깝다'고 했다. 문리대 체질이란 자유분방한 데다 퇴폐적인décadent 것이 더해진 것을 말하는데, 이 '데카당'한 것을 뺀 문리대 체질이라는 것이다.

이(리)영희를 만나다

수습기간을 마치자 그는 단번에 경제부 기자로 발탁되었다. 당시 기자들이 가장 가고 싶어 한 부서가 정치부와 경제부였는데, 그는 일찍부터 뛰어난 기자로서의 능력을 드러낸 것이다. 나는 문화부 기자로 잠깐 일한 다음 기자 생활의 대부분을 외신부에서 보냈다. 이영희李泳禧 부장이 데스크를 맡고 있던 외신부에서 그와 함께 3년을 일했다. 어느 부에서 일했든 우리가 이 부장을 만난 것은 아주 뜻깊은 것이었으며 축복이었다.

우리는 그의 가르침을 받으며, 그가 베트남 전쟁을 비판적으로 다루는 것을 보면서 기자가 되는 법을 배웠다. 기자가 진실을 밝히려면 어떻게 해야 하는가를 배웠다. 그는 이렇게 말하곤 했다.

"진실을 밝히는 것은 쉬운 일이 아니다. 사건의 앞면만 보고 진실이라 말해선 안 된다. 반드시 뒷면을 보아야 하고 옆도 보고 깊이까지 보아야 한다. 제일 경계해야 할 것은 앞면만 보고 진실이라 말하는 것이다."

상식을 믿지 말고 사회적 통념을 믿지 않으며, 고정관념과 모든 도그마를 버리고 현실을 들여다보라고 했다. 항상 깨어 있으면서 모든 것을 의심하라고 했다. 당시의 도그마는 반공이데올로기였다. 베트남 전쟁은 공산주의의 확산을 막는 성전聖戰이며, 베트남이 공산화되면 인도차이나 전체가 잇따라 공산화된다는 도미노 이론이었다. 그리고 미국의 힘 앞에 불가능한 것은 없다는 '절대화된 미국'이었다.

이 부장은 베트남 전쟁이 날로 격화되면서 한국의 반공이데올로기가 극단으로 치닫는 것을 못 견뎌 했다. 오랫동안 반공 교육에 세뇌되어 세상을 흑백논리로만 바라보는 사고방식을 못 견뎌 했다. 어느 날 나는 무심코 대만을 '자유중국'으로 불렀다가 혼난 적이 있다. 그때는 모두가 그렇게 부르기에 나도 그랬던 것인데…. "총통제의 장개석 일인 독재하에 있는 나라가 어떻게 자유로운 나라냐"는 것이 이 부장의 지적이었다. '이름'이란 그 대상과 동일시되므로, 이름을 잘못 쓰면 그 대상의 내용과 이미지가 다르게 전달되니 조심해야 한다는 것이었다. 이 부장은 이런 소신에 따라 한국 언론 최초로 '자유중국'을 '대만'으로, '중공'(중국 공산당 치하의 중국대륙)을 '중국'으로 표기하는 담대한 행동에 나섰다. 당시로서는 빨갱이라는 공격을 각오해야 하는 일이었다.

내가 이영희 부장에게서 받은 가장 큰 감동은 진실을 밝혀 세상에 알리려는 그의 지칠 줄 모르는 열정과 용기였다. 치열한 기자정신이었다. 한국이 이미 5만 명 이상의 병력을 파병한 전쟁을 비판한다는 것은 박정희 정권에 대한 도전이나 다름없었다. 그는 이 전쟁에 대한 비판적 보도가 자신에게 얼마나 위험하게 작용할 것인가를 잘 알고 있었다. 그는 외신부장들을 회유하기 위해 정부가 마련한 '베트남 위문 여행'을 거부했으며, 한국군이 베트남에서 잘 싸우고 있다고 적당히 써주기만 하면 월급의 3배를 주겠다는 중앙정보부의 제안도 거절해 버렸다.

한국의 모든 신문이 베트남 전쟁을 '성전'이라 찬양하면서 전쟁을 부추기고 있을 때 그만이 외롭게 이 전쟁은 '잘못된 전쟁'이라고 말하고 있었다. 프랑스 식민지에서 해방되어 진정한 독립과 발전을 이루어보려는 한 민족의 노력을, 자기 나라와 민족의 미래를 스스로 결정하겠다는 자결自決의 의지를, 분단된 민족을 하나로 통일해보겠다는 염원을 무참하게 짓밟아버리는 새로운 형태의 침략 전쟁이라는 것이 비판의 요지였다.

수습기자라면 누구나 한 번쯤은 외신부를 거쳐 가야 했으므로, 정태기도 이런 이영희에게서 특별한 체험을 했을 것이다. 지적 감수성이 예민한 사람이었으므로 적지 않은 충격을 받았을 것으로 생각한다.

이영희 부장은 베트남 전쟁을 비판한 기사 때문에 1969년 조선일보에서 쫓겨났다. 이영희의 반베트남전쟁 캠페인을 위험하게 본 박정희 정권이 조선일보에 압력을 가해 그를 해직시켜버린 것이다. 조선일보 내의 극우반공주의자 간부들은 정권의 압력에 저항 없이 굴복했다. 이영희 부장의 해직은 해방 후 언론사가 권력에 굴복하여 기자를 내쫓은 최초의 사건으로 기록돼야 할 것이다. 우리는 이 부장의 해직을 안타깝게 여기면서도 항의도 한 번 못 해보고 그냥 보내고 말았다. 그때는 우리의 생각이 우매하고 의식이 깨어나지 못해서 그것에 저항하는 행동 자체를 생각하지 못했다. 그러나 지금 같으면 고분고분하게 그렇게 얌전하게 보내지는 않았을 것이다.

조선일보에서 쫓겨난 이영희 부장은 한양대 신문방송학과 교수로 가면서 '리영희 교수', '리영희 선생'이 되었다. 그는 이곳에서도 베트남 전쟁에 대한 비판을 계속했다. 중국 문제를 포함한 세계의 중요한 문제들에 대한 진실과 탁월한 견해를 밝혀 닫혀 있던 많은 사람들의 눈을 열어주고 낡은 생각을 버리게 만들었다. 수많은 젊은이들이 그의 책 『전환시대의 논리』와 『우상과 이성』을 읽고 민주화운동에 뛰어들고 감옥에 갔다. 이런 치열한 비판정신 때문에 그는 언론사에서 두 번 해직당하고, 아홉 번 연행당했으며, 다섯 번 구치소에 가고, 세 번 징역형을 받고 감옥살이를 했다. 이런 리영희를 가리켜 프랑스 신문 르 몽드Le monde는 "le maître à penser"라 불렀다. 원문 그대로의 의미는 사람들로 하여금 '생각하게 만들고, (올바로) 생각하는 법을 가르쳐준 은사'라는 뜻일 텐데, 사람들은 그를

'사상의 은사 le maître de pensée'라고 불렀다.

베트남 전쟁에 대한 리영희의 '진실'이 입증되기까지는 시간이 필요했다. 1971년 대니얼 엘스버그Daniel Elsberg가 폭로한 펜타곤 페이퍼스Pentagon papers를 통해 이 전쟁의 거짓과 추악함이 드러나더니, 일찍이 볼 수 없었던 대대적인 반전데모가 이 전쟁이 불의한 전쟁임을 말해주었다. 그리고 미국의 3대 행정부에 걸쳐 이 전쟁을 지휘한 국방장관 맥나마라가 1996년 자신의 회고록을 통해 이 전쟁을 '수치스러운 전쟁, 패배한 전쟁'이라고 고백함으로써 '잘못된 전쟁'이 확정되었다, 이영희 부장이 문제를 제기한 지 약 30년 후의 일이다.

이런 리영희를 우리는 존경하고 따랐다. 정태기는 리영희를 경외했으며, 리영희 역시 정태기를 아끼고 '존중'했다. 여기서 존중했다는 의미는 그의 사람됨을 일찍이 알아보고 단순한 후배 이상의 특별한 관심을 가지고 소중히 여겼다는 뜻이다. 정태기는 리영희 선생이 조선일보에 있을 때보다 더 자주 그와 어울렸으며, 해가 바뀌어 설날이 되면 우리(임재경, 정태기, 나)는 리 선생 댁을 찾아가 떡국을 먹곤 했다. 정태기가 국민모금으로 신문사를 만들기로 결심하고 맨 먼저 찾아간 사람이 리영희와 임재경(조선일보 전 경제부 기자, 한국일보 전 논설위원, 한겨레신문 논설주간, 편집인 겸 부사장 역임)이었던 것은 결코 우연이 아니다. 오랜 인연에, 리영희가 우리나라 지식인의 양심을 대변한다는 상징성 말고도 그의 치열한 기자정신을 새로 만드는 신문에서 실현시켜보겠다는 결의가 함께 작용했을 것이다.

참을 수 없는 '양심의 괴로움'

조선일보 기자 시절을 되돌아보면 가장 많이 생각나는 것이 괴로움, '양심의 괴로움'이다. 즐거웠던 것은 하나도 생각나지 않고 쓰라린 기억뿐이다. 기자다운 기자가 되고 싶어 신문사에 들어왔으나 기자 노릇을 할 수 없었던 괴로움, 국민들이 알아야 할 것을 모르게 하고 그들을 끊임없이 속이는 범죄에 가담하고 있다는 죄의식, 이러고도 내가 기자냐고 거듭 묻게 되는 부끄러움과 자책감, 언론이 군홧발에 참혹하게 짓밟히는 것을 보면서도 아무것도 하지 못하는 무력감…. 한마디로 양심의 괴로움, 양심의 고통이 우리를 지배하고 있었다.

중앙정보부원이 편집국에 상주하다시피 드나들면서 신문 제작에 간섭하는 것을 매일 보아야 하는 괴로움이 컸다. 신문사 간부 집에서 폭발물이 터지는가 하면 한 방송사 제작과장이 괴한에게 납치당하고, 정부 비판기사를 쓴 기자들이 잇따라 테러를 당하는 사건도 우리를 위축시켰다. 정권의 비위를 거스르는 기사를 썼다 하여 걸핏하면 편집국 간부와 기자들이 '남산'(정보부의 언론 통제 본부가 남산에 있었다)에 끌려가 밤새도록 협박당하고 구타당하는 것도 우리를 비참하게 만들었다. 권력은 물리적인 폭력이 기자들의 의식에 어떻게 작용하는가를 잘 알고 있었기에 폭력의 공포를 이용했다.

이런 언론을 1969년부터 대학생들이 공개적으로 비판하기 시작했다. 이 해에 3선개헌에 반대하는 대학생들의 데모가 격렬하게 일어났으나 언론이 이를 제대로 보도하지 않았기 때문이다. 대학생들이 취재하러 온 기자들에게 돌을 던지는 사태에 이르렀다. 신문에 한 줄 기사도 못 내면서 취재는 해서 무엇 하느냐는 것이었다.

19971년 3월 26일 한국의 언론인이라면 잊지 못할 사건이 벌어졌다. 서울대 문리대, 법대생들이 동아일보사 앞으로 몰려와 '언론 화형 선언문', '언론인에게 보내는 경고장', '언론인에게 고한다' 등 세 가지 유인물을 배포하고 언론을 가리켜 '붓을 휘두르는 깡패', '도둑의 망보기꾼', '도둑 앞에 꼬리 흔드는 강아지' 등으로 조롱하면서 언론을 규탄했다. 이 사건은 언론계에 큰 파장을 불러일으켜 양심의 고통 속에서 살던 기자들에게 더욱 큰 충격과 부끄러움을 안겨주었다.

1971년 4월 17일 발표한 조선일보 기자들의 언론자유수호선언은 이런 상황 속에서 나온 것이다. 이를 주도한 것이 정태기였다. 죽어가는 언론을 이대로 두고 볼 수만은 없다는 결심이 그를 행동에 나서게 한 것이다. 이것은 그가 앞장서서 이끈 조선일보 최초의 언론자유수호투쟁이었다. 기자들은 이 선언에서 "정당한 취재활동을 하던 기자가 정보기관원으로부터 폭행을 당해도 그 책임이 규명되지 못했으며, 정보기관원이 편집국을 수시로 출입, 신문 제작에 굴욕적인 압력을 가해와도 이를 배격하지 못한 언론의 무기력을 자괴한다"고 탄식했다. 그리고 "기자를 함부로 연행, 감금, 구타하는 민주적 기본 질서에 반하는 행위와 정보기관원의 사내 상시 출입과 같은 부당한 간섭을 중지할 것" 등 4개 항을 요구했다.

언론자유 수호를 다짐하는 궐기대회가 전국 신문, 방송, 통신사로 확대되자 정부는 중앙정보부원의 신문사 출입을 중지시키겠다고 약속했다. 그러나 두 달이 지나지 않아 언론인들이 잇따라 연행되더니, 1971년 12월 6일 국가비상사태가 선포되자 8개월이 채 못 되어 정보부원이 다시 편집국에 진주해왔다. 1972년 10월 이른바 유신체제가 들어선 후 언론은 거의 완벽하게 자주성과 독립성을 상실했다. 기자들을 연행하고 구타하는 폭력의 위협이 질식할 것 같은 공포 분위기를 만들어 신문사 편집국을 지배했다.

언론자유투쟁의 분수령이 된 '10·24 자유언론수호선언'

그러나 독재정권의 탄압이 강화될수록 국민들의 저항운동도 더욱 격렬해져서 유신체제에 대한 반대운동, 개헌청원 서명운동이 전개되었다. 이 운동이 확대되자 박정희는 1974년 1월 8일 긴급조치 1, 2호를 선포했고 1974년 4월 전국민주청년학생총연맹(민청학련) 사건으로 긴급조치 4호가 선포되자 언론의 최소한 활동마저 봉쇄당했다. 수많은 학생, 지식인, 종교인들이 잡혀가 고문에 의한 허위자백으로 군법회의에서 사형, 무기징역 등 중형을 선고받았는데도 언론은 당국이 발표하는 것 말고는 아무것도 쓸 수 없었다. 그동안의 언론자유수호운동에서 절실하게 깨달은 것이 있었다. 언론이 최소한의 역할이라도 하려면 운동이 구호에 그쳐서는 안 되며, 기자들이 철저하게 단합하여 조직된 힘으로 보도를 관철시키지 않으면 안 된다는 것이었다. 이러한 결의를 행동으로 보여준 것이 우리 언론사에 길이 남을 '10·24 자유언론실천선언'이다.

1974년 10월 24일 오후 7시 30분 조선일보 기자들은 편집국에서 '자유언론실천 선언문'을 채택, 어떤 압력에도 굴하지 않고 배제할 것이며, 기자나 간부가 부당하게 연행당하거나 구금될 때는 총력을 모아 규탄하고 그들이 돌아올 때까지 강력한 투쟁을 계속한다고 선언했다. 그리고 이런 선언을 지면에서 실현하기 위해 '자유언론실천대책회의'를 만들었다.

언론을 바로 세우려는 기자들의 눈물겨운 노력이 계속되고 있을 때 기자들에게 큰 충격을 주는 사건이 일어났다. 대책회의에 열심히 참여하고 있던 두 기자(외신부의 백기범과 문화부의 신홍범)를 회사가 파면한 것이다. 1974년 12월 17일 유신체제를 일방적으로 옹호하는 유정회 소속 국회의원 전재구의 글이 조선일보에 실린 것을 두고 편집국장에게 항의했다가 해직당한 것이다. 유신체제가 국가적으로 큰 쟁점이 되어 있는 시기에 이 체제를 옹호하는 글만 실은 것은 중요한 정치적 문제를 공정하게 다루어야 할 원칙을 저버린 것으로, 유신체제를 비판하는 글도 함께 실었어야 했다고 두 기자는 주장했다. 편집국장은 이런 항의가 자신이 갖고 있는 편집권을 침해한 것이며 하극상 행위로 위계질서를 위반한 것이라고 비난했다. 백기범과 신홍범은 "언론의 편집권이 외부의 압력에 의해 침해당했다면 기자들에겐 그것을 보호해야 할 책임이 있다. 우리의 행동은 편집권을 침해한 것이 아니라 오히려 빼앗긴 편집권을 되찾기 위한 것"이라고 반론을 폈다. 시말서를 쓰라는 회사 측의 요구를 거부하자 회사는 이튿날 파면한다는 방을 붙였다.

정태기는 언론자유 투쟁을 위해서도, 그리고 부당하게 희생당한 동료들(이며 동기생들)을 구하기 위해서도 구명운동 벌이는 것을 자신의 의무로 여겼다. 그리고 무거운 짐을 기꺼이 짊어졌다. 기자들이 철야 농성투쟁을 하면서 복직을 요구하자 다급했던 회사는 편집부국장 김윤환을 내세워 다음 해 3월 5일 창간기념일까지 두 사람을 복직시키겠다고 약속했다. 백기범과 신홍범의 복직 문제는 다음 해 3월 6일 조선일보 기자들의 대대적인 자유언론실천투쟁의 한 이유가 되었다. 하지만 내가 파면당할 당시만 해도 나는 우리를 구하려고 싸우다가 수많은 동료들이 그렇게 피를 흘리는 상황을 예상하지 못했다. 많은 동료 기자들에게, 그리고 정태기에게 평생 갚을 수 없는 은혜를 입었으며 빚을 지게 되었다. '나는 나 자신의 판단과 결단에 따라 피를 흘릴 수 있다. 나는 내가 흘린 피에 책임을 질 수 있다. 그러나 나 때문에 다른 사람들이 피를 흘렸다면 나는 그 피에 어떻게 책임져야 하느냐'는 질문이 오랫동안 나를 따라다니며 괴로움을 주었다.

마침내 폭발한 3·6 자유언론실천투쟁

빈사상태에 빠진 언론을 구하기 위해 과거의 실패를 거듭하지 않으려면 어떻게 해야 하나? 하고 고심하던 끝에 기자들이 내린 결론은 힘을 모으기 위해 조직을 가져야 한다는 것이었다. 그 조직이 바로 잠자고 있던 기자협회 조선일보 분회를 재건, 활성화시키는 것이었다.

기자들은 "절대적인 신망을 모으고 있던"(조선투위 자료집에 나온 표현) 경제부의 정태기를 분회장으로 선출하기로 의견을 모았다. 성한표, 박세원이 그를 찾아가 이런 뜻을 전하고 분회장을 맡아 줄 것을 거듭 부탁했다. 그러나 정태기는 침묵했다. 그러다가 마지막 부탁을 받았을 때 그는 쓸쓸한 표정으로 이렇게 말했다고 한다. "기자 생활을 오래 하고 싶었는데…." 이 말 속에는 결단을 앞두고 그가 얼마나 많이 고심하고 괴로워했는가가 담겨 있다.

그는 자신이 걸어가야 할 길이 얼마나 험난한 길인가를 알고 있었으며, 투쟁과정에서 언론계를 완전히 떠날지도 모른다는 것을 예감했던 것 같다. 함께 싸울 동료들은 무사할까? 희생자가 나오면 어떡하나 하는 걱정도 많이 했을 것이다. 그런 수난을 앞에 두고 결심을 해야 했으니 그것은 그때까지 그가 내린 결단 가운데 가장 어려운 결단이었는지도 모른다.

그는 충동적으로 행동하는 사람이 아니었다. 문제의 여러 측면을 면밀하게 검토하고 신중하게 판단하는 사람이었다. 그리하여 그것이 옳은 길이며 피할 수 없는 소명召命이라면 피하지 않고 받아들이며 '행동'했다. 내가 그에게서 가장 높이 사는 것 중의 하나가 바로 이 '행동'이다. '행동하는 사람', '행동하는 지식인'이다. 나는 그가 행동해야 할 때 회피하는 것을 본 적이 없다. 비겁하게 행동하는 것을 본 적이 없으며, 구차하게, 쩨쩨하게 행동하는 것을 본 적이 없다.

그의 예상대로 조선일보는 처음부터 그에 대한 억압에 나서 분회장 후보를 사퇴하라고 압력을 가해왔다. 이를 거부하자 이를 막지 못했다 하여 소속 경제부장의 사표 제출을 강요하는 사태에까지 이르렀다. 분회장으로 선출된 정태기는 150여 분회원들 간의 소통과 힘의 결집을 위해 '조선일보 분회소식'지를 발행했다. 그러나 회사는 발행을 중지하라고 지시했고, 이를 거부하자 정태기를 파면하고, 분회 임원 김유원, 성한표, 심채진, 최병선 4명을 견책했다. 그러나 기자들의 분위기가 매우 격앙돼 있었으므로 징계를 유예할 수밖에 없었으며, 5일 뒤 이를 백지화하고 정태기를 신문 제작에 참여할 수 없는 조사부로 발령을 내버렸다.

조선일보 기자들의 인내심은 한계에 이르러 있었다. 사장 방우영의 끊임없는 거짓과 기만 때문이었다. 1975년 2월 13일 방우영은 조선일보를 '금기 없는 정론지'로 만들겠다고 약속했다. 기자들은 이를 뜨겁게 환영했다. 그러나 그의 약속은 며칠도 안 가 거짓임이 드러났다. 기자들은 권력에 굴복을 거듭하는 조선일보의 배신과 비겁함에 분노했다.

1975년 3월 5일이 다가오고 있었으나 회사 측은 일찍부터 두 기자의 복직을 약속한 바 없다고 공언하고 다니더니 그것을 확정해 버렸다. '대결전'의 날 3월 6일이 다가오고 있었다. 그날을 기다리면서 정태기는 많은 생각을 했을 것이다. 이 투쟁에서 회사 측과 권력은 어떻게 나올까? 희생자가 나오지는 않을까? 이 싸움은 어떻게 끝날까?

1975년 3월 6일 오후 2시부터 조선일보 기자들은 일제히 제작거부 농성에 들어갔다. 취재와 기사 작성, 편집 등 일체의 제작행위를 거부했다. 물론 정태기가 이끄는 기자협회 조선일보 분회가 농성투쟁의 중심이 되었다. 농성장의 분위기는 기자들의 분노와 비장한 결의로 가득 차 있었다.

기자들은 이 싸움이 자신들이 속한 회사 권력과의 싸움이면서 그 뒤에 버티고 있는 거대한 독재 권력과의 싸움이라는 것을 알고 있었다. 그러나 더 이상 물러설 수 없었다. 물러서는 것은 '기자'가 아니라 국민을 속이는 '기자欺者'로, 국민과 역사 앞에 죄를 짓는 범죄자로 돌아가는 것을 뜻했다. 유신독재의 앞잡이가 되는 것이나 다름없었다. 지금까지 지나온 저 캄캄한 어둠 속으로, 고통스러운 '양심의 감옥' 속으로 다시 돌아가는 것을 뜻했다.

회사 측은 기자들의 목을 자르는 것으로 대응했다. 농성 첫날 분회장 정태기로부터 시작해 분회 1차 집행부의 간부 김유원, 성한표, 심채진, 최병선 등 5명을 파면했다. 이어 2차 집행부를 구성해 농성을 계속하자 간부 5명을 또 파면했다. 농성 6일째가 되는 날까지 14명을 파면하고 37명을 무기정직시켰다. 농성 마지막 날 회사 측이 많은 경비원들을 동원해 기자들을 끌어냄으로써 6일 동안의 장렬한 투쟁은 끝났다. 정태기는 징계를 당한 사람들 가운데 회사에 돌아가고자 하는 기자들에게는 복귀를 권유했으나 회사 측은 이들 가운데 18명을 또다시 파면, 모두 32명의 기자를 해직시켰다. 이는 조선일보 편집국 기자의 정확히 3분의 1에 해당하는 숫자였다. 이들이 그해 3월 21일 만든 단체가 조선자유언론수호투쟁위원회(조선투위)다.

끊임없이 반복되는 조선일보의 추악하고 부끄러운 '과거'

1975년 3월 32명의 기자들을 추방한 조선투위 사건과 113명의 기자들과 방송인들을 해직시킨 동아투위 사건은 한국 언론사의 중요한 분수령이 되었다. 이 사건을 분기점으로 한국의 언론은 본격적인 제도언론 시대로 들어갔으며, 언론 암흑시대로 들어갔다. 언론은 제도권에 편입되고 통합되어 권력의 통치수단의 하나가 되었다. 독재 권력이 나누어주는 권력을 함께 누리며 많은 돈을 벌었다. 1980년 5월 18일의 광주민주항쟁을 전후한 시기에 기자들이 군사정권의 검열을 거부하는 등 신군부의 폭력적인 언론탄압에 맞서 저항운동을 벌인 적이 있었다. 그러나 언론사들은 그때도 군사정권과 손잡고 이들마저 또다시 언론계에서 추방함으로써 제도언론을 완성시켰다. 조선일보는 그때도 5·18 광주학살에 저항하면서 군사정권의 검열을 거부하고 신문 제작을 거부하려는 기자들을 여러 명(이 가운데 주동자 이원섭과 김형배는 훗날 한겨레 창간에 참여했다) 해직시켰다. 그 이후 일부 공영방송에서 기자와 프로듀서들이 권력의 방송 장악에 맞서 격렬한 투쟁을 벌인 적이 있으나 신문, 특히 조선일보를 비롯한 '주류언론'에서는 오늘에 이르기까지 기자들이 저항운동을 벌였다는 소식을 들은 바 없다. 끝도 없는 침묵이 40년 이상 계속되고 있을 뿐이다.

조선일보와 한국의 언론사들은 진정으로 권력에 저항하여 맞서 싸운 적이 있었던가? 우리는 그런 것을 본 적이 없다. 일제강점기엔 일본 식민 당국에게 굴복하여 그들에게 부역했으며, 해방 후엔 군사독재자들에게 굴복하여 부역했다. 해마다 1월 1일이면 일본 왕에게 충성을 맹세하고, 1937년 중일전쟁 때는 중국 침략전쟁을 대동아 성전聖戰이라 찬양하며 우리 젊은이들을 전쟁터로 내몰았다. 1971년 3선 개헌 후 박정희가 다시 대통령이 됐을 때는 "아낌없이 축하"를 보냈으며, 유신체제가 들어섰을 때는 "적절한 시기에 취한 가장 알맞은 조치"라며 이를 환영했다. 5·18 민주항쟁 때는 광주 시민들을 '폭도'라고 매도하면서 '난동'이 계속되고 있다고 보도했다. 광주학살의 책임자 전두환을 가리켜 "나보다 국가를 앞세우는," "자신에게 엄격하고 책임감 강한 지도자"라고 찬양한 것도 이 신문이다. 이것은 민족과 나라가 위기에 처했을 때마다 이 신문이 얼마나 비열하게 조국과 국민을 배신했는가를 보여주는 것이다. 조선일보의 문제는 이런 악하고 욕되고 부끄러운 '과거'가 끊임없이 되풀이되고 있다는 데 있다. 조선일보에서는 '과거'가 죽은 적이 없다. 노벨문학상을 받은 미국의 작가 윌리엄 포크너William Faulkner는 '과거'에 대해 이런 말을 남겼다. "과거는 결코 죽은 적이 없다. 과거는 과거가 된 적도 없다The past is never dead. It's not even past." '과거는 과거가 아니라'니 조선일보를 두고 한 말 같다. 이 신문에 딱 들어맞는 말이다.

중요한 역사적 계기에서마다 조선일보는 'No'라고 말하지는 못할지언정 '침묵'조차도 지키지 않았다. 어려운 상황에서 권력이 '예스Yes'를 강요할 때 침묵을 지키는 것은 사실상 '노No'를 말하는 것으로 받아들여질 수 있다. 아니면 적어도 '중립'을 지키는 것으로 받아들여질 수도 있다. 그런 점에서는 침묵도 하나의 '정치적 입장'이 될 수 있다. 그러나 조선일보는 그 침묵마저 지키지 않은 채 언제나 노예처럼 굴복했다.

대량 실업의 고통

1975년 3월 21일 조선투위의 초대 위원장을 맡으면서 정태기의 힘들고 고달픈 세월이 시작되었다. 초기에 그를 가장 가슴 아프고 힘들게 한 것은 동료들의 실업상태였다. 아무런 준비 없이 갑자기 해직당했으므로 생계문제가 당장의 급박한 문제로 다가왔다. 갑자기 폭우가 사정없이 쏟아지는데 비를 피할 조그만 오두막집도 찾을 수 없었다. 사람들은 정신없이 여기저기 뛰어다녔다. 어떤 이는 부산의 신발공장으로 내려갔고, 어떤 이는 낮엔 용산에서 고추 장사를 하고 밤엔 대학에서 영어강사를 했다. 직장을 구하지 못한 남편을 대신해 부인이 보세품 보따리장사에 나서 친척과 친지들을 찾아다니기도 했다. 백화점의 사무직원이 된 사람도 있고, 택시 운전사를 하려던 사람도 있었다. 기원을 차린 이도 있고, 중동의 뜨거운 사막으로 떠난 사람도 있었다. 결혼을 눈앞에 두고 실업상태에 빠진 커플도 있었으니 얼마나 참담하고 막막했겠는가? 해직기자들에게 미디어 회사들은 금지의 대상이었다. 박정희 정권이 막았기 때문이다. 처음엔 일반 회사들도 박정희가 무서워 우리를 꺼렸다. 우리는 박정희에게 대든 위험한 사람들, 기피인물이 되어 있었다. 당시 우리 투위 사람들이 겪은 눈물겨운 이야기들을 자세히 기록한다면 두꺼운 책이 될 것이다.

나는 1976년 여름까지 1년 반을 그런대로 버틸 수 있었으나 더 이상 서울에서 살아갈 수 없었다. 취직을 부탁할 사람도 찾을 수 없었다. 내가 의지할 데라고는 고향에서 홀로 농사를 짓고 있는 어머니밖에 없었다. 그해 가을 아내와 두 딸을 데리고 고향으로 내려갔다. 집에 들어서니 마당에 들깨 향기가 가득했다. 나는 어머니와 함께 농사를 지을 작정이었다. 그래서 가을부터 초겨울에 이르기까지 열심히 퇴비를 만들었다. 그리고 이듬해 봄이 되자 우리 집 밤나무 동산에 거름을 주었다. 그런데 임재경 선배한테서 급히 올라오라는 연락이 왔다. 뻐꾸기가 우는 계절이었다. 버스를 타러 가는데 길가 논에서 일하던 이웃집 아저씨가 말을 건네왔다. "여보게, 서울 올라가나?" "네." "아니, 밤나무는 어떡하라고 혼자 올라가나? 밤나무가 우네, 울어." 서울에 올라와 보니 임 선배가 내 직장을 준비해놓고 있었다.

이렇게 동분서주한 지 1년, 어떻게든 직장을 얻은 사람이 32명 중 22명으로 늘어났다. 그러나 완전실업이거나 반실업 상태에 놓인 사람이 10명이나 되었다. 이 1년이 정태기에겐 가장 답답하고 괴로운 시기였을 것이다. 그래서 누군가가 토정비결土亭秘訣에서 그해 운세를 보아다 준 모양이었다. "얕은 물에 노를 저으니 힘만 들도다"가 그해 그의 운세였다. 정태기는 토정비결이 자기 사정을 어떻게 그렇게 잘 맞추었는지 모르겠다면서 웃었다.

동아투위는 해직기자가 113명이나 되었으므로 사연이 더 많았을 것이다. 동아투위와 조선투위 두 단체는 집회에서도 만나고 거리에서도 만나면서 자주 어울렸다. 몇 번인가 야유회도 함께 갔다. 야유회에서는 박정희 정권에 대한 온갖 나쁜 뉴스들이 한데 모아져 공유되곤 했다. 그리고 그것에서 위안과 희망을 얻었다.

야유회에서 본 해직기자들의 얼굴엔 어둠이 없었다. 불우한 삶을 살면서도 그들이 그 고통을 겉으로 드러내는 것을 나는 본 적이 없다. 그것은 우리들 사이에서 암묵적인 금기가 되어 있었다. 수많은 학생들이 감옥에 가 있는데…, 가난한 여공들이 기아임금을 견디다 못해 울부짖고 있는데…, 많은 지식인들이 끌려가 고문을 당하고 감옥에 가 있는데… 하는 생각이 그렇게 만들었을 것이다. 조선투위 2주년에 동아투위 권영자 위원장은 다음과 같은 글을 「조선투위 소식지」에 보내왔다.

"그 봄 태평로 거리에 불어 닥친 난데없는 살기와 절규가 아직도 우리의 기억에 생생한데 지구는 벌써 해를 두 바퀴나 돌았습니다. 지난 2년 동안 한 가정의 가장으로서 겪어야 하는 뼈아픈 고통은 왜 없었겠으며, 음으로 양으로 엄습해오는 신변상의 위협인들 왜 없었겠습니까? 그러나 되돌아보면 우리는 그 모진 시련과 역경의 나날들을 무던히도 잘 견디어왔습니다. 어떤 이들은 우리를 보고 '철없는 사람들'이라 말하기도 하고, '바보 같은 사람들'이라고도 합니다. 2년 전이나 지금이나 우리가 가야 할 길은 오직 이 길밖에 없다는 확신에 아무런 변화가 없는 것을 보면 우리는 정말 별난 사람인지도 모른다는 생각이 듭니다.… 따지고 보면 지금 우리가 당하고 있는 고통은 우리 이웃들의 고통에 견주어 볼 때 너무나 하찮은 것이어서 우리가 감히 이 시대가 만든 고행자의 대열에 끼었다고 생각할 수도 없을 정도입니다. 그러나 또 한편 생각해보면 우리의 이 조그만 고통이 결코 무의미한 것이 아니며, 역사의 흐름 속에서 누군가 꼭 한 번은 져야 할 십자가를 우리가 떠맡고 있다는 생각이 들기도 합니다.…"

연행, 수배, 그리고 투옥

 동아투위와의 연대는 10년 이상 계속되었다. 1977년 12월엔 한국 언론사에 오래 남을 '민주 민족언론선언'을 함께 발표하는 등 공동성명을 여러 차례 발표했다. 조선투위의 연대 활동은 여러 민주화운동 단체로 확대되어갔다. 언론 민주화운동을 하면서 언론의 자유와 민주주의는 서로 분리될 수 없는 하나로 결합돼 있다는 것을 깨달았기 때문이다. 사회가 민주화되지 않고는 언론의 자유를 획득하기 어려우며 언론의 자유 없이는 민주주의를 이룩할 수 없다는 것을 절실하게 깨달았다.

 우리의 3·6 투쟁을 적극 지지했던 천주교정의구현사제단, 민주회복국민회의, 자유실천문인협의회, 목요기도회그룹(개신교 목사들의 모임) 등 여러 단체들이 우리를 따뜻하게 맞아주고 도와주었다. 당시 명동성당과 기독교회관, YWCA 강당에서는 해직기자를 위한 특별미사와 기도회가 열렸는데, 우리는 이 모임을 통해 같은 뜻을 가진 사람들의 연대가 얼마나 많은 용기와 힘을 주는가를 실감했다.

 민주화운동 단체들과의 연대가 확장될수록 투위 대표 정태기의 위험은 커져갔다. 집회에서 그의 발언기회가 많아질수록 그는 점점 더 '위험한 인물'이 되어갔다. 나는 집회에서 그의 연설을 들으며 그가 말을 참 잘한다는 것을 실감했다. 그의 연설은 힘이 있었으며, 군더더기 없이 깔끔했다. 선동적인 연설이 아니라 논리적인 설득형 연설이었다. 공안당국은 점점 더 날카롭게 그를 주시했으며,

그들의 눈에 정태기는 언론운동가를 넘어선 반체제운동가로 보였을 것이다. 그는 '요시찰 대상'이 되었다.

박정희가 죽은 1979년 10월부터 1980년 5월에 이르는 기간은 민주주의를 쟁취해내느냐 아니면 또 다른 독재시대를 맞느냐를 가름하는 결정적인 전환기였다. 1979년 10월 26일의 박정희의 죽음은 암흑시대의 종말을 뜻했고 자유를 뜻했다. 말하게 되어 있는 사람이 마음 놓고 말할 수 있는 세상, 도청과 미행과 감시가 없는 세상, 끌려가 고문당하고 감옥에 가지 않는 세상을 뜻했다. 박정희의 죽음, 나는 그때까지 살아오면서 한 사람의 죽음을 그렇게 기뻐해 본 적이 없었다. "네가 명색이 그리스도교 신자라는 놈이 그래도 되는 것이냐"는 소리가 잠시 들려왔으나 그 소리는 금세 사라져버렸다. 그러곤 '희망'이 떠올랐다. 해직 기자들에게 박정희의 죽음은 우리가 두고 온 신문사로, 언론의 현장으로 돌아갈 수 있다는 '희망'을 뜻했다. 그러나 이런 꿈은 반년 만에 산산조각이 났다. 수백 명이 사망하고 수많은 사람들이 다친 1980년 5월 18일의 광주학살이 그것을 말해주었다.

1979년 11월 13일 조선투위는 동아투위, 해직교수협의회, 자유실천문인협의회, 민주청년협의회와 함께 5개 단체가 연대하여 '나라의 민주화를 위하여'라는 성명을 발표했다. 윤보선 전 대통령 댁에서 내외신 기자회견을 가진 후였다. 이날은 박정희가 김재규의 총에 맞아 죽은 지 18일째 되는 날이었다. 이 성명 때문에 정태기는 종로경찰서에 연행되었다. 동아투위의 이병주 위원장, 이부영 위원, 해직교수협의회의 백낙청 교수, 염무웅 교수, 자유실천문인협의회의 김병걸 교수, 박태순 작가, 민주청년협의회의 조성우 대표 등이 종로경찰서에 연행되었다. 이들은 종로경찰서에 수감됐다가 4일 만에 풀려났다. 이 사건으로 이부영은 구속되어 3년 징역형을 받았다. 공안당국은 웬일인지 부인 차경아 교수와 나를 '신병 인수인'으로 지정하고 정태기를 데려가라고 했다. 그냥 석방하면 됐지 '신병身柄'을 인수하라는 것은 뭔가? '몸을 인수한다'고? 사람이 물건인가? 인수하다니! 역시 군사정권의 무지하고 천박한 사고방식을 드러낸 것이었다.

정태기는 종로서에서 풀려난 지 8일 만인 11월 25일 YWCA에서 열린 '통대統代 저지 국민대회' 사건 때문에 또다시 중부경찰서에 연행됐다. 이 사건은 유신세력이 옛날 방식대로 '체육관 선거'를 통해 새 대통령을 선출하려 하자 이를 저지하기 위해 집회를 열고 시위를 한 것이다. 이 사건으로 96명이 체포되어 많은 사람들이 '죽도록' 두들겨 맞았다. 정신을 못 차릴 정도로 두들겨 맞았다고 했다. 그 후유증으로 여러 사람들이 오랫동안 고생했다. YWCA는 중부서 관할 아래 있어 여러 사람들을 그곳에 연행했는데, 경찰서 안의 분위기가 여간 살벌하지 않았다. 면회소에서 만난 정태기의 얼굴엔 분노가 서려 있었다. 그것은 군사정권의 만행에 대한 분노이기도 했지만, 그 살벌한 곳에서도 그가 자신의 '존엄'을 잘 지켜냈다는 것을 말해주는 것이었다. 나는 그곳에서 다시 그의 꺾이지 않는 '기품'을 보았다. '기품', 그의 '고고한 기품'은 내가 그에게서 아주 높이 사는 인격적 특성 중의 하나다. 그는 6일 후인 12월 1일 석방됐다.

1980년 5월 17일 밤, 치안본부 대공분실(남영동에 있었기 때문에 '남영동'이라 불리기도 했다) 형사들이 정태기의 집으로 들이닥쳤다. 남영동은 박종철 열사가 고문받다가 사망한 악명 높은 곳이다. 정태기는 그날 집에 들어가지 않았다. 다음 날 아침에도 형사들이 집을 지키고 있는 가운데 부인이 기지를 발휘해 성당에 가는 자녀들을 통해 집에서 일어나고 있는 일을 정태기에게 알렸다. 이로부터 반년에 가까운 그의 고달픈 수배생활이 시작되었다. 5월 18일 새벽 2시쯤엔 우리 집에도 들이닥쳤다. 나는 비상계엄이 전국으로 확대되는 등 사태가 심상치 않으니 집에 가지 않는 것이 좋겠다는 동아투위 사람의 연락을 받고 집에 들어가지 않았다. 그런데 그들이 우리 집에 쳐들어온 것은 나를 잡으러 온 것이 아니라 정태기를 잡으러 온 것이었다. 권총을 들이대며 집안으로 들이닥치는 바람에 우리 집사람은 너무 놀라 주저앉아 버렸다고 한다. 다음 날 안 것이지만 우리 앞집에도 들어가 집안을 뒤졌다고 했다. 조선투위의 최병선, 김선주 부부의 집에도 밤중에 쳐들어가 수색을 했으니 남영동이 정태기를 찾기 위해 얼마나 혈안이 돼 있었는지 알 수 있다. 그들은 곳곳에 수배자 전단을 배포하면서 집요하게 정태기를 추적했으나 그는 용케도 그들의 눈을 잘 피해 다녔다. 그러나 그해 11월 27일 끝내 체포되고 말았다. 잡혀간 곳은 무시무시하다는 남영동이었다. 우리는 그가 모진 고문을 받지 않기를 바랄 뿐이었다.

조사를 받고 마침내 서울구치소로 넘어갔다는 소식이 들려왔다. 일단 남영동을 벗어났다는 게 위안을 주었다. 구치소로 넘어왔을 때 정태기에겐 어떤 생각이 들었을까? "아, 드디어 우리 집에 왔구나" 하지 않았을까? 구치소의 감방이 내 집 안방처럼 느껴지지 않았을까?

그런데 남영동은 왜 그토록 그를 잡으러 다닌 것일까? 평소 위험한 인물로 보았기 때문이지만, 어떤 사건을 만들거나 다른 사건에 엮어 넣으려 했던 것 아닌가 의심하고 있다.

그가 감옥생활을 하던 어느 날 민주화운동가이며 교도관인 전병용과 김정남(민주화운동가)이 옥중의 정태기에게 편지를 쓰지 않겠느냐고 했다. 이른바 '비둘기'를 날리는 것인데, 저들 몰래 보내는 비밀 편지였다. 조그만 종이쪽지에 깨알 같은 글씨로 꽤 긴 편지를 썼다. 내가 그에게 쓴 처음이자 마지막 편지였다.

"국민 모금으로 새 신문을 만들어보지 않겠어?"—한겨레의 탄생

1987년 7월 초, 정태기로부터 전화를 받았다. 상의할 일이 있으니 자기 사무실(화담기술주식회사)로 와달라는 것이었다. 갔더니 대뜸 하는 말이 "국민 모금으로 신문사를 하나 만들어보지 않겠어?, 그것이 우리의 오랜 꿈 아니냐"고 하는 것이었다. 나는 놀랐다. 신문사를 만들려면 아주 많은 돈이 필요한데 그 큰 돈을 어떻게 모은

다는 말인가? 엄두도 나지 않고 자신도 없었다. 그의 제안에 "그래, 힘을 모아 추진해보자"고 대답했으나 내 말엔 힘이 없었다.

정태기는 자신의 계획이 얼마나 많은 위험을 내포하고 있는가를 잘 알고 있었을 것이다. 세상사를 많이 아는 그가 그것을 모를 리 없었다. 그것이 실패한다면 해직 언론인을 팔아 국민들을 속이고 적지 않은 피해를 입힐 대사기극으로 끝날 수도 있었다. 이 모든 가능성을 앞에 놓고 그는 많은 고민을 했을 것이다. 그러나 그는 담대한 용기를 냈다. 모두가 알다시피 한겨레신문은 여러 해직언론인들과 국민들의 뜨거운 염원이 한데 모아져 만들어진 것이다. 그러나 그것을 시작한 정태기가 없었다면 한겨레신문은 아직도 우리의 머릿속에만 들어 있을 것이다.

조선투위는 1985년 3월 6일 투위 결성 10주년을 맞아 자유, 민주, 민중, 민생, 민족 언론을 구현할 언론기관의 창설을 제안한다는 성명을 발표한 바 있었다. 그것은 우리가 언젠가 이루어야 할 '막연한 꿈'이었다. 그런데 그 미래의 꿈이 정태기에겐 '지금 이루어야 할 꿈'이 되어 있었다. 그것은 정태기에게 반드시 이루어야 할 꿈이었던 게 분명하다. 그것이 한 '역사적 계기'를 만나 중대한 결심으로 발전한 것 아닌가 나는 보고 있다.

그 '계기'는 1987년의 '6월 항쟁'이다. 수많은 사람들이 서울의 도심을 뒤덮은 '사람들의 바다', 온 세상을 향해 외치는 것 같은 민중의 함성, 온 땅을 뒤덮을 것 같은 혁명적 열기, 그 장엄한 역사의 현장 어디엔가 정태기도 있었을 것이다. '무엇이 그들을 거리에 나오게 했는가? 민주주의를 외치는 민중의 함성 속엔 국민들을 배신하고 그들을 암흑시대로 몰아넣은 언론에 대한 분노도 함께 들어 있지 않은가? 그 뜨거운 민주주의에 대한 갈망 속엔 참된 언론에 대한 갈망도 함께 들어 있지 않은가?'를 그는 보았을 것이다.

한겨레의 창간과정을 돌아보면 누구도 가보지 않은 길을 참으로 잘 헤쳐왔다는 생각이 든다. 국민 모금으로 신문사를 만든 예가 세계 어디에도 없었기에 참고할 사례도 없었다. 그러기에 실족하면 낭떠러지로 굴러떨어질 위험한 길이었다. 그런데도 단 한 번의 실수 없이 무사히 신문사를 세운 것은 놀라운 일이 아닐 수 없다.

한겨레는 두 개의 바퀴로 굴러갔다. 그 한 바퀴는 정태기요, 또 하나는 임재경이었다. 정태기는 임재경에게 이렇게 말했다고 한다. "나는 신문사를 만들겠습니다. 선배는 신문을 만들어 주십시오." 논설주간과 편집인이었던(그 후 부사장이 되었다) 임재경은 편집국을 어떤 체제로 만들고 신문의 내용을 어떻게 가져갈 것인가를 결정하는 주요 임무를 맡고 있었지만, 그 밖에도 회사의 중요한 문제들에 관여하며 이끌어 갔다.

정태기는 신문사를 만들기 위해 뛰어다녔다. 구하기 어렵다는 그 비싼 윤전기를 도입하는 일, 납 활자 대신 국내 최초로 컴퓨터조판시스템CTS을 도입하여 신문을 편집, 제작하는 일, 그리고 가장 큰 과제인 사옥을 짓는 일이 그에게 맡겨져 있었다. 사옥을 지을 대지를 구입하는 일이 난관에 봉착해 있었다. 어느 날 "마시기 싫은 술을 억지로 매일 마셔야 하는 고통을 아느냐"고 호소했다. 나중에 들은 이야기지만, 땅 주인을 설득하기 위해 집에까지 초대하여 매일 술을 마셨다고 한다. 공덕동 사옥 부지는 이런 어려운 과정을 거쳐 마련된 것이다. 나는 그의 이야기를 들으면서 그가 몸이 부서져라 일하고 있다는 것을 실감했다. 이렇게 그는 한겨레신문의 기초를 만들고 뼈대를 세웠다. 한겨레 창간 후 어느 날 정태기가 이런 말을 했다. "한겨레는 염력念力에 의해 만들어진 것"이라고. 사람의 간절한 염원이 만들어낸 것이라는 뜻이다. 인간의 간절한 염원에 하늘이 응답한 것이라는 뉘앙스가 담겨 있었다. 정태기의 간절한 염원, 해직언론인들의 염원, 언론다운 언론을 갈망했던 국민들의 염원이 한데 모아져 만들어진 것이라고 나는 받아들였다.

그런데 한겨레 사사社史는 그를 어떻게 기록하고 있을까? 짧게 줄여 인용하면 이렇다. "… 정태기가 추진력이 있었다. 그 힘으로 그때 한겨레가 태어날 수 있었다. 그는 자금, 인쇄, 공무, 윤전 업무까지 맡았다. 각종 인·허가를 받기 위해 관청을 수도 없이 드나들었다. 밤중에도 벌떡 일어나 계산기를 두드렸다.… 정태기의 비전은 다른 이들보다 앞서 나가는 것이었다. 결심을 하면 머뭇거림 없이 확신을 갖고 일을 추진했다.… 2005년 3월 그는 대표이사 사장에 취임했다. 그는 제2창간 운동을 통해 한겨레의 새로운 변신을 꾀했다. 변화된 신문시장에서 고급지로서 승부수를 던져야 한다고 생각했다.… 뉴욕타임스와 같은 고급지로 가야 한다고 생각했다. 신문 품질을 높이는 걸 최우선 과제로 두고 편집국 간부들을 독려했다.… 그는 두 번 한겨레를 떠났지만 사람들은 그를 한겨레를 만든 사람으로 기억한다.…"

어떤 신문을 만들 것인가?를 두고 우리는 많이 고민했다. 우리가 만들려고 한 언론은 진짜 '새 언론'이었다. 단순히 '조중동'이 대표하는 '제도언론'의 반대편(반제도언론)에 있는 언론만이 아니었다. 한겨레의 창간 정신이 된 '민주언론, 민족언론, 민중언론'을 기본으로 하면서도 내용과 형식에서 기존의 모든 언론을 뛰어넘는 '새로운 언론'이었다. 한겨레의 '삼민三民언론'은 어떤 구호나 추상적인 이론이나 관념에서 나온 것이 아니라 우리가 겪은 '뼈저린 체험'에서 나온 것이기에 그것을 지면에 실현하면서도 그 내용과 형식을 전혀 새롭게 만드는 것이었다.

우리는 다짐했다. 우리가 또다시 펜을 잡을 수 있다면, 우리가 신문을 만든다면 과거의 낡고 추악한 언론을 버리고 진짜 새 언론을 만들어야 한다고 다짐했다. 그리고 그 언론을 통해 세상을 바꾸어야 한다고 생각했다. 그리고 세상을 바꿀 수 있다고 믿었다.

한겨레 창간 당시의 편집국 구성과 지면은 새 언론에 대한 우리의 이런 소망과 구상이 반영된 것이다. 편집위원 제도며, 민권사회부, 민족국제부, 여론매체부, 생활환경부 등 듣도 보도 못한 부서를 만든 것도 시대정신에 맞게 편집국을 참신하게 구성해야 한다는 요구를 반영한 것이다. 관변 위주의 취재관행을 고쳐 현장취재와 결합시키려 했다. 신문의 맨 마지막 두 페이지를 여론 면으로 만든 것은 뉴욕타임스를 참고한 것이다. 두 면을 함께 펼치면 한겨레의 사설과 칼럼들을 한눈에 볼 수 있게 해주자는 취지였다. 이런 면 구성은 가로쓰기 편집과 함께 한겨레를 단연 돋보이게 한 것이었는데, 얼마 못 가서 사설이 2면으로 가고 칼럼도 왔다 갔다 하는 등 지면이 찢어지고 말았다. 다른 신문들이 이를 따라서 여론면을 만들자 한겨레가 다시 원상회복시켰는데, 시작은 우리가 해놓고 오히려 타 신문을 따라간 꼴이 되었다. 개혁을 받아들이지 못하는 타성과 관성의 힘이 이렇게 큰 것인가 탄식했다. 물론 초기 한겨레의 개혁엔 너무 이상에 치우쳐 현실에 맞지 않은 것도 있었다. 그러나 제도언론의 낡은 관행을 깨버리고 대쇄신을 시도한 것은 옳았다고 생각한다.

 2005년 한겨레로 다시 돌아온 정태기의 최대 과제는 신문의 품질을 높이는 것이라 했다. 신문에서 품질보다 중요한 것이 있는가? 정태기는 끊임없이 지면을 쇄신하고자 했을 것이다. 그러나 사람들은 그의 비전과 창조적 쇄신 의지를 따라가기 어려웠을 것이다. 초기에 그가 '신문사 만드는 일'을 맡은 것은 불가피한 일이었는지도 모른다. 그보다 그 일을 잘 해낼 사람이 없었기 때문이다. 그러나 정작 그가 하고 싶었던 일은 '신문을 만드는 일'이 아니었을까? 그랬더라면 한겨레는 또 다른 새 면모를 보여주었을지 모른다. 그가 사장을 맡은 지 얼마 후 긴 이야기를 나눌 기회가 있었다. 그가 만들고 싶은 한겨레에 대해 쏟아내는 많은 이야기를 들으면서 그가 이렇게 아이디어가 많은 사람이었던가 놀랐다. 최고의 신문, 국민들로부터 전폭적인 신뢰를 받는 신문, 높은 품격을 지닌 고급 정론지를 만드는 것이 그의 꿈이었다. 신문의 성공은 다른 데 있지 않고 오직 신문의 품질에 의해 결정된다는 것이 그의 변함없는 소신이었다. 그러나 그는 이런 꿈을 실현해보지 못한 채 한겨레를 떠나야 했다.

안타까운 한 언론인의 죽음

정태기는 한겨레에서 두 번 죽었다. 1990년 사표를 냈고, 2007년엔 임기를 약 1년 남겨놓고 사장직에서 물러났다. 1990년 5월 그는 주저 없이 사표를 던졌다. 물론 사퇴를 결정하기 전 많은 고통을 겪었을 것이다. 마음이 부서져 있었을 것이다.

여러 사람이 함께 일하는 집단에서는 갈등이 생길 수 있다. 그때 사람들은 갈등을 '올바로' 해결하기 위해 이성의 힘, 도덕적 힘을 가져다 쓴다. 이성, 이해理解, 사랑, 양심, 정의, (작은 것보다 큰 것을 선택할 줄 아는) 분별력 등과 같은 것들이 그것이다. 그런데 정태기의 경우엔 이 가운데 어느 것 하나도 작용하지 않았다. 그를 그렇게 그만두게 한 것은 올바른 것이었나? 나는 그것이 '잘못된 것'이었다고 생각한다. 한겨레에서 다시는 되풀이돼서 안 될 과오였다고 생각한다. 고결해야 할 한겨레가 다시 입어서는 안 될 도덕적 상처였다고 생각한다.

정태기에 대한 추억 속엔 조선투위와 한겨레의 정태기만 있는 것이 아니다. '머산이'의 정태기도 있다. '머산이'는 조선투위 기자들이 중심이 돼 만든 등산모임이다. '머산이'는 '거시기'와 같은 뜻이라고 했다. 임재경 선배를 대장으로 모시고 정태기, 백기범(조선투위 위원, 문화일보 전 논설주간), 성한표(한겨레신문 전 편집국장, 논설주간), 표완수(경향신문 해직기자, 현 한국언론진흥재단 이사장), 박우정(한겨레 전 편집국장, 논설주간), 이경일 (문화일보 전 논설위원) 그리고 나 등이 주요 멤버였다. 우리는 북한산을 주로 다녔지만, 설악산, 축령산, 오대산 등 여러 산들을 찾아다녔다. 1983년 11월 30일엔 오대산 노인봉 아래 소금강의 눈 쌓인 계곡에서 조난을 당해 비박을 한 일도 있었다. 불을 피워 놓고 초겨울의 깊은 산 속에서 밤을 지새웠다. 임재경, 정태기, 백기범, 성한표, 박우정, 표완수, 이경일, 나 등 한겨레의 주요 창간 멤버들이 그곳에 있었다.

'머산이'엘 가면 웃음이 있었다. 위안이 있었고 치유가 있었으며 희망이 있었다. 그때 우리에게 '머산이'와 산이 없었으면 어떠했을까? 삶이 황량했을 것이다. 우리는 이렇게 산을 다니며, 거기서 위안을 얻으며, 세상에 대해 많은 이야기를 나누며 그 어두운 시대의 거칠고 험한 광야를 건너갔다.

말년의 정태기는 철저한 고독 속에서 살았다. 자기가 자신에게 스스로 부여한 고독이다. 가족의 건강을 보살펴야 하는 사정도 있었겠지만, 스스로 작심하고 세상과의 인연을 끊고 살기로 한 것 같다. 조선투위 사람들도 만날 수 없었다. 이것은 그가 구도자의 길을 걸어가기로 한 것과도 관련이 있다고 본다. 그는 종교로서의 불교보다는 부처의 가르침인 '불법佛法'에 많이 기울어 있었다. 화두를 들고 하안거夏安居, 동안거冬安居를 해보고 싶다고 한 것을 보면 참선에 깊은 관심을 가졌던 것으로 보인다. 안거란 승려들이 여름과 겨울 한 곳에 모여 참선에 정진하는 것을 말한다. 그가 이것을 실행에 옮겼는지는 알 수 없고, 그가 수행修行에서 어떤 경지에 이르렀는지도 알 수 없다. 그러나 무슨 일이든 시작하면 정성을 다하는 그의 성정으로 보아 높은 경지에 이르렀을 것이다. 그가 불법에 귀의했다면 그것은 '대자유大自由'를 찾아 나선 것을 뜻하는데, 평생 '자유'를 찾아 싸워온 그가 마침내 도달한 자연스러운 귀결이라 생각한다.

정태기는 생태주의자답게 오대산 월정사 옆의 전나무 숲에 묻혔다. 큰 전나무 밑동 아래에 조그만 구덩이를 파고 그의 유분遺粉을 묻었다. 장지에 간 친지들이 두 손에 유분을 담아 묻었는데, 내 손에 담긴 그의 유분이 그의 체온인 것처럼 따뜻했다.

내가 본 정태기

최병선
조선투위 위원

정태기는 뛰어난 사람이었다.

조선자유언론수호투쟁위원회 초대 위원장이었던 정태기는 비슷한 유형을 주변에서 손쉽게 찾아보기 힘든 사람이었다. 그를 알았던 사람들은 그가 특출나고 드문 존재라는 데 동의한다.

1970년대 초기에 그를 만나본 사람들, 문인이나 몇몇 연장자들은 신언서판身言書判이 뛰어났다고 평했다. 사회적으로 민주화 바람과 열기가 거세지고 민중과 개인에 대한 새로운 자각의 시대에 들어서기 시작했을 무렵에 웬 뜬금없는 중국식 인물 평가인가 싶지만 정태기의 경우에는 너무나 들어맞는 점이 있었다.

약간의 카리스마가 느껴지는 반듯한 인물과 조리 있는 말솜씨, 글로 표현했을 때의 훌륭한 문장력 그리고 무엇보다 주변 상황에 대한 뛰어난 판단력이 그를 처음 대하는 사람들을 감탄케 했다. 친화력이 느껴지는 말솜씨에 자신감을 숨기지 않는 말투에서 "어 이 친구 준비된 지도자상이네"라고 여러 사람들의 입을 모았다.

학창 시절의 정태기는 이상주의자였다. 그는 국가와 사회가 지식인의 자기희생과 책임감에 의해 발전하고 단계적으로 진화해간다고 보았다. 1962년 당시 세상을 떠들썩하게 했던 최영오 일병의 사건에 대한 서울대학 학보지 기고에서 '지식인의 자세'에 대해 논했다. 자신의 연애편지를 뜯어보았던 선임병들을 저격 살해한 후 자결하려던 서울문리대 출신의 최 일병 사건은 당시 커다란 사회적 반향을 불러일으켰었다.

정태기는 학보병으로 단축된 병역의무 기간만 채우면 되는 지식인은 더욱 무거운 책임감을 가져야 한다고 주장했다. 그는 이 글에서 6·25 당시의 한강 다리를 폭파하고 도망친 이승만을 꾸짖고 그러한 태도는 민중의 외면을 받을 수밖에 없다고 말했다.

모름지기 지식인 출신 지도자는 침몰하는 배에서 휘하 선원들을 안전하게 퇴선시킨 후 배와 함께 운명을 같이하는 선장의 자세를 지녀야 한다고 했다.

그가 젊은 날에 그린 이상적인 지도자상은 자기희생을 각오하고 실천하는 사람이었다.

정태기는 실천가였다.

1972년 시월의 유신 쿠데타는 언론을 질식시켰다. 지난 1975년 당시 신문기자라면 누구나가 언론자유를 위해 무언가 결단을 내려야 할 시기가 왔다는 것을 느끼고 있을 무렵이었다. 편집국 내의 분위기는 이대로 갈 수는 없다, 이제는 지면에서 뛰쳐나와 사회적, 정치적 발언과 행동이 필요하다는 데 모두가 공감했다고 할 수 있다.

그렇다면 누가 나서서 이를 끌고 나가야 될 것인가. 당시 정태기는 경제부의 이른바 잘 나가는 중견기자였다. 기존 체제에서 앞날이 보장된 기자였다. 하지만 많은 기자들의 중론은 정태기가 깃발을 들고 앞장서야 한다는 것이었다. "왜 내가 꼭 해야만 돼? 다른 사람이 해도 되지 않아? 나는 적극적으로 뒷받침하지." 첫 번째는 겸양 비슷하게 말했다. 그러나 재차 윽박지르자 더 이상 망설이는 태도를 걷어치웠다. 기다리고 있었다는 듯이, 자신이 나서야 할 자리라는 것을 행동으로 보여주었다. 당시 정태기는 이러한 단체로서의 언론자유 주장이 얼마나 파급 효과를 가져올지 정확히 알고 있었다.

당시의 결단에 대한 현실적 후과는 거리 투쟁과 잇단 사찰과 미행, 그리고 체포와 투옥으로 이어졌다. 이러한 일련의 과정에서 그는 동료들의 희생을 최소한으로 끝내고 새로운 상황에 맞추어 행동 패턴을 결정해야 한다고 주장했다. 어찌 보면 현실 타협적인 태도였다고 할 수 있겠다.

정태기는 현실주의자였다.

자주 입에 올린 말중에 "그럼 어떻게 하누?"가 있다. 이것저것 현실적 제약을 감안한 후에 택할 방도에 대한 것이었다. 좀 마음에 안들더라도 현실적으로 이 길밖에 택할 다른 길이 없지 않느냐라는 이야기였다. 이상과 원칙을 내세우는 쪽에서 보면 타협적이라고도 볼 수가 있겠다.

정태기는 종합적 능력의 소유자였다.

한겨레 신문 창간 당시의 상황에 대해서는 많은 뒷얘기가 있고 사람들의 평가도 입장에 따라 다를 수가 있겠다. 정태기의 남다른 점 중에서 상황판단의 종합적 능력이 뛰어난 점을 빠뜨릴 수가 없다. 그가 머릿속에서 그리는 예상도는 스케일의 전모를 포함하여 현실화에 필요한 단계적 필요조건들, 구체적 진행의 세부 단계 그리고 완성 예상도 등이 이미 기획 단계에서 그 머릿속에서 구체화되어 있다고 할 수 있다.

한겨레신문 창간의 아이디어로서 전 국민을 대상으로 한 공모주 발행은 자체로서 획기적이었다. 또 이를 성공적으로 실현시켰다는 것은 두고두고 얘깃거리가 될 만한 것이었다.

종이 신문의 미래를 내다보면서 컴퓨터 자판과 가로쓰기를 관철시킨 것은 많은 사람들의 우려와는 반대로 선견지명의 결단이었다.

한겨레신문의 창간은 식민지 시대를 연장하면서 기득권 유지에 전력투구하는 보수 적폐 신문들에 대비되는 새로운 시대 정신의 신문이 전 국민의 열망이라는 점을 명확히 짚어냈다고 할 수 있다.

정태기는 구상 단계에서부터 사회적 기대와 역사적 필요성을 구현시킨다는 목표 아래 한겨레신문의 형상화를 추구해나갔다.

그가 준비한 창간을 위한 사무실의 규모와 인원, 예상되는 경비, 사옥 건설에 필요한 부지의 위치 선정과 매입 작업, 사옥 건설 기간과 창간 일자의 결정 등 굵직한 골격은 이미 머릿속에 있었고 실제 일의 진행은 이와 크게 차이 나지 않았다. 이 모든 일은 정태기의 뛰어난 종합력에 힘입은 바 크다고 할 수 있다.

정태기는 친화력이 있으나 말이 많은 타입이 아니었다. 개인적으로 만나면 별로 대화가 많지 않았다. 또 사람들에 대한 뒷말도 없었을뿐더러 성에 차지 않아도 불평을 거의 하지 않았다. 인간관계에 힘들어할 때 고작 하는 소리가 "고집이 여간해야지, 영, 황소고집이야" 하는 정도였다.

정작 정태기가 기자로서 하고 싶은 일이 있었을까?

언젠가 속내를 내보였다. 그것은 고전적 행태의 편집국장이었던 듯하다. 전체 시국의 흐름과 단계를 파악한 연후에 사회 전체의 진보적 역동성을 선도해보고 싶다는 것이었다. 이를 위해서는 전체 지면을 기획하고 기사를 취사 선택할뿐더러 논평의 방향까지 묶어 일관된 소리를 내보자는 것으로 보였다.

요즈음의 종이 신문 중에서 이를 실행하거나 노력이라도 하는 예는 거의 찾기 어려운 듯하다. 하지만 역설적이게도 사회 전체의 흐름을 거꾸로 돌려놓으려는 수구 적폐의 대표 주자 격인 조선일보는 이를 너무나 조직적으로 일관되게 해오고 있으니 반면교사로 삼을 만하다고 할 수 있다.

정태기는 시대의 흐름에 따라 새로운 각광을 받을 수 있는 사업 기회를 예민하게 선지적으로 가려내곤 하여 주위를 놀라게 했다. 그가 IT 업종에 대한 폭넓은 이해를 바탕으로 신세기통신의 대표 이사를 지낸 것을 아무도 우연으로 보지 않았다.

정태기와 오랜 교분을 이어왔던 한 후배 사업가는 그가 제시했던 여러 가지 미래 신수종 아이템 중에서 현재 각광 받는 쿠팡과 같은 배송사업을 거의 30년 전에 아주 구체적으로 천거했던 것을 생생하게 기억하면서 이를 실행에 옮기지 못했음을 아쉬워했다.

정태기로서는 유망 사업 기회를 가려낼 뿐만 아니라 현실화하기 위해 할 일의 단계와 수단이 자연스레 떠오르는 모양이었다.

정태기는 사람 만나는 것을 좋아하고 마음에 맞으면 오랜 시간 통음도 즐겼다. 특히 후배들과의 만남을 좋아했다.

경제적으로도 윤택한 삶을 살았던 것으로 보였다. 강원도 평창에 집과 농토를 마련하여 자연을 즐기고 농사도 일부 지었다.

그에게는 여유로운 모범생 분위기가 있었지만 권력욕은 없었던 것 같다.

사람은 노년에 들어서면서 보수화 경향을 보이는 것이 일반적이라고 할 수 있다. 자신의 경력을 뒤돌아보면서 자존감을 끌어올리고 도를 넘으면 자만심에 빠지기도 한다. 정태기는 반대였던 듯싶다. 세상살이의 성취가 부질없다고 느끼고 불교의 즉각적인 깨달음을 추구하는 간화선看話禪 수행에 심취했었다. 간화선의 확립에 크게 공헌한 김태완 선사의 법문 자리에 수개월 동안 열심히 다녔다. 아마도 성격상 잘 맞았던 것 같다.

모든 사람과 만물이 평등하게 존재하며 그 자체로서 이미 완성되어 있다本來是佛라는 사상은 그의 성정과도 통했던 것으로 보였다. 그런데 그 마음공부가 길게 이어지질 않았다. 당시 몸이 불편해져서 그랬는지 아니면 다른 사정이 있었는지는 모르겠다.

　정태기의 사후死後, 어느 회고의 자리에서 따님은 "아버지가 집안에서 매우 엄격한 가장이셨다"라고 토로한 바가 있다. 보통 느낌으로는 집에서도 이해심 많은 아빠였을 것 같은 정태기였기 때문에 약간 의외였다. 보는 사람의 처지와 시각에 따라 사람에 대한 인식이 얼마나 달라질 수 있는지를 말해주는 또 하나의 예에 불과한 것인지 모르겠다.

2
한겨레와 정태기

'공성이불거', 정태기와 한겨레 창간 과정

이원섭

1980년 조선일보 해직, 전 한겨레 논설위원실장, 전 가천대 신방과 교수

전두환 폭압 뚫고 직선제 쟁취한 '6월 민주항쟁'의 산물, 한겨레

정태기 인생에서 가장 자랑스러운 것은 아마도 '한겨레신문 창간 주역'이라는 헌사일 것이다. 그는 한겨레 창간 작업을 주도하고 1988년 5월 신문이 창간된 뒤에는 2년 남짓 근무하고 신문사를 떠났다. 그리고 15년 뒤인 2005년 회사가 재정적으로 어려움에 봉착하자 후배들로부터 다시 부름을 받아 대표이사 사장(12대)으로 취임했다. 하지만 그가 가장 빛났던 순간은 바로 한겨레신문 창간을 구상하고 국민 돈을 모금해 창간을 성공시키기까지 온몸을 던져 열정을 불태운 창간 준비 과정, '무에서 유를 창조한 한겨레 태동기의 꿈같은 시간'이었다.

한겨레신문 창간은 모든 해직기자들의 꿈이었다. 자유언론실천선언을 하고 '동아백지광고사태'를 겪으며 1975년 무더기 해직된 동아자유언론수호투쟁위원회(동아투위), 같은 해 조선일보에서 대거 해직된 조선자유언론수호투쟁위원회(조선투위), 그리고 1980년

전두환 신군부의 광주학살에 맞서 진실 보도를 외치며 제작거부투쟁을 벌이다 전국 각 언론사에서 해직된 80년해직언론인협의회(80년해직) 등 해직기자들은 자신들 힘으로 '권력으로부터 독립된 신문, 자본으로부터 독립된 신문, 사주로부터 독립된 진정한 신문'을 만들고 싶다는 염원을 품고 있었다. 해직된 언론사로부터 진솔한 사과를 받고 명예롭고도 당당하게 복직하는 것이 1차적 목표였지만 현실적으로 어려운 상황에서 스스로 참 언론을 만들어 진정한 언론인의 사명을 다해야 한다는 것이 공통된 꿈이자 간절한 소망이었다.

한겨레신문은 '또 하나의 신문'이 아니라 참 언론을 고대하는 국민들이 한푼 두푼 돈을 모아 만들어준 말 그대로 '국민주 신문'이었다. 체육관 선거로 군사독재정권을 이어가려는 전두환 신군부 세력에 맞서 대통령 직선제를 쟁취해낸 1987년 '6월 민주항쟁'의 가시적 성과물이었다. 새 신문의 창간은 박종철 고문치사, 이한열 최루탄 피격 사망 등 전두환 폭압이 막바지 기승을 부리던 당시로선 기적 같은 일이었다. 아니 어쩌면 정권의 폭압과 야만성이 극에 달했기에 분노한 민심이 한꺼번에 폭발하며 민주주의를 열망했고, '언론다운 언론'의 출현을 갈망했기에 불가능해 보이던 기적이 이루어질 바탕이 되었는지 모른다.

한겨레 창간 과정에서 정태기 선배를 도와 창간준비위원회 대변인으로 작은 힘이나마 보탠 나로서도 1980년 전두환 신군부 세력의 5·18 광주학살에 항의하다 조선일보에서 해직당한 일과 함께 내가 살아오면서 한 일 가운데 가장 보람 있는 일의 하나로 여기며 자부심을 갖고 있다. 이 글은 내가 권근술 선배 추모문집에 썼던 '한겨레신문 창간 과정과 권근술'의 내용과 상당 부분이 겹친다. 어느 특정인에 초점을 맞춰 그를 특별히 미화하거나 부각한 글이 아니라 전체적으로 내가 직접 보고 느낀 한겨레 창간 과정을 담담하게 서술한 것이기에 많은 부분이 겹칠 수밖에 없다.

나는 이 글에서 정태기 선배와의 개인적 에피소드 등은 가급적 억제하고 한겨레신문이 어떻게 창간됐고 창간 과정에서 정태기가 구체적으로 무슨 일을 했는지를 최대한 객관적으로 기술하고자 한다. 동시에 정태기와 함께 한겨레신문 창간 과정에서 온 힘과 열정을 쏟아부은 여러 해직기자들의 활약상도 더불어 폭넓게 기록하고자 한다. 신문이 창간되기까지 모든 게 불확실하고 불투명했던 상황에서 한데 뭉쳐서 기어코 신문 창간을 성공시키자며 꿈을 향해 달려가던 창간 과정의 뜨거운 이야기들이다. 내가 직접 보고 겪은 '한겨레 창간 뒷이야기'인 셈이다.

한겨레가 창간된 뒤 어느덧 36년이 흘렀고, 현재 구성원 대다수가 창간 당시의 일을 기록을 통해서나 접할 수 있기에 정태기 선배 추모글 형식을 빌려 이미 '역사'가 되어버린, 그리고 언론계 '신화'가 된 창간 준비 과정의 일들을 또 하나의 생생한 기록으로 남기고자 하는 나름의 바람이 있다.

최근 한겨레 고위 간부가 소위 '대장동 사건'의 주범 김만배로부터 거액의 '촌지'를 받는 사건이 터져 한겨레신문의 상징이자 자부심이던 '신뢰성'이 송두리째 곤두박질치는 홍역을 치르고 있다. 민주시민의 열망과 힘이 집결돼 창간한 한겨레가 어느덧 세월이 흐르며 치열했던 창간정신이 퇴색해 '또 하나의 신문'으로 가라앉는 것 아니냐는 날 선 비판과 우려가 나오는 터라 숨 가빴던 창간 과정을 새삼 일깨우고자 하는 간절한 소망도 담겨 있다.

지금은 언론환경이 크게 변해 다양한 매체들이 등장해 각기 제 구실을 하고 있다. 심지어 1인 유튜브 방송으로 사회에 큰 영향을 끼치기도 한다. 하지만 36년 전인 1987년에는 상상조차 할 수 없던 일이었다. 방송사 설립은 꿈도 못 꾸고 그나마 돈이 적게 드는 종합일간신문을 만드는 것만도 힘에 벅찬 일이었다. 사실상 재벌이나 그에 준하는 소수 자본가 계층에게만 허용된 '그림의 떡'처럼 엄청난 자본을 필요로 하는 것이었다. 신문을 만들고 신문사를 지탱해나갈 기본동력인 창간기금을 국민의 성금(주식 형태를 갖췄지만)을 모아서 마련하겠다는 구상 자체가 혁명적인 것이었다. 어찌 보면 이상에 치우친 몽상가적인 발상이었다.

36년 전의 일이지만 내 머릿속에는 당시 일들이 어제처럼 아스라이 떠오른다. 그래도 정확을 기하기 위해 한겨레 사사社史 등 그동안 간행된 각종 자료와 여러 사람의 회고록, 평전 등을 두루 섭렵해 사실(팩트)에 최대한 충실하고자 했음을 덧붙인다. 창간 과정이란 짧은 기간의 기록이지만 이해하기 쉽도록 가급적 시기순으로 기술하려 노력했다.

노태우 '6·29 선언'서 창간 가능성 찾아내고 국민모금 구상

한겨레신문 창간은 1975년과 1980년에 해직된 기자들이 한마음 한뜻으로 힘을 합하고 많은 국민들이 자발적으로 지원함으로써 가능했다. 그 과정에서 구체적 대안을 제시하면서 실현 가능성을 북돋고 강한 추진력을 발휘해 창간을 실현한 데는 정태기의 역할이 컸다는 데 이의를 달 사람은 없을 것이다.

정태기는 1987년 6월 민주항쟁과 그 결과로 나온 노태우의 '6·29 선언'에 담긴 한 대목을 주목했다. "현행 언론기본법을 빠른 시일 내에 폐지하고 언론자유의 창달을 위해서 관련 제도와 관행을 획기적으로 개선한다"라는 대목이었다. 신문사 등록이 사실상의 허가제에서 신고제로 바뀌고 등록요건이 대폭 완화될 것임을 예고한 것이었다. 이런 변화 흐름을 적시에 포착해 활용하면 언감생심 엄두를 내지 못하던 새 신문 창간이 가능할 수 있겠다는 생각이 들었다.

정태기는 우선 같은 또래 해직기자로 평소 각별히 지내며 이런저런 생각을 흉금을 터놓고 무탈하게 의논할 수 있는 동료이자 친구였던 동아투위의 권근술과 조선투위의 신홍범을 각각 만나 자신의 구상을 털어놓으며 조언을 구했다. 권근술은 평소 목소리를 높이며 자기주장을 강하게 펴거나 투쟁의 선두에 서지는 않지만 원만한 인품으로 해직된 동료들을 늘 배려하며 뒤치다꺼리를 기꺼이 도맡곤 해 주변에 좋은 친구들이 많았다. 그가 운영하던 청람출판사는 해직기자들의 사랑방 구실을 했다.

신홍범은 정태기와 조선일보에서 함께 근무하고 투쟁했으며 해직된 뒤에는 조선투위 위원장을 번갈아 맡으며 모임을 이끌었다. 당시 정태기가 운영하던 두레출판사를 인수해 출판 일을 하고 있었다. 신홍범은 당시 상황을 다음과 같이 회고했다. "1987년 7월 초순 정태기가 둘이서 조용히 보자고 해 만났는데 국민모금을 통해 새 신문을 창간해보자는 것이었다. 그것이 우리들의 오랜 꿈 아니었느냐고 말하는 것이었다. 놀랍기도 하고 기쁜 마음이 앞섰지만 너무도 엄청난 일이라 당장 엄두가 나지 않았다. 과연 이루어낼 수 있을까 자신이 없었지만 어쨌든 힘을 모아 추진해보자고 말했던 것으로 기억한다." 가장 믿을 만한 해직 동료이자 가까운 친구들에게 먼저 운을 떼고 이런저런 전망을 함께 검토하며 구상을 가다듬어가면서 점차 자신감을 굳혀갔을 것으로 보인다.

한겨레 사사社史엔 리영희, 임재경, 이병주, 정태기가 7월 초 만난 것이 창간구상이 구체화된 첫 모임으로 기술돼 있다. 아마도 이는 겉으로 표출된 것일 터이다. 네 명이 만나 환담하다가 우연히 신문 창간 얘기가 나왔을 리는 없었을 것이다. 사전 검토를 통해 어느 정도 자신감을 굳힌 정태기가 일정한 구상을 갖고 언론계 선배그룹 중 가까운 세 사람을 함께 만나 설명하면서 가능성과 지원을 타진했을 것으로 보는 것이 타당하다. 한겨레 사사가 4인 모임을 앞세운 것은 언론계에 신망이 높은 참석자들의 비중과 권위에 기대서 창간의 의미를 한층 드높이려 한 깊은 뜻도 내포돼 있을 것이다.

리영희는 조선일보 외신부장을 지내다 해직된 뒤 한양대학교 교수로 일하고 있었다. 『전환시대의 논리』, 『8억 인과의 대화』 등을 저술해 세상을 보는 새롭고 창의적인 시각을 제시하며 언론계를 넘어 지식인 사회에서 실천하는 최고지성으로 존경받고 있었다. 정태기와는 조선일보에서 함께 근무한 인연으로 가깝게 지냈다.

임재경도 마찬가지였다. 임재경은 조선일보 경제부에서 정태기와 함께 근무하다 한국일보 논설위원으로 자리를 옮겼는데, 시국사건으로 해직된 뒤 당시 창작과비평사 편집고문을 맡고 있었다. 이 모임에 동아방송 PD 출신으로 동아투위 위원장을 지낸 이병주가 낀 것이 눈길을 끈다. 같은 시기 동아투위 위원장과 조선투위 위원장을 지내는 등 평소 정태기와 가까운 사이였지만 향후 동아투위의 적극적인 참여를 이끌어내기 위한 깊은 뜻이 내재돼 있지 않았을까 싶다.

이 자리에서 참석자들은 새 신문이 창간될 수만 있다면 얼마나 좋겠느냐며 적극적인 찬동 뜻을 밝히며 의기투합한다. 임재경은 언론계 최고 원로인 송건호의 동의와 적극적 참여를 이끌어내는 것이 무엇보다 중요함을 강조했다.

송건호는 1975년 동아투위 기자들이 무더기 해직될 때 동아일보의 편집국장이었다. 그는 회사의 해직 조치에 반대하며 단호히 사표를 던지고 나와 해직기자 대열에 동참해 동아투위의 정신적 지주 구실을 하고 있었다. 박정희 전두환 시절 많은 언론인들이 자유언론을 주장하다 초지를 지키지 못하고 권력의 억압과 회유에 굴복했는데, 궁핍한 생활 속에서도 꼿꼿한 선비정신으로 끝까지 지조를 지킨 언론계의 최고 원로였다. 그가 생활비를 벌기 위해 쓴 글들이 『해방 전후사의 인식』, 『한국 민족주의의 탐구』 등 단행본으로 출판돼 한국 근현대사 연구의 지평을 넓혔다는 평가를 받고 있었다. 송건호는 당시 동아투위, 조선투위, 80년해직언론인협의회 등 해직기자 단체들이 힘을 모아 1984년 연합기구로 발족시킨 '민주언론운동협의회(언협, 현 민언련)'의 초대 의장을 맡아 이끌고 있었다. 새 신문 창간의 상징이자 얼굴로 내세우기에 적격이었다.

정태기와 이병주가 송건호를 만나 새 신문 창간 구상을 의논하는 자리에 당시 언협 사무국장을 맡고 있던 김태홍이 함께 했다. 김태홍은 1980년 전두환 신군부 세력이 5·17 쿠데타를 일으켰을 때 기자협회장이었다. 그는 5·18 광주학살 보도통제에 맞서 전국적인 언론계 제작거부투쟁을 이끌었고, 한동안 옥살이를 하며 고생했다. 출옥 후 1984년 '80년해직언론인협의회'를 만들어 주도했고 언협의 창설에도 앞장섰다. 선비 타입으로 누구보다 깔끔한 성격의 송건호는 어딘가 허술한 구석이 있으면서도 옳은 일이라 여기면 앞뒤를 재거나 몸을 사리지 않고 일을 크게 벌이곤 하는 김태홍을 꽤 아꼈다. 그리고 그와 함께하는 자리를 편안해했다.

창간 구상을 들은 김태홍이 열성적으로 찬성하고 나선 반면, 송건호의 첫 반응은 무척 조심스러웠다. 기쁘고 바람직한 일이지만 어떻게 그 많은 돈을 모을 수 있을지 엄두가 나지 않는다는 것이었다. 송건호는 동아투위, 조선투위, 80년해직 등 해직기자들과 폭넓게 논의해보라면서 만일 해직기자들의 뜻이 한데로 모인다면 자신이 앞에 나서 돕겠다는 의지를 밝혔다.

가까운 언론계 선배들과의 만남에서 호의적이고 긍정적인 반응을 얻자 정태기는 주변에 자신의 구상을 설명하면서 지원을 요청하는 확산 과정을 밟아나갔다. 해직기자 단체인 조선투위 대상 설명회, 동아투위 멤버들과의 만남, 80년해직 회원들과의 잇단 만남 등이 숨 가쁘게 이어졌다.

'동아투위, 조선투위, 80년해직' 3개 단체, 새 신문 창간에 적극 참여키로 뜻 모아

새 언론 창설을 추진하는 쪽이 필수적으로 반드시 넘어야 할 일차 관문은 동아투위, 조선투위, 80년해직 등 3개 해직단체의 공식적 지지와 적극적 참여를 이끌어내는 일이었다. 세 단체의 통일된 목소리는 새 신문 창간을 추진해나가는 데 필수불가결한 전제조건이었다. 혹시 한 단체라도 소극적으로 나서거나 이견이 노출된다면 새 신문 창간 작업은 해직기자들 가운데 일부 세력이 추진하는 것으로 위상이 격하될 것이고, 그리되면 민주화운동 세력의 전폭적 지지를 이끌어낸 후 온 국민을 상대로 모금운동을 벌인다는 큰 그림이 차질을 빚을 수밖에 없다. 첫걸음이 어긋나면 모든 것이 뒤틀리고 탄력이 붙을 수 없는 구조였다.

이와 함께 동아투위, 조선투위, 80년해직기자들이 3대 축을 이루며 연합기구로 띄워 가장 활동이 왕성했던 언협의 전폭적인 지지를 이끌어내는 것도 핵심 관건이었다. 새 언론 추진 세력은 7월 중순 언협의 공식 의결기구인 실행위원회에 새 신문 추진 구상을 상세히 밝히며 적극적 지원을 요청했다. 정태기(조선투위), 이병주(동아투위), 김태홍(80년해직) 세 명이 제안자로 나섰다. 이미 사전 모임을 통해 대체적인 내용을 알고 있는 송건호와 임재경도 자리를 함께했다. 동아투위의 김인한, 윤활식, 성유보, 조선투위의 최장학, 신홍범, 성한표, 80년해직의 홍수원, 현이섭, 정상모, 고승우, 박우정, 이원섭 등 언협의 공식 임원진 전원과 언협이 비합법으로 간행하는 기관지 「말」의 편집진이 모두 망라된 자리였다. 해직기자들 가운데 언협을 중심으로 가장 활발하게 움직이던 사람들이 거의 빠짐없이 참석한 자리였다.

논의 과정에서 80년해직 소속 한 회원이 추진 주체의 적합성 여부 문제를 제기해 한때 분위기가 썰렁해지기도 했다. 최근의 언론 투쟁에 앞장서지 않고 개인적 사업에 몰두하던 사람이 새 신문 창간의 깃발을 들 자격이 있느냐는 도발적인 문제 제기에 정태기를 비롯한 제안자나 참석자들이 모두 당혹해했다. 그러나 토론이 거듭되며 긍정적인 결론이 도출됐다. 3개 해직단체를 대표해 이병주, 정태기, 김태홍이 '새언론창설연구위원회'를 만들어 일을 추진해보라고 위임하는 한편, 이 위원회의 검토보고서를 바탕으로 좀 더 깊이 논의해 최종 결정하자는 쪽으로 사실상 추인하는 결론이 났다.

이 위원회는 7월 말에 '민중신문(가칭) 창간을 위한 시안'을 내놓았다. 보고서에는 국민 참여, 편집권 독립, 한글 가로쓰기, 컴퓨터 조판 시스템CTS 등 새 신문의 모습이 구체적으로 담겨 있었다. 내용을 다듬어가는 과정에서 '민중신문'이 '국민신문'으로, 또다시 '새 신문'으로 바뀌었다.

동아투위, 조선투위, 80년해직은 각 단체별로 모임을 갖고 이 문제를 논의했다. 조선투위 쪽은 큰 이견 없이 의견이 모아졌다. 80년해직 쪽은 인원은 많지만 회원들이 각 언론사별로 흩어져 있는 데다 함께 일을 한 경험이 없어 결속력이 취약한 단점이 있었다. 이 모임을 사실상 이끌어온 김태홍이 적극적으로 개별 설득에 나서면서 찬성 쪽으로 일찌감치 방향이 잡혔다.

핵심은 동아투위가 흔쾌히 지지하고 참여하느냐 여부였다. 매우 민감한 대목이다. 동아투위와 조선투위는 1975년에 함께 해직돼 같은 길을 걸어왔지만, 언론투쟁 강도에서는 동아투위가 늘 앞장서서 이끌어왔다. 동아투위는 언론노조 결성 추진, 자유언론실천선언 선포, 동아 광고탄압 사태 등을 거치며 언론민주화투쟁을 앞장서서 선도해왔다는 자부심이 대단했다. 해직된 숫자도 동아일보와 동아방송의 기자, PD, 아나운서를 합해 113명에 이른 반면 조선투위는 32명이었다. 동아투위는 해직된 뒤에도 동아일보사 앞에서 출근길 침묵시위를 벌이거나, 1978년 제도권 언론이 외면한 125건의 '보도되지 않은 사건'을 다룬 '민주 인권사건 일지'를 발간하는 등 조직적으로 줄기차게 투쟁했다. 안종필, 이부영, 성유보, 임채정, 홍종민, 김종철, 정연주 등이 옥고를 치르는 등 언론계를 넘어 민주화 운동 세력의 중추로 부각한 '맹장'들이 많았다. 조선투위에서는 '보도지침' 사건으로 옥고를 치른 신홍범 외에는 언론투쟁으로 극심하게 고생한 사람이 상대적으로 적었다.

동아투위에서는 해직기자들의 꿈인 새 신문을 창간한다면 당연히 동아투위가 중심이 되어야 한다고 생각하는 기류가 강했다. 그런데 그동안 일선투쟁에서 한걸음 떨어져 있던 조선투위의 정태기가 창간을 제안하고 주도하는 모양새가 되면서 같은 해직기자지만 일부에서 미묘한 경쟁심과 불만의 목소리가 나오기도 했다. 대의명분상 모두 힘을 합쳐야 한다는 데 동의하면서도 심정적으로 썩 내키지 않는 '불편함'이 존재했다. 충분히 이해되는 측면이 있다. 사람마다 친소관계가 있고, 각자 세상을 보는 인생관, 세계관, 시국관, 언론관에 차이가 있기 마련이다. 꼭 그런 것은 아니지만 1987년 12월 대통령선거를 앞두고 민주화 운동권에 팽배해 있던 '후보단일화론―비판적지지론―독자후보론'을 둘러싼 시각 차이도 어느 정도 투영됐을 것으로 보인다.

이병주, 권근술, 성유보, 강정문, 조영호 등은 동아투위가 초창기부터 새 신문 창간에 힘을 실어야 한다고 주장한 회원들로 이러한 내부 기류를 누구보다 잘 알고 있었다. 혹시라도 일부의 서운함이 해직기자들 내부의 불협화음으로 비쳐지지 않도록 대승적 차원에서 힘을 합쳐 해직기자들이 만드는 신문을 성공시켜보자는 분위기를 만드는 데 앞장섰다. 동아투위 회원 중 인간관계로 보거나 평소 성향상 신문 창간작업에 누구보다 큰 힘을 보태줄 것이 분명했던 이부영은 당시 '인천 5·3 사태' 배후조종 혐의로 수감생활 중이었다. 창간 과정에서 그의 부재를 못내 아쉬워한 사람들이 많았다.

약간의 불만 목소리가 있었지만 결국 동아투위에서도 선배그룹인 김인한, 윤활식, 장윤환, 김명걸 등이 나서서 작은 차이를 넘어 적극적으로 참여해 큰일을 성사시키고 난 후에 우리 목소리를 크게 반영하면 되지 않느냐고 정리하고, 김두식, 최학태, 이종욱, 박노성 등이 힘을 보태면서 의견이 모아졌다. 해직 3단체의 통일된 의견이 수렴됨으로써 이를 바탕으로 민주화 운동 세력의 지원을 요청할 수 있는 근거가 마련됐다.

해직기자들의 오랜 꿈, 새 신문 구상을 둘러싼 기존 논의들

여기서 짚고 넘어갈 것은 해직기자들이 중심이 돼 국민의 돈을 모금해 제도언론에 대항할 새 신문을 창간하자는 구상은 어느 날 누군가의 머리에서 갑자기 튀어나온 것이 아니라는 사실이다. 자유언론실천을 부르짖다 거리로 쫓겨나 복직투쟁을 벌였으나 현실적으로 요원해지면서 우리 힘으로 신문을 만들어보자는 것은 모든 해직기자들의 오랜 꿈이었다.

언협의 기관지로 1985년 창간된 비합법 매체(지하매체) 「말」 창간호의 '제언'에는 '민중언론 시대의 요청에 따라 새로운 언론기관의 창설을 위한 범국민운동을 지체 없이 전개하자'라는 내용이 나온다. 언협은 새 언론기관의 소유구조 기본골격도 제시했다. "새 언론기관은 기존 언론기관이 소수 또는 개인의 언론기업들에 의해 독점되는 것과는 달리 민주언론을 갈망하는 민중 스스로가 출자하여 공동으로 소유하고 함께 움직이는 민중의 표현기관"이어야 한다는 것이었다. '말'이라는 제호 밑에 '민주·민족·민중언론을 향한 디딤돌'이란 부제를 단 것도 새 언론을 창간하겠다는 의지의 표현이었다.

「말」은 1986년 이른바 '보도지침'을 폭로해서 사회에 큰 충격을 안겼다. 전두환 정권이 언론을 손아귀에 쥐고 조종하기 위해 보도해서는 안 되는 사실들을 일일이 적시하거나, 사실을 보도하더라도 1단이나 2단으로 눈에 안 띄게 작게 취급하도록 각 언론사에 지시하는 등 구체적 여론조작 지침을 내렸던 것이다. 이런 지침들을 모아 철해둔 것을 한국일보 김주언 기자가 몰래 복사해 「말」편집진에 전달했고, 「말」이 폐간과 신변의 위험을 무릅쓰고 특집호로 출판했다. 이로 인해 「말」편집진인 김태홍, 신홍범과 보도지침 자료를 제공한 김주언이 옥고를 치렀다.

언협의 제안에 앞서 1979년 동아투위의 '민주인권일지' 발간 사건으로 성동구치소에서 옥살이를 하고 있던 동아투위 안종필 위원장은 함께 수감돼 있던 홍종민, 김종철, 정연주에게 새 시대가 오면 국민들이 골고루 출자해서 그들이 주인이 되는 신문사를 세우는 것이 바람직하다는 얘기를 했다는 기록이 '동아투위소식'에 실려 있다. 권근술이 나중에 주변의 기억을 모아 정리한 기록에는 이때 한글전용 가로쓰기 구상도 함께 피력된 것으로 나온다. 또 1980년대에 나온 동아투위와 조선투위의 각종 선언문에도 새 신문 창간의 당위성이 거듭 강조된다. 조선투위는 1985년 3월 5일 '새 언론의 창설을 제안한다'라는 제목의 선언문을 발표한 바 있다.

앞에서 살펴보았듯이 새 언론 창간의 당위성은 줄곧 설파됐다. 그러나 가장 중요한 것은 말이 아니라 실제 행동으로 옮기는 '실행력'을 갖추냐 여부다. 당위성을 주창하는 것과 이를 실천으로 옮겨 새 신문사를 설립하고 실제로 신문을 발행해 내는 것은 차원이 전혀 다른 일이다.

1987년 전두환의 폭압에 맞서 6월 민주항쟁이 벌어지는 등 민주화물결이 거세게 일고, 이에 놀란 권력이 전략적 후퇴를 하며 직선제 개헌요구를 받아들이겠다는 '6·29 선언'(훗날 '속이구선언'으로 판명됐지만)을 발표하는 등 정치권이 요동치는 와중에 새 신문을 만들 합법적 공간이 생긴 것에 주목한 것이 중요하다. 이를 활용해 비집고 들어갈 틈새를 발견하고 모두의 힘을 결집해 새 신문을 창간해 낸 것이다. 박종철 고문치사, 이한열의 최루탄 피격 사망으로 신군부의 폭압통치 행태와 야만성이 적나라하게 폭로됐고, 이에 분노한 시민들의 저항으로 민주화 열기가 최고조에 이른 이 시점이야말로 새 신문을 창간할 범국민 모금이 가능한 적기라고 판단한 해직기자들의 통찰력과 순발력, 그리고 현실감각이 돋보이는 대목이다.

국민 모금 추진 동력 확보 위해 민주화 운동 세력에 지원 요청

동아투위, 조선투위, 80년해직 등 해직기자들의 전폭적 지지를 확보한 새 신문 추진 주체들은 다음 단계로 재야 민주화 운동 세력의 지원을 얻기 위해 온 힘을 쏟았다. 온 국민의 민주화 열기에 힘입어 개신교, 천주교, 불교 등 종교계를 비롯해 재야 민주화 운동 세력, 정치권까지 망라해 새로 결성된 '민주헌법쟁취국민운동본부(국본)' 참여 인사들이나 재야민주화운동단체들의 연합체이자 핵심 지도부인 '민주통일민중운동연합(민통련)' 인사 등을 대상으로 폭넓은 지원을 요청했다.

대전서 열린 민통련 연례총회 자리를 빌려 새 신문 창간구상을 설명할 시간을 할애받은 것도 그런 활동의 일환이었다. 1987년 8월 말이다. 민통련 사무처장 임기를 마치고 퇴임하는 동아투위 성유보가 주선한 자리였다. 초대받은 정태기와 권근술이 30여 분 설명을 마치고 민통련의 조직적 지원을 요청했다. 민통련 의장인 문익환 목사는 새 신문 창간의 당위성에 찬성 뜻을 밝히며 격려했다. 그러나 그는 새 신문이 온 국민을 상대로 한 본격적인 '대중적 정론지' 창간이라기보다는 재야 운동권을 대변하는 신문 정도로 이해한 듯했다. 참석자들 대부분의 주요 관심사는 '노태우—김영삼—김대중—김종필'이 후보로 나선 12월 16일 대통령선거에 온통 쏠려 있었다. 민주화 운동 세력은 그동안 범민주 세력으로 줄곧 함께 투쟁해왔던 김영삼과 김대중이 분열해 각각 대선 후보로 나서면서 군사정권을 끝장내려면 어느 쪽을 지지해야 할지를 놓고 극심한 내홍을 겪고 있었다.

온 국민이 들고 일어선 6월 민주항쟁에 놀란 전두환 노태우 신군부 세력은 6·29 선언을 통해 직선제 개헌 요구를 수용하고 김대중을 특별 사면·복권하는 등 전략적 후퇴로 난국을 돌파하려 했다. 그리고 이들이 노리고 의도했던 대로 '김영삼―김대중' 양 김 씨가 분열하며 통일민주당의 김영삼 후보, 평화민주당의 김대중 후보가 모두 대선에 출마했다. 양 김 씨가 단일화에 성공해 한 명만 출마한다면 범민주 세력으로의 정권교체는 사실상 결정된 것과도 같은 분위기였다. 국민들의 실망은 커져갔다. 부산과 경남 지역에 근거지를 둔 김영삼 후보 측은 호남에 근거를 둔 김대중 세력이 양보해 자신들을 지원한다면 필승한다고 주장했는데, 이것이 이른바 '후보단일화론'의 논거였다. 반면 '비판적지지론'은 양 김 씨 가운데 상대적으로 더 개혁적인 김대중 후보가 나서야 승리할 수 있다며 민주화 세력은 비판적 입장에서 김대중 후보에 힘을 실어줘야 한다는 주장을 폈다. 양 김 씨의 단일화 협상이 제자리걸음을 하는 가운데 노동계 등 야권 일각에서는 기존 정치권 후보가 아니라 민중후보인 백기완 씨를 독자적으로 내세워야 한다는 주장이 나왔는데 바로 '독자후보론'이었다. 이러한 치열한 논쟁과 각개약진하는 정치적 전개는 온 국민 특히 재야 민주화 운동 세력에 깊은 상처를 안겼다. 해직기자들 역시 이런 큰 흐름에서 벗어날 수 없었다. 그해 선거에서 민주정의당 노태우 후보가 36.6%를 얻어 어부지리로 당선됐다. 김영삼과 김대중은 각각 28%, 27%를 득표했고 김종필은 8%를 얻었다. 이어 치러진 국회의원 선거에선 노태우 민정당이 125석, 김대중 평민당이 70석, 김영삼 통일민주당이 59석, 김종필 공화

당이 35석을 차지해 여소야대 정국이 만들어졌고, 국회에서 5공청문회, 광주청문회 등이 열리게 됐다.

해직기자들 50만 원씩 출자해 초기 운영자금으로 충당

새 신문 구상이 어느 정도 탄력을 받자 정태기는 그가 경영하던 화담기술(주) 옆에 임시 사무실을 차렸다가 시내 안국동에 번듯한 사무실을 계약했다. 1987년 9월 1일, 종로경찰서 맞은편에 있는 안국빌딩 601호와 602호에 '새신문연구소'라는 간판을 내걸고 주식 모금 등 창간 실무작업에 들어갔다.

정태기는 1975년 조선일보 해직 후 동양화학 기획실장, 두레출판사 경영을 거쳐 1987년 당시 화담기술이라는 컴퓨터 회사를 차려 운영하고 있었다. 당연히 언론민주화투쟁 일선에선 한동안 한 걸음 떨어져 있었다. 그의 장점은 이상가적 기질이 있으면서도 다양한 경험을 통해 일머리에 매우 능하다는 것이었다. 해직기자들 중에는 의기충천한 지사형이나 글쟁이가 많았다. 그러나 자금 마련 등 회사 경영 전반에 대한 경험과 능력을 두루 갖춘 사람은 극히 드물었다.

자금 문제뿐만 아니라 신문사 설립에 필요한 각종 인허가를 받아내는 일, 윤전기 도입과 사옥 마련, 제작 시스템 완비, 판매망 조직, 광고 업무 조정 등은 경영 실무에 두루 밝지 않으면 감당하기 힘든 일이다. 정태기는 회사 경영 외에 향후 신문 제작 시스템을 획기적으로 바꿀 컴퓨터 쪽에 해박하다는 점이 돋보였다. 그는 송건호와 임재경 등 선배나 해직기자 동료들에게 '신문사를 만드는 일은 내가 맡을 테니 제대로 된 신문을 만드는 데 온 힘을 쏟아달라'라고 부탁하곤 했다.

  새 신문 추진 주체들은 우선 해직기자들 중심으로 발의자를 구성했다. 발의자들이 각자 50만 원씩을 출자해 초기 운영자금으로 쓰기로 했다. 만일의 경우 국민 모금에 실패해 신문을 창간하지 못할 경우에 대비해 해직기자들이 모은 돈 1억 원만으로 운영자금을 충당한다는 복안이었다. 국민 모금액은 한 푼도 손을 대지 않고 그대로 은행에 예치했다. 이 돈에 손을 댔다가 혹시 신문을 창간하지 못하게 되면 '거대한 대국민 사기극'으로 몰려 민형사 소송 등 무슨 일을 당할지 모르는 상황이었다. 해직기자들이 중심이 된 발의자 196명은 9월 23일 안국동 사무실에서 발의자총회를 열었다. 동아투위, 조선투위, 80년해직기자들과 이름을 밝히지 않은 일부 현역 기자들이 익명의 발의자로 참여했다.

  연이어 발의자들의 제안에 호응하는 형식으로 각계각층 민주인사들이 총망라된 '창간발기선언대회'를 10월 30일 명동 YWCA 대강당에서 성대하게 거행하기에 이르렀다. 학계, 교육계, 문화예술계, 민주사회단체, 법조계, 언론계, 여성운동계, 종교계, 시민 등 사회 각 부문과 전국 각 지역을 대표한 3,317명이 발기인으로 이름을 올렸다. 이들은 각자 형편에 따라 주주참여 형식으로 창간기금을 출자했다.

내가 창간 작업에 참여하게 된 사연도 잠깐 소개하자. 나는 창간 준비위원회 대변인으로 태동기 준비 단계부터 신문이 창간될 때까지 몇 달간 사무국에서 자원봉사를 했다. 해직 후 몇 곳을 전전하다 당시 전자신문 취재부장으로 근무하고 있었다. 가정형편상 직장을 그만두고 무보수 상근으로 일하기에는 매우 버거운 처지였다. 조선일보 기자 시절 사내 연애를 하다 5·18 광주학살에 저항한 제작 거부 주동으로 찍혀 해직된 후에 결혼한 집사람(조사부 기자 근무)은 신문사도 그만둔 데다 거의 연년생으로 어린애 셋이 줄줄이 달려 재취업은커녕 혼자 육아를 맡느라 정신없이 허덕이는 처지라 내가 생계를 책임져야 했다.

그런데 80년해직 중 좋아하는 선배로 이미 상근 뜻을 굳힌 홍수원과 김태홍이 계속 찾아와 간곡히 참여를 부탁했다. 김태홍은 언협 사무국장으로 일찍이 언론운동 최전선에 나서 있었다. 경향신문에서 해직된 후 번역으로 생계로 꾸리던 홍수원은 당시 「말」 편집장을 맡고 있었다. 이들은 동아투위와 조선투위 선배들이 저리 앞장서는데 실무적으로 뒷받침해줘야 할 젊은 80년해직기자 중에 창간사무국에 상근하겠다고 나서는 사람이 아무도 없어 도저히 면목이 서지 않는다고 하소연했다. 거절을 잘 못 하는 내 성격을 알고 막무가내 졸라대는 데 넘어가 성공할지 실패할지 모르지만 의미 있는 일에 몸을 던져 일조해보자고 결심하기에 이르렀다.

1980년 조선일보 정치부 기자로 근무하다 전두환 쿠데타와 5·18 광주학살을 도저히 수수방관할 수 없어 5년 차인 입사 동기들과 후배들에게만 연락해 기습적으로 편집국총회를 열어 사회를 맡고 제작 거부를 선언하던 때의 결기가 되살아났다. 우리를 이끌어 줄 만한 선배(조선투위)들은 이미 5년 전에 무더기 해직된 뒤였다. 아무런 사후대책도 없이 일단 저지르고 보자는 '대책 없는 낙관론자'인 내 고질병이 또 도진 것이다. 내가 참여한 지 얼마 후 1980년 현대경제신문에서 해직된 현이섭이 나처럼 김태홍의 집요한 강권에 시달리다 다니던 직장을 내던지고 상근으로 창간사무국에 합류해 주식모금 등에 앞장섰다. 열정적인 김태홍은 상대방을 격동시키는 장기가 있다.

제도언론 외면 속 대학신문, 운동권 기관지 등 대상으로 '이삭줍기'식 홍보

막상 창간준비위 대변인 직책과 홍보팀을 맡고 보니 눈코 뜰 새 없이 바빴다. 새 신문을 창간한다는 소식을 널리 알리기 위해 각종 매체와 인터뷰를 해야 했다. 우선 기존 언론사의 젊은 기자들을 상대로 벽을 뚫어보려고 했다. 안국동 사무실 맞은편에 자리한 종로경찰서 출입기자들을 창구로 삼아 점심을 사며 설명회를 했으나 어느 신문에도 반영되지 않았다. 그날 관심과 애정을 갖고 이런저런 질문을 하던 성한용 서울신문 기자는 그 후 경력기자로 한겨레신문에 참여해 지금 최고참 기자로 근무하고 있다.

제도언론을 상대로 하는 홍보는 포기하고, 할 수 없이 전국 각

대학 및 전문대학의 언론매체인 대학신문과 재야 운동권 단체의 기관지, 종교단체의 주보 등을 대상으로 '이삭줍기'식 홍보활동을 벌일 수밖에 없었다. 일이 바빠져 나중엔 일일이 만나 설명할 시간도 없어 '새 신문에 대해 궁금한 점 30문 30답'을 만들어놓고 잠시 얼굴을 마주하고 사진만 찍고선 각자 알아서 뽑아 쓰라고 해야 했다. '새 신문이 지향하는 목표는 무엇인가요? 새 신문은 누가 만드는 것인가요? 창간주주가 되려면 어떻게 해야 하나요?' 등 30개 핵심 질문에 대해 모범 답을 적은 문안을 만들어 나눠주었다. 80년해직으로 조선일보 후배인 김형배와 「말」지 인쇄업무를 돕던 이상현 등이 홍보팀으로 나를 도왔고, 외신기자들을 만날 땐 미국 생활을 해 영어를 잘하는 이병효가 도와주었다.

창간 작업이 어느 정도 진척되면서 발행하기 시작해 신문이 나올 때까지 10호까지 이어진 '한겨레신문 소식' 발행도 홍보팀의 몫이었다. 주식모금 진척 상황과 윤전기 구입 등 창간 준비 작업 상황, 새 신문 창간을 지지하는 유명 인사 인터뷰 등을 연속적으로 실어 명동성당이나 주요 교회 등지에 널리 배포했다. 새 신문 창간이 가시권에 들어오면서 송건호, 임재경, 정태기를 비롯한 해직기자들과 창간사무국 전원이 '한겨레신문 창간'이라고 적힌 어깨띠를 두르고 서울역, 시청 앞, 종각역 등 지하철 입구와 길거리에서 출근하는 시민들을 상대로 계속 소식지를 배포했다.

새 신문 창간 움직임과 일거수일투족 파악은 안기부, 보안사, 치안본부, 시경 등 정보수집과 사찰 업무를 다루는 요원들에게는 최대의 난제였다. 이들은 감히 안국동 사무실에는 얼씬하지 못하고 근처에서 전화를 해 귀동냥이라도 하려고 안간힘을 썼다. 여간 귀찮고 성가신 것이 아니었다. 정태기와 상의하니 굳이 감출 것도 없고, 괜히 감추려고만 하면 좋지 않은 쪽으로 보고서가 올라갈 테니 차라리 이들을 한데 모아서 새 신문의 취지와 우리의 목표, 진행 상황 등을 당당하게 설명하고 '대중적 정론지'를 지향하는 우리의 뜻을 확실히 밝히는 것이 좋겠다고 했다. 근처 다방에서 정태기와 내가 만나서 소식지 등 각종 유인물을 나눠주며 상세히 설명했더니 이후 개별적으로 귀찮게 하는 일이 없어졌다.

주주모집 활동과 홍보, 기획업무로 정신없이 돌아간 창간사무국

창간사무국은 정태기 국장 지휘하에 정신없이 돌아갔다. 송건호, 임재경 등 원로들이 거의 매일 오후쯤 나와 몇 시간씩 자리를 지키며 격려하는 역할을 했다. 주주모집 활동과 주식정리 업무는 치밀하고 꼼꼼한 홍수원 사무국 차장이 맡아 빈틈없이 지휘하며 처리했다. 차분하면서도 철두철미한 성격의 홍수원이 없었다면 시장바닥같이 늘 시끌벅적 붐비고 정신 차리기 힘든 창간사무국 업무는 이런저런 사고가 터지더라도 한참 터졌을 것이다. 열정이 넘치는 현이섭은 주주모집팀에서 대학을 갓 졸업했거나 졸업 예정이었던 젊은 자원봉사자들(김현대 등 상당수가 신문 창간 후 뽑은 수습 1기와 합쳐 통합수습 1기로 채용)과 함께 현장을 뛰면서 지휘했다.

곧이어 동아투위의 선배그룹으로 묵직한 김명걸이 창간사무국에 상근으로 가세했다. 그는 매일 출근하며 주주모집 등 실무작업을 독려했다. 해직 후 남대문시장에서 옷가게를 운영한 바 있고 당시 시골에서 과수원을 경영하던 김명걸은 특유의 느긋하면서도 뚝심 있는 일처리로 훈훈한 분위기를 다잡아갔다.

예산, 기획, 인사, 사규 제정 등 신문사 경영의 소프트웨어를 짜는 일은 동아투위의 조영호가 맡았다. 그는 해직 후 롯데그룹에 들어가 기획 실무에 매우 밝았다. 회사 업무 정리가 늦어져 좀 늦게 합류했지만, 롯데 기획실에서 그와 함께 일하던 서형수가 초창기부터 사무국에 상근하며 신문 창간에 필요한 자금 계획이나 윤전기 도입, 사옥 마련, 제작 시스템 준비, 향후 광고 수입 등 신문사 운영의 기본 틀을 짜는 사업계획서 작성에 골몰했다.

창간기금 돈이 계좌로 들어오기 시작하면서 특히 보안 유지가 필요한 경리 업무는 한국일보 80년해직의 안정숙이 도맡았다. 남편 원혜영, 오빠 안양노 등 운동권 집안인 안정숙은 혹시라도 정권이 탄압에 나서 창간기금을 낸 주주명단을 파악하려고 할 때 그들에게 피해가 가지 않도록 지켜줘야 할 막중한 책임이 있었다. 그런 우려가 팽배했기에 아예 익명이나 자식 등 다른 사람 이름으로 창간기금을 낸 사람들도 많았다. 그만큼 엄혹했던 시절이다. 심지어 몇몇 사이에선 노태우 후보가 선거에서 크게 불리해지거나 선거에 패해서 정권이 결과를 뒤엎으려 할 때는 분명 압수수색이 들어올 테니 우선 피신할 사람과 사무실을 지킬 사람으로 나눠 대비해야 한다는 얘기까지 은밀히 오갔다. 물론 열심히 뛰는 젊은 친구들의 사기가 저하될까 걱정돼 함부로 입 밖에 낼 수는 없었다.

정태기는 이런저런 회의와 총괄 업무로 정신없이 바빴다. 매일매일 주주모집 현황을 파악하고 대정부 인허가 업무 진행 상황 등을 확인했으며, 이곳저곳 새 신문 창간 홍보를 해야 할 곳 등을 주선했다. 이와 함께 일과 후 저녁때는 리영희 등과 함께 민주화 세력 원로들과 만나거나 주요 단체 활동가들과의 모임 등을 이어가며 창간 지원 세력의 외연을 넓혀갔다.

신문사 설립에 필수적인 요건들을 갖추기 위해 인허가에 필요한 각종 서류들을 준비하고 접수한 뒤 확인하는 일도 만만치 않았다. 무엇보다 신문사 설립 신고에 필수적 시설 요건인 윤전기를 확보하기 위해 곳곳을 탐문한 끝에 비록 중고 고물 윤전기지만 일단 시간당 2만 부 이상을 인쇄할 수 있는 신고 요건을 충족시킬 윤전기를 구입했다. 이 '고물 윤전기'는 창간 후 느려빠진 인쇄 속도에다 수시로 고장을 일으켜 여러 사람의 애간상을 태웠지만 그래도 고속 윤전기를 도입할 때까지 초창기에 잘 버티며 효자 노릇을 톡톡히 했다.

신문사 건물 확보도 난제였다. 여기저기 알아보고 계약단계까지 갔다가도 나중에 건물을 임대하려는 사람이 새 신문 추진 세력임을 알게 된 건물주가 손사래를 치며 꺼리는 통에 몇 번씩 계획이 수포로 돌아갔다. 곳곳을 누비며 발품을 판 끝에 쇳가루가 날리는 철물공장 단지인 영등포구 양평동의 한 허름한 공장건물을 임대하는

데 성공했다. 현재의 공덕동 사옥에는 비할 수조차 없는 초라한 시설이었다.

종래 납 활자를 채자採字했던 조판 과정을 컴퓨터를 이용해 획기적으로 단순화한 컴퓨터 조판 시스템CTS은 정태기가 누구보다 잘 아는 터라 비교적 순조롭게 준비가 진행됐다. 그러나 처음 시도하는 제작 시스템인지라 안정되기까지는 역시 적잖은 시행착오를 겪어야 했다.

송건호 전국 순회하며 강연회, 모금 독려와 지방 후원조직 결성

새 신문 창간 소식을 더욱 효과적으로 널리 알리고 모금 활동을 북돋기 위해 새 신문의 얼굴이 될 신망 높은 송건호가 전국 각지를 돌며 강연회를 개최했다. 일반 국민들은 송건호 외에는 다른 해직기자들의 이름을 거의 알지 못했다. 송건호 선생을 믿고 돈을 내겠다는 사람들이 많았다. 서울은 물론 부산, 대구, 광주, 전주, 대전, 인천 등 전국 곳곳에서 송건호 얼굴을 보겠다며 강연을 요청했다. 현이섭이 주로 모시고 다녔고 호남지역은 김태홍이 함께 했다.

강연은 일반 시민을 대상으로 했지만 강연회가 끝난 후 그 지역의 주요 민주인사들과 뒤풀이 자리를 함께해 후원조직을 만드는 계기가 됐다. 이 후원조직들은 지역 모금 활동에도 앞장섰지만 창간 후 신문을 배포하는 판매조직의 근간이 됐다.

1980년 5·18을 겪은 광주 등 호남지역은 워낙 반정부 분위기가 강해 새 신문에 대한 기대감도 높고 모금 활동이 가장 활발히 진행됐다. 해직기자들 중에 호남 출신이 많아 학연 등 인간관계로 끈끈한 맥이 형성됐고, 특히 5·18 때 전남매일신문에서 해직된 박화강이 광주에서 일찌감치 중심 역할을 했고 창간 후에도 광주지사를 중심으로 많은 독자들을 유치했다. 김영삼 후보를 중심으로 야당 지지세가 강했던 부산지역의 경우 지역 민주인사들이 후원조직으로 집결했는데 주로 경남고 인맥이 중심이 됐다. 당시 지역 인권변호사로 명망이 높던 문재인이 적극 참여하고, 창간 후엔 한겨레신문 부산지사를 설립해 지사장을 맡아서 신문보급에도 앞장섰다. 창간 초기 틀이 잡히지 않은데다 시행착오도 많아서 돈도 적잖이 까먹은 것으로 안다. 그가 한겨레 창간위원, 자문위원 등을 역임하며 애정을 쏟은 것은 권근술, 성한표, 박성득 등 경남고 학맥 인연이 작용한 것이었다.

극비리에 진행한 김대중 후보와의 면담서 지원 요청

창간 작업이 어느 정도 진척되며 외풍을 막아줄 울타리 역할과 함께 실질적으로 창간기금 모금을 위해 야당인 김영삼 통일민주당 후보와 김대중 평화민주당 후보의 지원도 비밀리에 요청했다. 김영삼과의 면담은 주선자들 사이에 상당히 진척됐으나 선거운동에 바쁜 탓에 면담 날짜가 미뤄지다 결국 만남이 이루어지지는 못했다.

그러나 김대중과의 면담이 성사돼 송건호, 임재경, 정태기, 김태홍, 이원섭이 동교동 자택으로 찾아가 새 신문의 창간 취지와 경과를 설명했다. 김대중은 크게 반색하면서 적극적 지원을 약속했다. 그러면서 언제 신문이 나오느냐고 물었다. 1988년 상반기에 창간이 가능할 것이라고 구상 일정을 설명하자 실망하는 기색이 역력했다. 이번 대통령선거가 얼마나 중요한지 누누이 역설하면서 다소 미흡하더라도 발행을 앞당길 수는 없느냐며 당장 선거에 도움이 되었으면 하는 속내를 감추지 않았다. 양쪽의 기본 생각과 기대감 사이에는 상당한 간극이 있었다.

김대중으로서는 당시엔 실망했으나, 한겨레신문이 제대로 꼴을 갖춰 탄생하고 당당히 우뚝 서 10년 후인 1997년 12월 그가 대통령선거에서 승리하는 데 도움이 되고 그 후 사상 최초로 남북정상회담을 하는 등 한반도 평화 구상을 펼치는 데 가장 든든한 우군이 되리라는 것을 그때는 꿈에도 생각하지 못했을 것이다.

김대중과의 면담은 극비리에 진행됐고 면담 후에는 모두 입을 꾹 닫았다. 전두환이나 민주정의당 노태우 후보 진영에서 알게 되면 어떤 탄압의 빌미로 삼을지 모른다는 우려 때문이었다. 또 같은 야당 후보이면서도 평생의 라이벌로 치열한 경쟁을 펼치던 김영삼 후보 측 상도동과 김대중 후보 측 동교동 간의 미묘한 신경전 탓에 공연한 오해를 살 수도 있었다. 김영삼과의 면담이 불발되고 김대중과의 면담만 성사된 터라 자칫 새 신문이 '김대중 지지신문'으로 낙인이 찍히면 공연히 정쟁에 휘말려 국민모금 활동부터 막대한 지장을 받는 등 큰 차질을 빚을 것이 뻔했다. 이제 수십 년 세월이 흘렀고 해당자들이 대부분 고인이 됐으니 밝혀도 되리라 믿는다.

　대선이 끝난 뒤 김영삼과 김대중 양 진영은 새 신문 쪽에서 요청한 대로, 그리고 그들이 약속했던 대로 1:1의 똑같은 비율로 각각 5천만 원씩 거액의 창간기금을 출자했다. 양쪽 당 소속 국회의원들이 나누어 분산 출자하는 형식을 빌었다. 동교동 쪽은 약속대로 돈이 제때 들어왔는데 상도동 쪽 입금이 차일피일 계속 늦어졌다. 누구도 맡기를 꺼려 한 '돈 채근하는 고역'을 임재경이 어쩔 수 없이 맡아 원만하게 처리했다.

　훗날 얘기지만 김영삼은 노태우, 김종필과 3당 합당을 통해 여당 정치인으로 변신했다. 그리고 1992년 12월 대통령선거에서 승리하며 대통령에 당선됐다. 한겨레는 3당 합당 과정부터 '국민 뜻을 무시한 야합'이라며 줄곧 혹독한 비판을 가했다. 김영삼은 한겨레 기자들을 만날 때마다 내놓고 싫은 내색을 하기보다는 웃는 얼굴로 "내가 한겨레신문 만들 때 기둥 몇을 세웠는데, 허 참!"이라고 말하며 자신이 기여한 공을 일깨우곤 했다. '정치 9단'다운 노련한 처세였다.

'편집기획팀' 한겨레 지면 계획 등 장기 청사진 그려

　창간사무국 한쪽 회의실 공간에서는 주주모집과 홍보, 신문사 설립 준비 등으로 시끌벅적 바쁘게 돌아가는 일상 업무와는 별도로 '편집기획팀'이 자주 모여 장기적 안목에서 향후 창간될 신문의 청사진을 그리는 데 골몰했다. 상근은 아니었지만 조선투위 신홍범을 중심으로 동아투위의 권근술과 조성숙, 80년해직 선배그룹인 이경일, 그리고 근무하던 동아일보를 사직하고 새 신문에 합류한 지영선 등이 이 일을 맡았다. 창간 작업 전반을 두루두루 살피며 곳곳의 벌어진 틈새를 메우는 구실을 하던 임재경이 자주 참석해 유용한 조언을 해주곤 했다. 새 신문의 편집 방향, 편집국 구성, 지면 계획 등 중요한 소프트웨어가 이 팀에서 기획됐다. 이 팀의 선도적인 시도들은 그 후 기존 신문들이 뒤따라오는 획기적 성과를 거둔 것도 있고, 너무 이상에 치우친 나머지 시행착오 끝에 되돌려진 것도 있다.

대표적으로 앞서간 시도가 한글전용과 가로쓰기 편집이다. 당시 일간지들은 모두 세로쓰기에 한자를 병용했다. 정태기의 강력한 주장이 반영된 컴퓨터 조판 시스템CTS 도입도 당시로선 획기적인 시도였다. 당시 신문들은 납 활자를 이용해 문선·조판을 했는데 컴퓨터를 이용해 단순화함으로써 비용을 크게 절감한 것이다. 나중에 모든 신문이 한글 가로쓰기, CTS 제작으로 한겨레를 따라왔다.

편집국 체제 골격도 이 팀이 밑그림을 그렸다. 기존 신문의 정치·경제·사회·문화·외신·편집부 등의 체제를 바꿔 정치·경제부를 합친 정경부로, 기존 언론사의 정치부 소관인 통일부·외교부 출입처와 사회부 소속인 국방부 출입처를 외신부와 합해 민족국제부로 만들어 분단체제 극복을 위한 민족문제에 집중하도록 만들었다. 사회부를 노동, 농어민, 도시빈민 문제 및 인권 문제에 집중하는 민생인권부와 기존 검찰·경찰과 교육부, 그리고 지역을 관장하는 사회교육부로 쪼갰다. '동업자 의식'에 젖어 다른 언론에 대한 비판을 꺼리던 나쁜 관행을 극복하자며 여론매체부를 만든 것도 특이했다. 여론매체부는 애초 이름이 매체비평에 중점을 둔 매체독자부였다. 그러나 약칭으로 부를 때 '매독부'가 되어 어감상 좋지 않다며 막판에 여론매체부로 수정됐다. 이런 시도들은 실행과정에서 여러 문제점이 나타나 대부분 기존 매체와 비슷하게 바뀌었으나 한겨레다운 특색을 드러낸 참신한 시도들이었다.

뉴욕 타임스 등의 오피니언면 운영을 참고해 사설을 2면이 아닌 끝 두 면에 칼럼과 함께 묶어 배치하는 오피니언 페이지 아이디어는 한겨레가 가장 먼저 시작했다. 그러나 반대의견이 많아 얼마 후 기존 언론 방식대로 되돌아갔다가 다른 신문들이 오피니언면을 운영하자 오히려 거꾸로 뒤따라간 사례다.

권위주의 냄새가 나는 국장, 부장, 차장 등의 호칭을 바꾸고 민주적인 편집위원회를 만들자며 편집국장은 편집위원장, 부장은 편집위원, 차장은 편집위원보로 명명했으나 이 역시 타 언론사의 굳어진 관행에 따른 혼선 때문에 얼마 후 국장·부장·차장 체제로 돌아갔다. 실제 내가 정치부장을 할 때 '정치부 편집위원'이라고 찍힌 명함을 주면 상대는 고개를 갸웃거리며 그럼 정치부장은 누구냐고 물어 길게 설명해야 하는 일이 잦았다.

청와대 출입기자가 대통령 쪽 시각에 물들어 균형감을 상실하는 것을 방지하겠다며 정반대편인 재야 취재도 동시에 맡도록 한 것도 신선한 발상이었다. 신문이 창간된 뒤 나는 초대 청와대 출입기자로 임명됐으나 청와대가 출입을 불허해 청와대발 뉴스는 간접 취재에 그치고 재야 쪽 취재만 해야 했다. 청와대 출입 허용 방침이 결정된 뒤에도 괘씸죄 탓인지 신원조회 과정에서 공연히 트집을 잡아 흠잡기 곤란한 후배기자가 청와대를 출입했고 나는 한겨레 기록에만 남는 '초대 청와대 출입기자'가 되고 말았다.

최근 한겨레 한 간부 기자의 거액 촌지 수수 사건으로, 한겨레를 떠난 선배들은 물론 현직 구성원들을 통탄케 하는 일이 발생했지만 촌지 거부는 한겨레의 자랑이자 트레이드 마크였다. 한겨레의 도덕성과 평판을 드높이던 상징이었다. 그 기본이 되는 윤리강령과 실천요강도 이 팀의 신홍범이 뉴욕 타임스, 르 몽드 등 해외 유력 권위지 규정을 참조해 초안을 마련했다.

"민주화는 한판의 승부가 아닙니다" 국민 절망 다독이며 모금 참여 호소

1987년 제13대 대통령선거는 양 김 씨의 분열로 노태우의 어부지리 승리로 끝났다. 민주화를 기대해온 많은 국민이 절망하고 분노하고 허탈해했다. 이때 '민주화는 한판의 승부가 아닙니다—허탈과 좌절을 떨쳐버리고 한겨레신문 창간에 힘을 모아주십시오'라는 매우 '감성적인' 광고가 실렸다. 이 광고 카피는 국민의 허전하고 쓰라린 마음을 파고들었다. 새로 기대볼 만한 희망의 근거가 생겼다고 느꼈는지 상당한 기금이 한꺼번에 몰려들었다. 광고팀 중 이병주는 새 신문 주요 간부로 들어왔으나 강정문과 최병선은 참여하지 못했다. 강정문은 광고인으로 남아 이름을 떨쳤다. 최병선은 중도에 꺾인 기자의 꿈이 강했으나 같은 조선투위인 부인 김선주가 더욱 강렬히 글을 쓰고 싶어 해 가뜩이나 좁은 자리를 부부가 함께 차지할 수 없다며 꿈을 접어야 했다.

국민모금이 한때 주춤해졌을 때 모금 열기를 되살린 기폭제가 된 것이 MBC 보도였다. 1988년 1월 14일 MBC 9시 뉴스 말미에 '신문 완전경쟁 시대'라는 제목으로 1분짜리 리포트가 방영됐다. 국민주식 형태로 창간기금을 모으는 한겨레신문이 곧 창간될 것이라는 소식을 본격적 기사로 다룬 첫 보도물이었는데, 이 방송의 위력은 대단했다. 홍보팀 김형배가 친구인 정동영 기자를 집중 설득해 만들어낸 작품이었다.

창간 초기에 힘 실어준 24인 원로들 지지성명

창간 과정 기록에서 꼭 언급하고 싶은 것이 24인 원로들의 지지성명이다. 김수환 추기경, 문익환 목사, 함석헌 옹, 이희승 선생, 박형규 목사, 변형윤 교수, 이돈명 변호사 등 원로 24인이 1987년 10월 12일 '새 신문 창간에 성원 바랍니다'라는 성명을 발표해 큰 힘을 실어주었다. 이희승 선생과 김정한, 박경리, 박두진, 박화성, 황순원 작가 등 평소 민주화 운동 일선에 나서지 않던 원로들까지 참여한 성명은 새 신문이 재야 민주화 운동권을 대변하는 매체가 아니라 폭을 확 넓혀서 전 국민을 대상으로 하는 '진보적 대중지'가

될 것이란 믿음을 심어주는 데 큰 역할을 했다.

해직기자들과 평소 접촉이 잦은 재야 운동권 원로들은 상대적으로 승낙을 얻기가 순조로웠으나 이미 은퇴해 좀체 나서려 하지 않는 원로들은 몇몇씩 분담해서 집으로 찾아가서 간곡히 부탁하는 과정을 거쳤다.

이희승 선생을 모신 에피소드. 이희승을 결혼 주례로 모셨던 신홍범과 국문과 제자인 조성숙을 앞장세워 송건호, 임재경, 장윤환이 댁으로 찾아갔다. 워낙 연로한 어른인지라 송건호를 포함한 일행이 일제히 큰절을 올린 후 새 신문 창간 취지와 경과를 설명하고 지지성명 참여를 부탁했다. 이희승은 "지금 시절에 그런 신문 만들려면 감옥에 갈 각오를 해야 할 것"이라며 각오가 돼 있느냐고 물었다. 그래서 "각오는 물론 돼 있고 이미 한두 번씩 다 다녀온 사람들"이라고 답하자 고개를 끄덕이며 흔쾌히 수락했다고 한다.

김수환 추기경은 엄혹한 군사독재정권 시기 배후에서 은밀히 민주화 운동을 추동해 천주교 쪽 신뢰가 두터운 김정남의 도움을 받은 것으로 안다.

역사적 기록을 위해 지지성명에 동참한 원로들 이름을 열거하면 다음과 같다. 김관석, 김수환, 김옥길, 김정한, 김지길, 문익환, 박경리, 박두진, 박형규, 박화성, 변형윤, 성내운, 송월주, 윤공희, 이돈명, 이우정, 이태영, 이효재, 이희승, 조기준, 지학순, 함석헌, 홍남순, 황순원.

'꼭 필요한 사람만 참여한다' 원칙 세워 해직기자들 참여 억제

목표로 한 돈 50억 원이 다 모이고 신문사 창간이 어느 정도 가시권에 들어오면서 근무할 인원을 확정하는 것도 난제였다. 기존 언론사 기자 중 언론자유를 갈구하며 월급이 절반 이상 깎이는 것을 감수하겠다면서 지원한 경력기자들이 넘쳐나 까다로운 면접과정을 거치며 민주화 의지와 실력을 검증해 채용하는 한편 공채시험을 치러 젊은 수습기자들을 대거 뽑는다는 복안은 착착 진행됐다.

난처한 것은 동아투위, 조선투위, 80년해직기자들이었다. 너나없이 들어오고 싶어 하는데 다 받아들이면 몸통은 작은데 머리만 커져서 신문이 제대로 굴러가지 않을 것이란 점이 우려됐다. 자칫하면 새 신문이 해직기자들의 일자리 마련이라는 오해를 받을 수도 있었다. 그래서 '해직기자들은 꼭 필요한 사람만 참여한다'라는 원칙을 세웠다.

스스로 참여를 자제하고 양보하는 분위기를 만드는 일은 쉽지 않았다. 오랜 기간 취재현장을 떠났던 노장들의 참여를 최소화하고, 당장 지면 제작에 투입할 수 있는 경력기자와 향후 한겨레를 이끌어갈 수습기자 수를 늘려야 한다는 데는 동감하면서도 막상 자신의 문제로 닥치면 말처럼 쉽지 않은 일이다. 이 과정에서 마음 상하고 서운함을 느낀 사람들도 많았는데, 정태기 등 창간을 주도한 사람들이 독주한다는 불평을 사기도 했다. 내가 아는 80년해직기자들 가운데는 나름 큰 결심을 하고 동참하려 했는데 면담 과정에서 별로 반기는 기색이 아니고 마치 심사를 받는 듯한 느낌이 들어서 매우 불쾌했다는 이야기를 하는 사람들도 있었다. 반대로 꼭 들어와 중요한 역할을 맡아야 할 사람인데도 이런 분위기 탓에 스스로 물러나서 오지 않은 사람들도 있었다.

1988년 5월 15일 창간호 발행, 언론계에 신선한 충격

모금이 진행 중이던 12월 25일 한겨레신문사는 주식회사로 정식 발족했다. 송건호 대표이사, 임재경 편집인 겸 논설주간, 정태기 개발본부장, 이병주 광고이사 체제로 주요 간부 진용이 짜였다. 김태홍은 판매 쪽을 맡았다. 가장 책임이 무겁고 관심이 쏠렸던 초대 편집위원장은 시간이 얼마 흐른 뒤에야 공표됐다. 동아투위 총무를 지내고 언협 사무국장과 민통련 사무처장 등을 거치며 언론투쟁에 앞장서서 교도소를 제집처럼 들락날락하던 성유보가 맡았다. 일상적인 신문 제작 능력도 중요하지만 정권의 가혹한 탄압이 예상되는 터라 기꺼이 감옥에 갈 투쟁력을 겸비한 사람이 필요하다는 원모심려가 있었다. 이와 함께 대학 시절 민주화 투쟁을 하다 감옥에 가느라 제도권 언론에 발도 들여놓지 못한 운동권 청년 실무자들과 언협 기관지 「말」의 기자들 일부에게도 참여의 길을 터주었다.

창간기금 모금은 1988년 2월 25일 예정했던 50억 원이 모두 모여 공식 마감됐다. 2만 7천여 명이 100만여 주를 출자했다. 노태우 정부는 법에 정한 모든 절차를 다 밟았는데도 막판까지 일간지 등록증을 내주지 않는 등 애를 먹였다. 여러 차례 항의 시위를 벌여도 진척이 없자 신문사는 끝내 방해하면 청와대 앞에서 시위를 하는 등 전국민적 투쟁을 불사하겠다는 최후통첩을 했고 그제야 결국 등록증을 교부해 한겨레신문 창간을 합법적으로 인정했다.

한겨레신문은 드디어 1988년 5월 15일 감격적인 창간호를 발행했다. 도저히 믿기지 않는 기적 같은 일이었다. 해직기자를 비롯한 많은 사람의 땀과 눈물과 희생이 맺은 결실이었다.

역사적인 창간특집호는 총 36면이었다. 전날인 5월 14일 오후 4시쯤부터 윤전기가 돌아가고 첫 신문이 인쇄돼 나왔다. 그날 양평동의 누추한 사옥에는 김대중, 김영삼을 비롯한 정치인들과 사회 각계각층 인사들이 줄지어 방문해 신문 창간을 축하해줬다.

한겨레는 창간과 동시에 언론계뿐만 아니라 온 국민의 관심사가 됐다. 리영희 논설고문, 최일남, 정운영, 조영래, 박원순 객원논설위원 등 사외 필진의 참신하고 독특한 시각이 돋보인 사설과 칼럼이 초창기 한겨레의 성가를 드높이는 역할을 했다.

수호지의 '양산박' 같은 초창기 편집국 모습

한겨레 초창기 편집국의 모습은 흡사 중국 수호지에 나오는 '양산박'을 연상케 했다. 언론자유를 꿈꾸던 해직기자들, 박봉을 각오하며 각자 다니던 언론사를 박차고 합류한 경력기자들, 민주화 운동으로 옥살이하느라 언론사 근처에도 못 갔던 젊은 민주투사들과 시민단체 활동가들, 새로 뽑은 수습기자들이 뒤엉켜 일시적 혼돈을 면할 수 없었다. 저마다 '호걸풍'으로 목소리가 크고 개성들이 강했다. 제각각 다른 곳에서 일을 하다 한데 합친 터라 인간관계의 기본인 위아래를 가리기 어려웠다. 통상 입사순으로 선후배를 가리는 기존 신문사의 기준이 적용되기 힘든 구조였다. '내가 언론사 입사가 빠르네, 나이는 내가 더 많네, 대학 학번은 내가 더 위네' 하며 위아래가 마구 뒤엉켜 어지러웠다. 술자리에서 고성이 오가고 심지어 가벼운 주먹다짐까지 벌어지기도 했다. 얼마 지나자 나이, 대학 학번, 언론사 경력 등이 혼합되며 자연스레 나름의 질서가 형성됐다.

이런 혼돈상은 정도의 차이가 있을 뿐, 선배 해직기자들 사이에서도 마찬가지였다. 특히 80년해직은 각자 다른 언론사에 근무했던 터라 선후배 가리기가 쉽지 않았다. 동아투위와 조선투위의 경우는 입사순으로 선후배 서열이 비교적 분명했으나 어제까지 다 같은 해직 동료였다가 회사 직제상 불가피하게 직책을 나누어 맡아 일하다보니 종종 불편한 모습이 연출되곤 했다. 어느 정도 기강이 잡히고 지도부의 권위가 인정받기까지에는 일정 시간이 필요했다.

그러나 순수한 열정으로 뭉친 집단이었기에 이러한 약점들이 오히려 활발한 토론을 통한 건강한 긴장감을 조성하고 창조적 에너지를 발산하며 용광로처럼 하나로 융합해 온갖 난관들을 극복할 수 있었다. 무엇보다 한겨레신문의 생명인 진실을 향한 성역 없는 보도와 참신한 시각, 그리고 기자정신을 좀먹는 일체의 '촌지'를 거부하는 운동 등이 언론계에 신선한 바람을 일으키며 기득권 세력의 노골적인 견제와 방해 속에서도 점차 자리를 잡아갔다. '고문 기술자 이근안'의 정체를 밝혀내 단독 보도하고, 윤석양 이병의 제보로 군 보안사의 조직적인 민간인 사찰을 폭로하는 등 빛나는 특종도 큰 몫을 했다.

정태기는 창간 과정서부터 신문의 기본 틀을 짜고 중요한 역할을 도맡다보니 창간 후에도 경영 일선에서 회사가 자리를 잡아가는 데 중책을 맡게 됐다. 그러다보니 독주를 한다느니 하는 이런저런 불만과 견제의 표적이 될 수밖에 없었다. 창간 초기 미처 생각하지 못했던 각종 시행착오들에 대한 책임이 과도하게 그에게 쏠리곤 했다. 실제 일에 부닥치면 계획단계에서는 예상치 못했던 뜻밖의 일들이 벌어지게 마련이다.

정태기의 독선 내지 독주에 대한 주위의 불만들은 어찌 보면 창간 준비 과정에서부터 배태된 측면이 있다. 누군가 책임을 지고 나서서 일을 진행시키지 않으면 이도 저도 되지 않는 것이 무에서 유를 창조해 내야 하는 창간작업이다. 창간 초기 주축 멤버들에게는 신문사가 제대로 꼴을 갖추고 성공적으로 안착하도록 만들기 위해서는 개인적인 온정주의에서 벗어나 해직기자들의 무한정 참여를 일정 선에서 억제해야 하는 등 '악역' 수행과 함께 이런저런 서운함으로 불만의 싹이 튼 주위의 욕을 먹는 게 어느 정도 숙명처럼 불가피했던 면이 있다.

정태기와 공성이불거 功成而弗居

목표로 했던 주식 모금이 거의 채워지는 등 창간 작업이 어느 정도 성공적으로 진척되고 향후 한겨레의 앞날을 어슴푸레 그려볼 수 있게 된 시점이었을 것이다. 정태기는 어느 날인가부터 '공성이불거功成而弗居'라는 말을 자주 입에 올렸다. 주로 무탈하게 지내는 사람들과의 술자리에서였다. '공을 이루었으면 그것을 차고앉아서 거기에 머물려 해선 안 된다'라는 뜻이리라. 아마도 창간 과정에서 여러 동료 해직기자들의 참여를 견제하는 모양새가 빚어졌고 독주에 대한 불만과 비판이 주변에서 차츰 번져가던 때였던 것 같다. 나는 '공성이불거'라는 뜻과 그 말을 하는 정태기의 심정을 어렴풋이 짐작했지만, 그 말이 노자의 『도덕경』에 나온 구절인 것까지는 미처 알지 못했다. '공성이불거', 말은 쉬울지 몰라도 실제 행동으로 옮기기는 어려운 법이다.

정태기는 창간 후 회사경영 방향을 둘러싸고 사내에 이런저런 의견 충돌이 생기며 회사를 떠났다. 회사가 어느 정도 자리를 잡았으니 보유한 현금과 신문사 시설 등을 담보로 금융권에서 유리한 조건으로 자금을 빌려 시설 투자와 배달 조직을 완비해 국민의 기대치가 최고조에 오른 초창기에 족벌언론에 대항할 대등한 위상을 구축해야 한다는 것이 그의 지론이었다. 창간기금을 50억 원으로 책정한 것도 이를 모금 달성이 가능한 최대치로 보고 이를 바탕으로 은행 돈을 50억 원쯤 융자해 조기에 비약적 성장을 확고히 한다는 것이 애초부터 그의 구상이었다. 신문이 창간되기 전인 1987년 월간 「샘이 깊은 물」 11월호에 조영래 변호사의 사회로 송건호, 정태기가 참석한 좌담회 기사에 그의 구상이 실려 있다. 이른바 '기채론'이다.

그러나 사실상 관치금융이나 다름없는 한국 상황에서 자칫 은행 돈을 빌렸다가 정권의 압력으로 코가 꿰이면 한겨레의 생명인 언론의 자유가 침해될 수 있으니 우선 있는 돈으로 내실을 기해야 한다는 반론이 나와 팽팽하게 대립했다. 이른바 '자립론'이다. '기채론'과 '자립론'의 대립은 좀체 결론을 내지 못한 채 오랜 기간 지속됐다. 갚을 능력만 된다면 외부에서 자금을 유리한 조건으로 빌려 경영에 효율을 기하는 것이 상식이 된 현 시점에서 생각하면 금융권 융자는 당연한 일로 여겨지지만 군사독재가 기승을 부리던 당시로선 쉽지 않은 결정이었다. 더욱이 권력의 피해를 몸으로 체득한 해직기자들이 다수인 한겨레 정서에선 '자립론' 쪽이 오히려 우세했다. 재정조달 구상 등에 제동이 걸린 정태기는 결국 한겨레를 떠났다.

그는 그 후 신세기통신 대표이사를 지내는 등 대기업을 경영하다가 강원도 오대산에서 야생화 재배에 남다른 열정을 쏟았다. 15년 후인 2005년 한겨레신문이 다시 재정적으로 어려움을 겪는 과정에서 그는 후배들의 부름을 받아 대표이사 사장으로 복귀해 2년여 복무했다. 개인적으로 본다면 중도에 하차했던 서운함도 씻고 '명예'를 회복한 셈이다.

나는 그 직전 회사 형편이 어려워지면서 내부에서 명예퇴직 논의가 제기되고 창간 멤버들이 후배들을 위해 용퇴해야 한다는 의견들이 떠도는 와중에 사직서를 제출했다. 많은 창간 멤버들이 자의 반 타의 반으로 회사를 떠났다. 나는 신문 창간 후 정치부장, 논설위원, 논설위원실장 등 과분한 직책을 두루 역임했으나 대부분의 창간 멤버들이 그랬듯이 노후생활자금 준비는 전혀 안 된 상태였다. 다행히 가천대학교 신문방송학과 교수로 어렵게 자리를 잡을 수 있었다. 고지식한데다 노후 대비가 전혀 안 된 내 사정을 잘 아는 주위 친구들과 지인들이 자기 일처럼 발 벗고 나서서 55세에 바늘구멍같이 들어가기 어려운 교수의 길을 기꺼이 뚫어준 덕분이었다.

15년 만에 한겨레에 대표이사로 복귀한 정태기가 대표이사 사장으로서 '제2 창간운동'을 벌이는 등 변신을 위해 쏟은 노력들이 얼마나 성과를 거두었는지 등에 대해서는 나로서는 평가 밖의 일이다. 다른 사람이 다른 추모 글에서 다룰 것으로 기대한다.

다만 나로선 정태기 인생에서 가장 빛나고 화려했으며 걸출한 역량을 유감없이 발휘했던 시기는 남다른 혜안과 통찰력, 추진력으로 새 신문 창간을 구상하고 해직기자들의 뜨거운 열정을 하나로 묶어내 마침내 '국민주 신문 한겨레' 창간을 성공으로 이끄는 주역을 담당했던 시기였다는 점만은 확실히 하고 싶다. 한겨레신문이 '권력으로부터, 자본으로부터, 사주로부터 독립한' 참 언론으로 국민의 사랑을 받고, 진실한 보도와 공정한 논평으로 남다른 위상을 굳건히 해 존속하는 한 언론자유를 향한 정태기의 헌신과 치열한 기자정신은 길이 기억될 것으로 믿는다.

언론인 정태기를 위한 작은 기록

김현대
한겨레신문 전 대표이사 사장

1987년 가을 안국빌딩

그 이름을 처음 들은 것은 1987년 가을입니다. 대학을 졸업하고 언론사 취업을 준비할 때였습니다. 해직기자들이 새 신문 창간에 나섰다는 소식을 우연히 교수님한테서 들었습니다. 1980년 전두환 정권에서 해직교수였던 적이 있어 해직기자들과 격의 없는 동지로 지내는 분이었습니다. "큰일을 시작했는데 젊은이들 힘이 많이 보태졌으면 좋겠다"라고 교수님이 염려하셨습니다. "저도 관심이 있다"라고 마음을 내자 그 자리에서 전화기를 들었습니다. "젊은 제자 보낼 테니 만나보세요." "감사하지요." 조선일보 해직기자, 새 신문 창간사무국장 정태기였습니다.

다음 날 서울 종로 안국동의 안국빌딩 6층, 새 신문 창간사무국을 찾아갔습니다. 9월 30일 날짜도 정확하게 기억합니다. 사무국장 정태기와 아주 짧은 티타임을 가졌습니다. 묵직한 기품의 첫인상이 매력적이었습니다. 이런 분이 어른이구나 싶었습니다.

잠깐의 인사를 마친 뒤 다른 해직기자 한 분과 길게 이야기를 나눴습니다. 홍수원 선배였습니다. "신문사가 만들어지지 못할 가능성이 큽니다." "혹여 신문사를 만든다 해도 기자로 채용한다는 보장을 못 합니다." 월급을 제대로 줄 수 없고 스물일곱 살 청년의 미래가 지극히 불투명하다는 점을 거듭 강조했습니다. 같이 일하자고 붙잡을 염치가 없다는 말도 들었던 것 같습니다. 참으로 겸손하고 순수한 분이었습니다.

1시간 가까이, 무한 희생만 있을 뿐 영광은 없다는 이야기가 이어졌습니다. 제 결심을 묻는 마지막 질문이 반가웠습니다. "여기 사정을 알아보고 마음을 정할 생각으로 왔습니까, 그와 상관없이 일하겠다는 마음을 먹고 왔습니까?" 이후 대화는 10초도 걸리지 않았습니다. "후자입니다." "내일부터 나오세요." 제가 언론인 정태기와 인연을 맺은 첫날의 기억입니다.

다음 날인 10월 1일 아침 사무국 첫 출근을 했습니다. 세월이 한참 지난 뒤에 알았지만, 그날은 창간사무국 진용이 처음으로 꾸려지는 날이었습니다. 사무국에서 동고동락한 다른 해직기자 선배들도 그날이 첫 출근이었습니다.

한겨레와의 첫 이별

창간사무국에서 일하던 그 시기는 참 힘들었습니다. 어찌 보면 홍수원 선배 말씀이 맞았습니다. 그런데 힘든 일보다 사람을 더 지치게 만드는 것이 따로 있었습니다. 좋은 사람들 사이의 밑도 끝도 없는 갈등이었습니다. 안타깝게도 정태기 사무국장이 공격의 도마에 오르는 일이 많았습니다.

하루는 안국빌딩에서 전체 회의가 열렸습니다. CTS(컴퓨터 조판 시스템) 구축 상황을 공개적으로 설명하는 자리였습니다. 지금은 CTS가 한겨레 창간 혁신의 대표상품으로 무한 칭송을 받지만, 그때만 해도 CTS를 무슨 괴물 취급하듯 불편해하는 기류가 있었습니다.

그날 회의는 CTS라는 신기술 도입을 총지휘한 정태기 사무국장이 집중적으로 공격받는 분위기였습니다. 서로에게 상처가 되는 날 선 발언이 쏟아졌습니다. CTS 때문에 창간 일정 약속을 지키지 못하면 우리 모두 역사의 죄인이 된다고 자극적으로 고성을 지르는 발언도 나왔습니다. 그 자리가 많이 불편했던 기억이 남아 있습니다. 한겨레의 CTS 도전은 길이 없는 곳에 길을 내는 엄청난 일이었습니다. 그런 도전 과정의 작은 허물을 안아주고 용기를 북돋워 주려는 마음이 아쉬웠습니다. 난감해하던 정태기 사무국장의 그날 표정을 잊을 수 없습니다.

명동 사채시장 '비사'

한겨레신문 주식회사 창립일은 1987년 12월 15일입니다. 첫 신문을 발행한 1988년 5월 15일보다 다섯 달 앞섭니다. 13대 대통령

선거일 하루 전날로 급하게 정해졌는데, 거기엔 정태기와 관련한 비사가 있습니다.

대선에서 민주화 세력이 양분하고 노태우 후보의 당선 가능성이 커지면서 사무국의 불안감이 높아지고 있었습니다. 투쟁 경험 많은 해직기자들은 노태우 후보가 당선되면 한겨레신문사 법인 설립 자체를 막아 신문 발행을 원천봉쇄할 수 있다고 보았습니다. 법인 설립 등기부터 해놓기로 화급하게 결정했습니다. 대선 1주일 전쯤이었습니다.

문제는 돈이었습니다. 법인 설립 등기를 하자면 설립자본금(50억 원)의 4분의 1에 해당하는 12억 5천만 원의 예금 잔고 증명이 필요했습니다. 모금액이 12억 원을 겨우 넘어 4천만 원가량이 모자랐습니다. 급하게 자금을 융통하자니 무리수를 동원하지 않을 수 없었습니다. 사무국장 정태기가 기획 업무를 맡은 서형수와 단 둘만 아는 '비밀 작전'을 수행했습니다.

"법인 설립 자금을 취급하는 전문 사채업자가 있다는 겁니다. 정태기 선배와 명동 사채시장으로 달려갔습니다. 법인 설립 때의 납입자본금 부족액을 빌려주고 자본금 예치 통장을 담보로 잡더군요. 그렇게 비밀 자금을 마련해, 정말로 급하게 법인 설립 등기를 마쳤습니다. 대선 하루 전날이었죠. 빌린 돈은 며칠 뒤에 깨끗하게 갚았습니다. 금세 모금이 들어왔거든요."

2007년 한겨레 대표를 지낸 서형수 선배의 증언입니다. 저도 이 비사를 최근에야 들었습니다. "명동 사채시장에 기금 통장을 담보로 잡혔다고 누구와 의논할 수 있었겠어요. 불법이잖아요. 정 선배가 모든 위험을 떠안고 결행을 했던 거지요. 30년이 더 지난 지금에야 말하게 되네요."

10년마다 발간되는 『한겨레 사사』를 들여다봤습니다. 한겨레 역사의 결정적인 대목, 한겨레 내부 갈등의 고비마다 정태기가 핵심 인물로 등장합니다. 신문사 설립을 지휘한 정태기의 경영관과 언론관은 구체적이고 확고했습니다.

"50억 소자본이 감당할 수 있는 200명 소수 정예 조직으로 언론사를 꾸리고, 공정한 보도로 야당은 물론 재야로부터도 독립적인 위상을 지키고 독자의 신뢰를 얻는 언론을 창조하겠다는 (정태기의) 소신이 분명했다"라고 한겨레 역사는 기록하고 있습니다. 하지만 소수 정예가 선별되는 상황에 불쾌감을 느끼는 해직기자들이 있었습니다. 민주세력의 발전을 위해 한겨레가 보다 직접적인 역할을 해야 한다고 생각하는 해직기자들은 언론관이 많이 달랐습니다. 이런 생각의 차이가 갈등의 악순환으로 이어졌습니다.

공성이불거

1990년 5월, 마포 새 사옥 건설을 지휘하던 정태기 개발본부장이 사임했다는 소식이 들려왔습니다. 사옥 건설을 둘러싼 논란이 끊이지 않을 때였습니다.

처음부터 사옥 건물을 9층으로 올려 일부를 임대하고 신문 이외 매출원을 확보하자는 것이 개발본부의 경영적 판단이었습니다. 그렇게 규모의 경제를 갖춰나가야 주식회사 한겨레의 지속적인 성장이 가능하다고 보았습니다. 하지만 권력과 대자본의 압력에 대비해 최대한 현금을 확보해두어야 한다는 정치적 판단 그룹의 목소리가 컸습니다. 결국 4층 건물로 축소해 신축했고, 수년 뒤 다시 8층으로 증축하는 낭비를 치르게 됩니다.

저는 정태기 개발본부장의 사임 소식을 뒤늦게 알았습니다. "공성이불거功成而弗居(공을 이룬 사람은 머무르지 않는다)라는 말을 남기고 한겨레를 떠났다"라는 이야기를 전해 들었습니다. 내부 갈등으로 창간 선배들이 줄줄이 떠나던 험한 시절이었습니다.

창간사무국 시절 공성이불거와 관련한 에피소드를 들었습니다. 도올 김용옥 교수가 불쑥 사무국을 찾아와, 공성이불거라고 적은 친필 붓글씨를 내놓더라는 이야기입니다. 정태기란 인물의 성품으로 미뤄볼 때, 언제라도 한겨레를 떠난다는 심정으로 공성이불거를 화두로 삼고 하루하루 살아가지 않았을까 짐작해봅니다.

2005년 귀환

정태기 사장님을 가까이에서 모셨던 2005년 이후 이야기를 나누겠습니다. 지근거리에서 보좌하면서 제가 직접 보고 듣고 나눴던 2년 동안의 이야기입니다. 저는 정태기 경영팀의 전략기획실장과 출판국장으로 일했습니다. 편하게 사장님이라고 호칭하겠습니다. 존경하는 분 가까이 일할 수 있어 행복했다는 말씀을 먼저 드립니다.

2005년 초였습니다. 80명의 직원을 떠나보낸 연말 구조조정의 눈물이 채 마르지 않은 때였습니다. 직원들의 희생으로 다급한 불은 껐지만 구조적 경영 불안의 먹구름이 한겨레를 짓누르고 있었습니다. 한겨레 매출은 1999년 800억 원을 넘어선 이후 6년 동안 제자리에 꽁꽁 묶여 있었습니다. 신문 이외 매출을 올리겠다고 벌인 신사업들도 연속으로 실패했습니다. 만성적 성장 정체의 수렁으로 깊이 빠져들고 있었습니다. 2002년에는 직원들의 퇴직금을 출자금으로 전환해 부채비율은 낮추고 직원들의 지분율을 끌어올리는 특단의 조처를 취했습니다. 경영진에 대한 불신은 고질병이 됐습니다. 한겨레 새판 짜기에 나설 새 선장을 찾아야 했습니다.

한겨레의 정신을 지키면서 한겨레의 새 판을 짤 수 있는 인물, 한겨레 창업의 일등공신이자 신세기이통통신 대표이사를 지낸 정태기 이름이 자연스럽게 거론됐습니다. 문제는, 15년이나 한겨레를 떠나 있던 그가 다시 돌아올 것인가 하는 것이었습니다. 정태기를 기억하는 한겨레의 중견 간부들이 나섰습니다. 저도 그중 한 명이었습니다.

공덕동 중국음식점에서

마포 공덕동의 어느 중국음식점에서 사장님을 만났습니다. 몇몇 동료들이 자리를 같이 했습니다. 저희들은 경영의 해결사, 돈 많이 벌어줄 수 있는 해결사 정태기를 찾아갔습니다. 그런데 사장님은 경영 이야기, 돈 많이 버는 이야기는 꺼내지도 않았습니다. 저희들의 상황 설명을 듣고 사장님이 던진 첫 마디는 "내가 할 수 있는 일은 여러분들 더 일하도록 피곤하게 만드는 것밖에는 없다"라는 것이었습니다. 한겨레는 창간 이래로 내부 갈등의 홍역을 심하게 치렀습니다. 그로 인해 중요한 일이 굴절되거나 지체되는 낭패를 숱하게 당했습니다. 일하는 사람이 존중받는 조직, 일하는 조직으로 바뀌지 않고는 어떤 대표이사가 오더라도 할 수 있는 일이 없다는 말씀이었습니다.

그러고는 오로지 국민주주 언론사 한겨레의 본질 이야기를 하셨습니다. 사장님의 관심은 오직 신문, 오직 언론이었습니다. 제대로 된 신문, 제대로 된 언론을 만들어 세상을 바꾸는 일이었습니다. 한겨레를 떠나 있던 15년 동안 오로지 한겨레라는 언론만 생각하신 분인 것 같았습니다.

"우리 주주들이 한겨레 직원들 일자리 만들어 월급이나 받으라고 신문사 만들어준 것이 아닙니다. 제대로 된 신문 만들라는 것이었지요. 한겨레가 지금 그 기대에 부응하고 있습니까. 그렇지 못한 측면이 너무나 많습니다." "한겨레 문제는 거기서부터 출발해야 합니다. 독자 배가든, 증자든, 영업이든, 한겨레라는 신문이 우리 사회에 꼭 필요하다는 인식을 심어주지 못하면 모든 일이 불가능해집니다."

자신의 이름을 내는 일을 극도로 멀리하셨던 사장님은 자신을 위한 책이나 글조차 남기지 않았습니다. 다행히 대표이사 선거에 나서면서 썼던 글 하나가 귀한 자료로 남아 있습니다.「또 다른 20년을 향하여」라는 제목의 글입니다. 그날 나눈 대화 내용도 생생하게 담겨 있습니다. 위의 인용문도 이 글에서 빌려왔습니다.

그날 함께 갔던 동료들은 누구도 사장님과 개인적 친분이 없었습니다. 제가 창간사무국 때 인사를 나눴던 것이 유일한 인연이라면 인연이었습니다. 그날 한겨레 창간 주역의 순수한 열정과 탁월한 혜안을 느끼면서 모두 흐뭇한 저녁을 보냈습니다. 오랜 선배를 만난 듯 통음하고 대취했습니다. "이런 분이 시대의 어른이구나" 싶었습니다.

최고의 신문을 만드는 책임

사장님이 15년 만에 한겨레 식구들한테 던진 첫 마디는 책임감이었습니다.「또 다른 20년을 향하여」라는 글도 "책임감 때문에 이 자리에 섰습니다"로 시작합니다. "솔직히 나서고 싶지 않은 일이기도 합니다.… 저로서는 한겨레를 만들어준 많은 사람들, 3천여 창간 발기인과 6만 8천 주주들한테 어떤 얘기라도 할 수 있어야 했습니다. 심지어는 한겨레가 부도가 나고 망하게 된다면 그때야말로 제가 나설 수밖에 없을 것이라는 생각도 했습니다. 결국 그 책임을 제가 질 수밖에 없다고 보았습니다. 그 이전에 나서게 된 것이 불행인지 다행인지 어떻게 얘기를 해야 할지 가늠하기가 어렵습니다."

사장님의 생각은 명확했습니다. 한겨레를 최고의 신문으로 만드는 것, 그것이 주주들에게 가장 확실하게 책임을 지는 길이었습니다. 한겨레는 무에서 유를 만든 경험이 있고 사무사思毋邪의 공심公心이 있다, 싸우는 신문을 넘어 고품격 저널리즘의 길을 한겨레가 먼저 열자, 오직 자유로운 영혼을 가진 신문으로 거듭나자, 새까만 후배들을 붙잡고 뜨겁게 말씀하시던 사장님의 육성이 들리는 듯합니다.

"스스로 변방에 좌표를 두고 자기가 선택한 색깔로 자신을 구별 짓고 있는 것은 아닙니까. 진보냐 보수냐, 성장이냐 분배냐라는 단순 이분법으로 신문을 만드는 시기는 이미 지나갔습니다. 진보적 시각을 갖추었다고 할지라도 네 편과 내 편을 갈라 자신의 발에 스스로 족쇄를 채우는 식이어서는 진정한 언론이 될 수 없습니다."

한겨레 식구들의 도전과 변화를 절박한 심정으로 호소하셨습니다.

염원을 모아라!

대표이사로 취임하고 가장 먼저 주주 관리 상황을 살피셨습니다. 주주 명부의 절반 이상이 연락이 닿지 않아 죽은 채로 방치돼 있는 것을 보고 한없이 부끄러워하셨습니다. 직원들의 헌신도 훌륭한 일이지만, 한겨레의 힘은 주주들이라는 사실을 잊어서는 안 되고 잊을 수도 없다고 아프게 말씀하셨습니다.

곧바로 제2창간운동본부를 발족하고 흩어진 주주들을 다시 품는 일에 나섰습니다. 전국을 순회하며 주주와 독자를 초대해 '한겨레의 날' 행사를 열었습니다. 1년 동안 21억 원의 한겨레 발전기금을 모으고 1만 명 넘는 새 독자를 확보했습니다. 목표치에는 못 미쳤습니다. 한겨레의 필요성에 대해 절박한 인식이 없는 상황에서 본격적인 기금 모금은 어렵다는 사실을 누구보다 잘 알고 계셨습니다. 제2창간 운동의 목표는 기금 모금 자체가 아니었습니다. 신문을 바꾸고, 조직을 바꾸고, 나아가 지배구조까지 바꾸는 것을 포함한 전면적인 변화를 도모하는 일이었습니다. 한겨레 스스로 신문과 조직을 변화시키는 것이 먼저이고, 기금 모금은 그에 따르는 결과로 생각할 수 있는 것이었습니다.

"염원을 모아야지!" 사장님과 같이 일하면서 이 말씀을 참 많이 들었습니다. 1988년 해직기자들은 세상에 없던 진보 신문을 만들라는 주주들의 간절한 염원을 성공적으로 모아냈습니다. 그 힘으로 한겨레 창간을 이뤄낼 수 있었습니다. 사장님은 한겨레를 세상에 없는 고품격 저널리즘으로 재창조하는 일에 다시 시민의 염원을 모으고자 했습니다. 제2창간 운동의 진성한 목표였습니다.

한겨레 위기는 상품의 위기

2005년 한겨레는 1999년 이후 성장 정체의 장기 수렁에 빠져 있었습니다. 사장님은 광고 매출을 어떻게 끌어올리고, 어떤 신규 사업을 벌이고, 어떻게 자금을 끌어들이겠다는, 직원들이 기대했던 즉시 처방은 내놓지 않았습니다. 한겨레 창업을 이뤄내고 대기업

경영을 경험하신 사장님의 위기 진단과 처방은 단순했습니다. "한겨레 위기의 본질은 상품의 위기입니다."

한겨레의 핵심 상품인 신문의 품질이 독자의 기대에 못 미친다고 냉철하게 인식했습니다. 신문 상품의 위기를 극복하는 처방전은 당연히 신문 상품을 혁신하는 것이었습니다. 한겨레 스스로 변방에 좌표를 두고, 진보와 보수를 단순 이분법으로 가르고, 내 편과 네 편을 갈라 스스로 발에 족쇄를 채우는, 그런 식으로 굳어 있는 보도편집 작풍을 통째로 바꾸는 것이었습니다.

고품격 저널리즘을 구현하는 한겨레 지면과 경영의 핵심 낱말을 '신뢰'로 잡고, '재성장을 위한 선택, 고급지 한겨레'라는 변화 전략을 수립해 실행에 들어갔습니다. 2007년 1월에는 이후 한겨레 기자들의 헌장이 된 취재보도준칙을 제정하고 선포식을 가졌습니다. 익명 취재원에 숨는 보도, 반론과 정정보도에 인색한 보도, 그런 낡은 관행과 결별하는 구체적인 행동지침을 담았습니다.

한겨레는 창간하면서 엄격한 윤리 규정을 제정했지만, 취재 보도와 편집의 기본 방향을 담은 명시적 규정을 마련하지는 못했습니다. 송건호 초대 대표이사가 창간사에서 '권력과 자본으로부터 독립된 진실 보도'를 한다는 편집 방향을 밝혔지만, 민감한 정치·사회적 이슈로 들어가면 무엇이 진실 보도인지에 대한 생각의 차이가 컸습니다. 그 생각의 차이가 내부 갈등의 큰 뿌리가 됐음은 잘 알려진 사실입니다. 사장님은 창간할 때 치열한 토론을 통해 한겨레 편집 방향을 충실하게 해놓지 못한 것을 두고두고 안타까워하셨습니다.

2007년 취재보도준칙의 제정은 이런 만시지탄의 결실이었습니다.

돌아보면 창간 이래 한겨레 대표이사가 편집국의 전면적인 변화를 직접 이끌었던 적은 없었습니다. 편집국 일은 편집국장에게 맡기고 대표이사는 광고와 판매, 신사업 같은 매출 올리는 일에 집중했습니다. '한겨레의 위기는 상품의 위기'라는 정태기의 선언은 한겨레의 핵심 상품인 신문(언론)의 변화, 그리고 그 신문을 만드는 편집국의 변화를 대표이사가 최우선 과제로 삼고 전면에 나서겠다는 도발적인 선언이었습니다. 만성적인 성장 정체라는 병의 뿌리가 신문 상품의 신뢰 저하에 있다면 재성장의 시동을 걸기 위해서도 신문을 바꾸는 일에 모든 것을 걸고 나서야 하는 것이 대표이사의 책무일 것입니다. 너무나 당연한 일인데, 한겨레에서는 아무도 가보지 않은 길을 열어가는 큰 도전이었습니다.

"염원을 모아" 신문을 바꾸는 일에 나서자니 힘든 일이 참 많았습니다. 전략기획실장인 저 자신도 더 멀리 내다보고 더 용기를 내야 했습니다. 힘들 때마다 사장님과 대화를 나누는 것이 큰 즐거움이었습니다.

하루는 제가 일하는 자리로 오시더니 한마디를 던졌습니다. "내가 자네 나이 뭘 했는 줄 아는가?" 그때 제 나이가 마흔여섯이었고, 편집국의 저희 동기들은 차장급 기자들이었습니다. "한겨레를 만들었네." 1987년 한겨레 창간을 설계하고 사무국을 이끌던 바로 그때 사장님 나이가 마흔여섯이었습니다. "전략기획실장이라고 대표이사 지시하는 거 받들 생각이나 하고 있으면 되나. 세상을 바꾸는 일을 해야지." 한겨레 제2창간 개척의 주역은 새로운 젊은 세대라는 생각이 확고했습니다. 제 생각이 모자랄 때도 사장님은 야단치신 적이 없었습니다. 더 크게 더 넓게 보라는 말씀으로 제 머리와 가슴을 뛰게 만들었습니다. 젊은이의 눈높이로 대화를 나누고 꿈을 불어넣어 주는, 마음도 정신도 늘 젊은 특별한 어른이었습니다.

어느 날 저녁 자리였습니다. 평소보다 무거운 목소리였습니다. "한겨레도 언젠가는 버릴 수 있다고 생각해야 하네. 지금의 한겨레가 반드시 꼭 지켜야 하는 것이 아닐세. 한겨레 내부에서 변화가 어렵다면 새로운 한겨레를 시작할 수 있어야 하네." 한겨레를 버릴 수도 있다니, 처음엔 무슨 말씀인가 싶었습니다. 한겨레의 어떤 선배한테서도 들어보지 못한 금기禁忌의 발상이었습니다. 그러다가, 아 한겨레를 만든 분이니까 이런 말씀도 할 수 있구나 하는 생각에 미쳤습니다. 한겨레가 시대에 꼭 필요한 언론의 소임을 다하지 못하고 내부에서 변화의 동력을 찾지 못한다면, 지금의 한겨레를 버리고 다시 시작할 수 있어야 한다는 절박한 심정을 말씀하신 것이었습니다. 한겨레도 버릴 수 있는 게 한겨레 창간의 정신이구나, 그런 생각을 했습니다.

15년 세월의 간극

사장님의 귀환을 설득하면서 아주 고약한 게 한 가지 있었습니다. 추대하는 게 아니라 대표이사 경선을 치러야 한다는 점이었습니다. 창간 세대의 경영 능력에 대한 젊은 후배들의 불신이 누적된 때였고, 상대 후보는 노동조합과 우리사주조합의 젊은 겸임 조합장 출신이었습니다. 누란의 위기에 처해 창간 주역을 다시 모시면서, 가시밭길을 헤쳐 나가는 짐은 스스로 지라고 하는 꼴이었습니다.

사장님도 그 점은 상당한 부담을 느꼈습니다. 한겨레에 내부 갈등이 상존하는 한 하느님 할아버지가 내려와도 근본적인 변화가 어렵다는 사실을 누구보다 잘 아시는 분이었습니다. 처음 중국음식점에서 후배들을 만났을 때 "여러분이 더 일하도록 피곤하게 할 것이다, 그럴 준비가 돼 있는가"라고 질문을 던진 것도 구성원들의 마음이 모아져 있는지를 물으신 것이었습니다.

사장님은 비상경영위원회 활동을 담은 소식지를 구해서 다 읽으시고 어려운 결단을 내렸습니다. "비경위 자료를 보니 거의 모든 문제가 노출돼 토론된 것을 확인할 수 있었습니다. 일 잘하는 사람이 노조위원장을 하고 대표이사에 나섰다는 것을 듣고 흐뭇했습니다. 이 정도 고민한 상황이라면 이제 합심해서 제대로 풀어나가면 된다고 생각합니다. 그 과정에 제 경험이 도움이 될 것으로 생각합니다"(「또 다른 20년을 향하여」에서).

젊은 세대의 순수한 열정을 믿으셨습니다. 저희들도 사장님의 경륜과 후배 세대의 열정이 선순환으로 모아지길 간절히 바랐습니다. 그러나 한겨레를 떠나 있었던 15년 세월의 간극은 컸습니다. 사장님과 편하게 마음을 맞출 수 있는 동년배나 가까운 후배들은 대부분 한겨레를 떠난 뒤였습니다. 비상경영위원회를 주도했던 젊은 세대는 오래전의 창간 세대가 돌아왔다고 경계하고, 중견 간부들은 사장님의 자유로운 영혼을 감당하기 어려워했고, 편집국은 신문의 변화를 주도하는 대표이사의 행동을 쉽게 수용하지 못했습니다. 사장님의 진심이 전해지고 내부 변화의 동력으로 모아지는 데는 2년의 시간으로는 부족했습니다.

대표이사가 급여를 올리겠다는데 노조에서 반대하는 이상한 일도 있었습니다. 당시는 한겨레가 모든 신문사 통틀어 최저 급여를 받을 때였습니다. 직원들의 급여 명세서를 살펴보고 너무 마음 아파하셨습니다. 한계 수준으로 떨어져 있는 급여를 생활이 가능한 수준으로 대폭 끌어올리겠다고 약속하고, 상당히 높은 수준의 임금 인상안을 경영진이 먼저 내놓았습니다.

그런데 전혀 예상도 못 했던 일이 벌어졌습니다. 노조에서 임금 인상 폭이 너무 커서 반대한다는 입장을 밝혔습니다. 당시 겸임 조합은 하루는 노조의 입장에서 다른 날은 사주조합의 입장에서 경영 전반을 세세하게 비판하고 끌고 가려 했습니다. 구조조정이라는 직원 희생으로 흑자를 냈는데 그 돈으로 대표이사가 퍼주기에 나서느냐는 논리였습니다. 비판을 위한 억지 비판이라는 황당한 생각이 들었습니다. 그때 사장님이 크게 화를 내시는 모습을 보았습니다.

"직원들이 희생한 것은 훌륭한 일이지만 한겨레는 직원들의 회사가 아닙니다. 한겨레가 어떻게 만들어진 회사인지 노조도 분명히 알아야 합니다. 한겨레는 6만 국민주주들이 주인인 회사입니다." 노조와의 간담회 자리에서 20~30분 동안 호통을 치다시피 열

변을 토했습니다. 다음 날인가 발행된 노보에서 사장님은 비판의 직격탄을 맞았습니다.

한겨레에서 신문의 대변화를 위한 제1 조건은 대표이사와 편집국장의 의기투합입니다. 대표이사가 신뢰받는 고급지 한겨레의 길을 제시하더라도, 날마다 고품격 저널리즘을 생산하고 제작하는 현장 공장장의 책임은 편집국장이 맡아야 합니다. 사장님은 편집국장과 명운을 걸고 한겨레를 최고의 신문으로 거듭나게 할 수 있기를 진심으로 바라셨습니다. 하지만 좋은 결과를 만들어내지 못했습니다. 2년 사이에 세 번째 편집국장 교체에 나서는 시행착오를 겪었습니다. 편집국 기자들의 반대에 부닥치고, 결국 대표이사 중도 하차로 이어졌습니다.

10년마다 발간하는 『한겨레 사사』에 창간사무국 시절 일화가 나옵니다. "(정태기가 임재경에게) 신문사는 내가 만들 테니 선배는 신문을 만들어주십시오"라고 말했다는 내용입니다. 사장님을 가까이 모실 때 이런 부질없는 상상을 해봤습니다. 해직기자 중 누군가가 신문사 만드는 일을 맡고 사장님이 신문 만드는 일을 맡았다면 한겨레가 어떻게 달라졌을까? 사장님이 진정 하고 싶었던 일은 세상 바꾸는 신문을 만드는 일, 새 신문의 편집국장 아니었을까?

두 번째 이별 "나 그만둬야겠다"

2007년 2월이었습니다. 정태기 대표이사가 지명한 세 번째 편집국장 후보가 동의 투표에서 과반 득표에 실패했습니다. 편집국장을 자주 교체한 데 반발한 구성원들의 사실상의 대표이사 불신임이었습니다. 무엇보다 사장님 건강이 많이 걱정됐습니다. 그만두시는 게 좋겠다는 생각이 들었지만 어떻게 말씀드려야 할지 입이 떨어지지 않았습니다. 아침 일찍 대표이사실에서 호출이 왔습니다.

"나 그만둬야겠다." 조심스럽게 고개를 끄덕였더니 말씀을 이어 갔습니다. "신문사로 돌아와서 최고의 신문을 만드는 일을 하고 싶었다. 이제 그 동력을 잃었다. 내가 자리를 지킨다고 무슨 일을 더 할 수 있겠나. 임기를 1년 더 채우는 것 말고는 없다. 새로운 리더십을 창출해 새로운 동력을 일으키도록 내가 지금 물러나는 게 마땅하다." 사장님은 며칠 뒤 임원회의에서 "(나의 사임이) 한겨레의 핵심 가치에 대한 사원들의 깊은 성찰의 계기가 되기를 바란다"라고 공개적으로 사의를 표하셨습니다.

사무사思毋邪의 영원한 언론인

대표이사에서 물러난 뒤에도 사장님은 신문사 젊은 후배들과 종종 자리를 가졌습니다. 중국집에서 백주를 즐겨 드셨습니다. 한겨레 기사에서 격조 있는 기자 칼럼을 읽으면 아주 즐거워하셨습니다. 그 기자가 누구인지 묻고 대화를 나누고 싶어 하셨습니다. 한겨레를 두 번째 떠난 뒤에도 사장님의 한결같은 관심은 한겨레를 최고의 언론, 고품격 저널리즘으로 재창조하는 일이었습니다. 언론을 떠나 정치권이나 행정부로 자리를 옮긴 사람은 일부러 만나지 않으셨습니다. "언론 말고는 나눌 대화가 없다"라고 했습니다.

사장님을 마지막으로 뵌 것은 2020년 3월 15일이었습니다. 권근술 전 한겨레 대표이사가 그날 먼저 세상을 떠났습니다. "정태기와 권근술이 그들 앞에 섰다. 각각 조선일보와 동아일보에서 해직된 두 사람은 이 자리의 손님이었다. 민통련 간부들에게 발언 시간을 특별히 부탁해 승낙을 받았다. '새 신문을 만들려 합니다.' 이렇게 입을 뗀 정태기가 이후 30여 분 동안 새 신문 창간 구상을 설명했다. 민주세력의 지원을 부탁했다."『한겨레 사사』의 새 신문 창간 작업 이야기는 정태기와 권근술 두 분이 민통련 연례총회 자리를 찾는 장면으로 시작합니다. 두 분은 막역한 친구이자 한겨레 창간의 가장 가까운 동지였습니다.

사장님은 그 무렵 이미 건강이 많이 안 좋으셨습니다. 제가 분당의 댁으로 가서 상가로 모셨습니다. 코로나19가 시작되던 초기여서 문상객이 없었습니다. 돌아오는 자동차 안에서 사장님이 탄식을 하셨습니다. "근술이 상가가 왜 이리 썰렁하노. 뭐가 잘못돼도 크게 잘못됐네." 제가 코로나19 때문에 그렇다는 말씀을 드렸습니다. 이미 정신이 희미해진 사장님께는 그 말이 들리지 않았습니다. "근술이 상가가 이럴 리가 없다"라는 한탄을 반복하셨습니다. 착한 친구의 상가가 썰렁한 것에 한없이 마음 아파하셨습니다.

사장님은 일곱 달 뒤인 10월 좋은 날 떠나셨습니다. 당연히 한겨레신문사 회사장으로 모셔야 하는데, 유족들이 반대했습니다. "고인이 그런 형식을 워낙 좋아하지 않으셨다. 하늘에서 내려다보시면 '쓸데없는 짓 한다'고 화내실 것"이라는 취지였습니다. 가까운 분들이 나섰습니다. 남은 후배들을 위해서라도 회사장을 치르는 게 필요하다고 유족을 겨우 설득했습니다. 영결식장에 사장님의 옛 친구들이 많이 모였습니다. 영결식의 따뜻한 정경을 보시고 "일은 다 해놓고 고생만 하던 정태기가 죽어서 조금 명예 회복을 한다"라고 말씀하신 분이 있었습니다. "한겨레가 정태기를 두 번 죽였다"라고 애통해하시는 분도 있었습니다.

"일하는 거를 좋아하셨지, 보상받는 거는 원체 좋아하지 않으셨어요. 허례허식도 안 좋아하셨고요. 할머니가 돌아가셨을 때 가족들이 리무진 장의차를 예약해놓았는데 아버지가 그걸 아시고는 취소해버린 일도 있어요. 중요한 것은 그게 아니라는 거지요. 그럴 때는 독재자 같은 아버지였어요(웃음)." 딸 재은 씨의 회고입니다.

사장님은 신독愼獨이 몸에 배어 앞과 뒤가 한결같은 사무사思毋邪의 선비셨습니다. 큰 책임은 당신이 짊어지고 젊은 후배들의 포부를 북돋우는 진정한 시대의 어른이셨습니다. 욕먹고 실패할 것을 두려워하지 않는 용기 있는 업業의 창조자였습니다.

사장님을 2005년 무리하게 다시 모셨던 것이 제게는 지울 수 없는 마음의 짐으로 남아 있습니다. 그래도 그 인연으로 존경하는 어른과 대화를 나누고 배울 수 있어 많이 행복했습니다. 사장님은 자신을 내세우는 어떤 일도 멀리하셨고 당신 스스로를 드러내는 글도 남기지 않았습니다. 자신을 따르는 무리를 짓지 않았습니다. 이

번 추모집은 언론인 정태기를 기록하는 의미 있는 작업의 시작이라고 생각합니다. 개인적인 기억들을 담을 수 있어 기쁩니다.

존경하는 언론인, 정태기 사장님이 그립습니다.

배우는 머무르지 않는다

박성득
한겨레신문 전 제작담당 이사

정태기와 한겨레의 추억

정태기라는 사람은 파격과 자유를 충분히 사랑할 줄 아는 사람이었다. 그러므로 박성득은 가능한 번거로운 존칭을 생략하고 나땡초라는 필명을 사용하고자 한다. 사리에 맞는 글이라기보다는 제사상에서 술 한잔 얻어먹고 중얼거리는 '비나리' 정도다. 나이는 그런대로 배불리 먹었지만 세상 살아가는 형편이 딱한 인간이므로 여러모로 관대하게 들어주시면 감사하겠다.

1988년 5월 14일.

이날은 한겨레신문의 창간호를 제작하는 날이다. 올망졸망 철공소 점포들이 줄줄이 늘어선 2층짜리 건물 한쪽에 한겨레신문 편집국과 제작국이 나란히 붙어 있다. 수십 명의 여고생들이 거창한 컴퓨터 책상을 움켜쥐고 아침부터 눈을 빛내고 있었다. 그 옆에는 제각각 최대한 촌스럽게 생긴 편집기자들이 신참 조수처럼 숨소리를 죽이며 붙어 앉아 있었다. 일간지 전면을 컴퓨터로 조판하는 한국 최초의 모험을 위해 여자고등학교 졸업반 학생들을 모집했는데, 그들이 주축을 이룬 부서가 전산제작부였으므로 편의상 '여고생'이라고 표현하는 것이니 이해 바란다.

창간 준비 과정은 천 길 절벽을 무작정 기어오르는 돌격전이었는데… 불과 며칠 전에 도입된 전산장비로 신문을 만드는 날이었으니… 새파란 여고생들이 처음으로 날카롭게 벼린 작두날 위에 서는 현장이었다.

오후 시간에 접어들면서 드디어 전산실 전체에 진땀이 흐르기 시작했다. 처음 운전하는 대형트럭을 몰고 험악한 산을 넘어가는 여고생들 옆에서 숨을 죽이며 바라보는 기자들의 얼굴은 공포와 고통으로 일그러지고 있었다.

"과연 5월 15일 자 창간호는 나올 수 있을까?"

트럭들 일행은 드디어 비틀거리며 산꼭대기를 넘어섰다.

오후 6시, 지하에 있는 공장에서 만세 소리들이 터져 나왔다. 여고생들은 책상에 엎드려 쓰라린 눈을 감았다.

"너희들이 해냈구나."

누군가 어깨를 흔들어주었지만, 머리가 텅 비어서 아무런 생각도 일어나지 않았다.

땡초는 터덜터덜 인쇄공장으로 내려갔다. 철커덕거리는 발송 장비 앞에 감격에 겨운 어른들이 저마다 신문을 하얗게 펼쳐 들고 있었다. 송건호, 리영희, 임재경 선생들은 눈물을 방울방울 흘리고 있었다. 고참들(편의상 1970년대에 해직된 동아·조선 기자들을 고참이라고 표현함)은 군데군데 무리 지어 만세를 부르기도 했다.

뒷줄 기둥 옆에 정태기가 서 있었다. 발송기에서 신문을 뽑아 들고 다가갔다.

"나랑 술이나 먹자." 정태기는 목이 메는 소리로 더듬거렸다.

그날 밤은 아무리 마셔도 술발이 오르지 않았다. 선배들과 밤이 깊어서야 헤어졌는데… 검은 아스팔트가 길게 펼쳐진 밤거리를 보며 어쩌면 그다지도 가슴이 텅 비는 허전함이 다가오던지….

한겨레신문 창간호를 마침내 인쇄해서 세상을 향해 내놓은 그날 밤의 허전함—정태기의 표정에도 왠지 모를 허전함이 있었는데… 아마도 이것이 인생의 진정한 맛이 아닐까—누군가 말했지. '쓴맛이 사는 맛'이라고.

1985년 「말」지 보도지침 특집

1986년 당시의 「말」지 비밀 편집실은 반(半)지하 1층에 있었다. 어느 날 밤 김태홍이 두툼한 서류가방을 들고 왔다. 홍수원, 박우정과 함께 가방을 열었다. 고무줄로 묶음을 이룬 종이 뭉치가 가득 들어 있었다. 언론사로 보낸 보도지침 원본이었다.

홍수원은 평소에 무척 선량해 보이지만 이날은 신기한 보물을 발견한 개구쟁이처럼 눈알을 반짝였다. 편집실 뒤쪽에 작은 밀실이 하나 더 있었다. 자료는 홍수원이 분석하기로 했고, 이로부터 꼬

박 한 달 동안 밤낮 틀어박혀 살았다.

보도지침이 하달된 날짜의 모든 신문 방송을 검색하고… 각 언론사가 어떤 방식으로 비틀고 생략하고 왜곡했는지를 하나하나 대조하고 해설하는, 깨알 같은 작업이었다.

나는 충무로 뒷골목을 어슬렁거리며 인쇄장이들이 즐겨 가는 술집을 돌아다녔다. 평소답지 않게 긴장해서 그런지―해적판 인쇄를 맡길 만한 마음에 드는 인물이 발견되지 않았다.

이석원과 한승동이 어느 화가에게 그려달라고 주문했던 보도지침 특집 표지 그림을 받아왔다. 너절한 신문지에 첩첩이 싸인 그림을 펼치는 순간 마음에서 '악!' 하는 소리가 들려왔다. 강렬한 걸작이었다. 당시의 절대 권력자인 전두환을 회복할 수 없는 묵사발로 만들고 있었다. 우리는 서로의 눈을 바라보았다. "특집이 세상에 나가면―잡히면 죽는다" 하는 무언의 확인으로….

1987년, 새로운 신문을 만듭시다

1987년 상반기는 아마도 훗날 시민혁명의 시발로 기록될지 모른다. 그해 6월 29일 군사정권은 대통령 직선제 수용을 선언하고 국민의 기본권에 대한 진전을 약속하는 등 강경통치에서 일부 후퇴를 시사했다. 한 달쯤 지나 지하생활을 함께했던 후배로부터 마포 언협(민주언론운동협의회) 사무실로 나와도 괜찮다는 말을 들었다. 세상이 갑자기 따뜻해져서 풀려버렸다는 것이다.

7월 말, 그동안 숨어 지내던 신촌 뒷골목 만화가게를 나와 마포에 있는 언협 사무실로 갔다. 세상은 바뀌어 있었다.

1987년 여름인가. 막걸리 집에서 만난 조선자유언론수호투쟁위원회(조선투위) 위원 심채진 씨가 짤막한 유인물을 한 장 전해주었다. '새로운 신문 창간을 제안합니다'라는 비교적 단순한 내용이었다.

그리고 얼마 후 언협에서 다소 공식적인 설명회가 있었다. 나는 두말없이 찬성했다. 성공과 실패는 알 수 없으나 기회가 열릴 때 달려 나가야 한다는 생각이었다.

몇 달이 지나 발기인 모집 겸 모금 활동이 필요하다는 이야기를 정태기로부터 들었다. 나는 단숨에 찬성하고 부산 경남 지역에서 활동하기 위한 준비에 착수했다. 그러고는 오랜 세월 서로 긴밀하고도 친밀하게 지내왔던 김태홍 사무국장에게 새로운 활동계획을 말했다.

김태홍과 나는 1980년 감옥생활부터 「말」지의 인쇄와 배포에 이르기까지 장돌뱅이 생활을 함께하면서 허물없는 사이로 지내왔다. 평소답지 않게 김태홍은 목소리를 죽여가며 간곡하게 말했다.

"티케이TK들의 음모에 속지 말자. 정태기도 그렇고 앞장서는 자들이 전부 티케이 아니냐. 신문사를 세우려면 막대한 자금이 필요한데 어디서 그걸 구하겠느냐. 허황한 소리에 말려들지 말고, 당분간 구경만 하자. 제도권 언론이 되겠다는 것은 타협이며 투항주의다. 언론운동의 본질을 흐리고 분열시키는 일이야."

나와 김태홍은 평소 농담을 뒤섞어가면서 거침없이 이야기하는 사이였다.

"어따메… 어디선가 유식한 이야기 많이 주워들어부렀네. 타협이니 투항주의니 어데서 주워들었소? 뒷줄에서 맨날 ×같은 소리 하는 놈들이 쓰는 문법이네…. 언론운동 본질이 어쩌고저쩌고하는데, 험악한 시절에는 팔짱 끼고 지내던 놈들이 고상한 말들은 잘도 하네. 가다보면 산으로 가거나 바다로 가는 건데… 가기도 전에 움츠려서야 되것소. 적들이 조금 물러서는데, 이때 정면을 뚫고 나가야지요. 「말」지는 「말」지대로 잡지로서 살려야 하지만… 일간지가 될 기회가 있으면 당연히 잡고 봐야지요. 매일 매일 대문짝만하게 뿌려대는 것하고… 찔끔찔끔 흘리는 것을 어떻게 비교합니까?"

김태홍과 나는 키가 작달막하고 얼굴도 주먹구구로 생긴 편이라 돌아다니다보면 형제 사이냐고 묻는 사람이 많았다. 형이 아우를 못 이긴다는 속담이 있는데….

김태홍은 못내 서운해했지만 나의 참여를 동의해주었다. 신문이 그런대로 될 만하면 「말」지와 합쳐서 큰 판을 벌이자고 서로 격려했다. 돈을 많이 '삥' 쳐서 밤낮 술이나 퍼마시자는 화려한 약속까지….

고통의 길은 길다

새 신문 창간사무국을 만들고 서울 인사동 근처 안국빌딩에 입주했다. 창간 주주를 모집하는 활동을 전국적으로 벌여나갔다. 건물에는 문턱이 닳도록 많은 사람이 들락거렸으나 실무적으로 활동할 사람의 숫자가 턱없이 부족했다. 아르바이트 학생을 몇 명 모집하기는 했으나 막상 상근 인력은 열 손가락이 채 되지 않았다.

해직기자들을 대상으로 설문조사를 했다. 문항은 극히 단순했다.

> 당신은 언제부터 새 신문에 근무할 수 있습니까?
> 1. 지금 당장
> 2. 주식회사 설립 후
> 3. 새 신문 창간 후
> 4. 새 신문 창간 6개월 후

설문조사 결과는 극히 실망스러웠다. 땡초의 기억으로는 당장 출근한 사람은 홍수원이었던가?

대부분의 응답은 4번이었다. 나는 설문지를 모아 봉투에 싸고 노끈으로 꽁꽁 묶어두었다. "두고 봐라. 언젠가 세상을 향해 공개하리라"라는 속셈이었다.

그러나 얼마 후 정태기가 봉투를 통째로 불태웠다는 사실을 알고 무척이나 실망했다. 나는 "귀중하기 짝이 없는 역사적 자료를 왜 불태웠느냐?"라고 항의했다.

정태기는 한참이나 허공을 응시했다. 나는 약이 바짝 올랐다. 정태기는 마침내 빙긋이 웃으면서 "미안하다. 술 한 잔 살게." 그 뒤로는 이 일에 대해 서로 두 번 다시 입 밖에 꺼내지 않았다.

얼마 후 정태기는 신문의 편집과 제작 업무를 어떤 설비와 조직으로 할 수 있는지에 대한 조사를 시작하라고 말했다. 신문의 글자를 쓰고 지우고 또 제목과 사진을 조합하는 조판 정판 업무가 무거운 과제로 다가왔다.

나는 또다시 충무로 인쇄 골목과 납 활자를 만지는 문선공 인쇄장이들과 술집을 싸돌아다니는 신세로 전락했다. 한번 일어난 파도는 쉽사리 사그라들지 않는 관성의 법칙 같은 것이 인생길에도 있나보다.

땡초의 기억 중에서 특히 시간이나 세월에 대한 항목은 믿을 것이 하나도 없다. 왜냐하면 차를 마시거나 술을 마시다보면 도대체 몇 시간이나 지나갔는지, 또는 오늘인지 내일인지 헷갈릴 만큼이나, 어려서부터 시간과 세월의 흐름에 뜬구름처럼 무심하게 사는 버릇이 켜켜이 쌓여왔기 때문이다.

초등학교 때 소풍 가는 날짜를 까먹고는, 모두가 김밥이 든 알록달록한 배낭을 메고 온 날에 혼자서 책 보따리를 옆에 끼고 털레털레 학교로 갔던 전과가 한두 번이 아니었으니까….

그러나 있었던 사실을 그대로 기록하는 '실록 정신'은 살아 있다.

어느 날 사진제판 기술자들을 만나서 정보 거리를 잔뜩 안고 안국동 사무실로 들어서는데, 머리에 하얀 띠까지 두른 시위대가 넓은 방에 가득히 앉아 농성 같은 행사를 하고 있었다.

"어라."

낯익은 얼굴들이었다. 80년해직기자 동료들과 고참들, 최근에 합류한 학생운동 경력 출신 등등…. 그들은 모두 들떠 있었고 신바람을 억지로 참으면서 진지하고 심각한 표정을 만드느라 애를 먹고 있었다. 그들은 영문을 모르는 내게 끼일 자리를 권하면서 "땡초 형, 이리 와. 요새 어디를 그리 돌아댕겨?" 등 무척이나 반가워했다.

시위대의 주장을 요약하면 이랬다.

"정치 현실이 엄중하니 신문을 당장 내놓아야 한다. 제도권 언론에 연연하지 말라. 등사기로 긁어서 유인물 형식의 일간지를 즉각 창간하자. 무슨 놈의 허가와 제작 설비가 필요하냐. 제도권 일간지에 목을 매는 사무국은 각성하라."

시위대의 주장을 한마디로 요약하자면 "정태기는 하루빨리 퇴진하라"였다.

정태기는 '5월 15일 창간'을 선언했다. 당시의 형편으로는 '자살 예고'였다.

다음 날 제작 설비에 대한 조사 결과를 보고했다.

- 납 활자를 쓰는 전통적인 문선 정판 작업 방식이 설비가 단순하고 빠르고 안정적이다.
- 이 방식으로 작업하려면 숙련된 기능공들을 채용해야 하는데, 월급이 아주 높은 수준이라 감당하기 어려울 것이다.
- 결정적인 장애 요인이 하나 있다. 종합 일간 신문을 제작할 수 있

는 납 활자와 부대설비를 수용하려면 일반적인 건축설계에 의한 기초공사로는 무게를 감당할 수 없다. 그러므로 특수한 하중을 지탱할 수 있는 건물을 임대하거나 새로운 건물을 신축하는 방법뿐이다.

정태기와 여러 가지 갈래를 이야기했으나, 모든 길은 막막했다. 일간지를 포기하거나, 속보를 아예 포기하거나…. 그러나 '한겨레'라는 새 신문이 출발부터 창끝이 꺾여서 나갈 수는 없었다. 장기판에는 외통수 하나만 남아 있었다.

말로만 듣던, 컴퓨터에 전반적으로 의존하는 토털 시티에스Total CTS 방식이었다.

"모 아니면 도!"

우리나라 윷놀이는 인생의 온갖 진미를 갖추고 있다. 죽기 아니면 살기. 중간은 없는 길로 들어서기로 했다.

일본의 요미우리신문이 아이비엠IBM과 합작해서 2백억이 넘는 예산으로 2년에 걸쳐 완성했다는 세계 최초의 사례가 있을 뿐이었다.

그러나 신문사 내에서 일어나고 있는 새로운 파당적 현상은 이런 사치스러운 고민을 길게 하지 않아도 될 법하게 흘러가고 있지 않는가. 바로 정태기 자신의 활동 기간이 얼마 남지 않았기 때문이다.

나는 화제를 바꾸어서 무거운 농담을 시작했다.

"5월 15일이라… 날짜도 절반을 탁 잘라서 택일을 잘한 것 같습니다. 선배님은 보따리만 싸놓으세요. 점방 셔터 내리는 일은 내가 할 테니까요. 참 개운하게 잘 됐습니다."

정태기는 묵묵했다.

여고생들의 Total CTS

정태기의 소개로 전산 기술자 두 사람을 만났다. 한국전력기술 원장 홍길동(이름을 기억하지 못해서 편의상 가명을 씀)과 고상배였다. 나의 임무는 그들에게 신문장이의 온갖 작업 버릇을 설명해 주는 것이 전부였다.

어떤 기계 장치와 프로그램으로도 신문장이들의 변덕과 혼란함을 채워줄 수는 없다는 것이 며칠 후에 나온 두 기술자의 공통된 탄식이었다. 고상배는 정태기가 사장으로 있던 아폴로 컴퓨터 소속 엔지니어였다.

여러 가지로 비상시국에 들어섰다. 최후의 사이렌 소리가 매일 들려오는 듯했다. 컴퓨터에 모든 것을 담는 신문지면 제작 Total CTS 은 이미 피할 수 없는 승부처가 됐다. 컴퓨터도 컴퓨터 나름이지 어떤 것도 미리 정해진 것이라고는 하나도 없는 백지 상태.

아무도 가본 적이 없는 길을—배우면서—가야 한다면 차라리 초보자가 낫다는 것이 정태기의 감각이었다. 세상에 대한 선입견이든 경험에 의한 편견이든, 가능한 아무것에도 얽매이지 않는 신입생. 여고 졸업반을 대상으로 삼기로 방향을 정했다.

전국의 여자상업고등학교에 학생을 추천해달라는 문서를 보냈다. 4일은 넉넉하지 않았는데 마침 적당한 숫자의 추천서가 들어왔다. 서류를 심사하고 면접을 보았는데 거의 전원을 합격시켰다. 우리나라 여고생들이 이렇게나 순수한 총명함을 지니고 있다는 사실 자체로서 우선은 행복했다.

여고생들이 출근을 시작했다. 우중충하던 양평동 철공소 공장지대가 갑자기 환해졌다. 하루아침에 동네 때깔이 바뀌어버렸다.

얼마 후에 고상배와 함께 일본에서 열리는 인쇄박람회에 참석했다. 땡초야 그저 구경꾼에 지나지 않았지만… 하여간 박람회 방들을 할 일 없이 돌아다녔다. 신문 지면의 전반적인 제작 기능을 전산화했다고 자부하는 1인 개발업체를 만났는데, 개발자라는 사람이 어찌나 시골스러운 사람인지 놀라기도 했다.

그러나 그 개발업체는 개발을 완성한 상태가 아니라 거의 완성해가는 단계라는 것이 큰 문제로 떠올랐다. 시스템과 프로그램에 대해 설명은 해줄 수 있으나 아직은 실행 결과를 충분히 보여줄 수가 없었다. 불분명하지만 가능성은 충분하다는 것이 고상배의 판단이었다.

한국으로 돌아왔다. 한글화 작업을 종합적으로 지원해줄 한국컴퓨터그래픽과 합동회의를 열었다. 길게 검토할 시간은 이미 존재하지 않았다. 정태기는 결단을 내렸다.

"3자가 공동 개발하자. 오직 이 길뿐이다."

전산제작부 여고생들을 교육하기 위한 자료를 고상배가 만들었다. 프로그램이 완성되고 그것을 실행할 컴퓨터가 언제 도착할지 알 수 없는 현실이라, 커다란 종이 위에 명령어 부호들을 그려놓고 강의식으로 교육훈련을 거듭했다. 칠판에 비행기를 그려놓고 조종 연습을 하는 것만큼이나 싱겁기 짝이 없는 훈련이었지만… 여고생들은 자신들이 얼마나 중요한 모험을 앞두고 있는지를 인식하는 듯 진지하게 열중했다.

창간 날짜는 무서운 발걸음으로 하루하루 다가왔다. '5월 15일 한겨레신문 창간'의 깃발은 이미 온 세상을 향해 나부꼈다.

어떤 영화도 판타지 소설도, 한겨레신문 전산 제작 역사의 극적인 커브와 꼭짓점을 표현할 수는 없다. 창간 2일 전에야 가장 치명적 최종 설비인 영국제 레이저 출력기가 회사에 도착했다. 그러나 한글 출력이 실현되지 않았다. 모든 것이 허사였다.

해당 기술자들의 눈알은 48시간 동안 계속 짙고 시뻘겋게 변해갔다. 박노성 제작국장은 한밤중에 레이저 출력기를 껴안고 눈물을 줄줄 쏟으며 기도했다. 자식을 잃은 듯한 간절한 기도 소리에 기술자들도 숙연했다. 영국에서 온 귀족 기계도, 아닌 밤중에 울려 퍼지는 한국식 곡소리에 적지 않게 당황했을 것이다.

5월 14일 새벽, 기적은 아무 일 없었다는 듯이 또다시 찾아왔다. 레이저 출력기가 신문 전면에 한글을 가득히 실은 인화지를 토해냈다.

1988년 5월 14일, 세상을 향해 무대에 선 전산제작부 여고생들은 꽃이 아니다. 아무도 넘어서지 못한 산맥을 어린 나이에 돌파한 불굴의 전사들. 순수한 영혼들이 뿜어내는 강력한 파장이 기적을 끌어오는 중력으로 작용했으리라.

배우는 머무르지 않는다

1975년, 동아일보에서 113명, 조선일보에서 32명의 기자들이 쫓겨났다. 동아일보에서는 편집국을 점거하고 며칠째 농성을 벌이던 기자들을 전투경찰과 일부 정체를 알 수 없는 폭력배들이 새벽에 출입문을 부수고 진입해서 길거리로 끌어냈다.

해직기자들은 다양한 방면으로 흩어졌고 세상의 거친 물결 속에서 단련됐다.

1980년에는 전국적으로 800명에 이르는 기자들이 제각각 다양한 이유로 신문과 방송에서 쫓겨났다. 숫자로만 보자면 전국적으로 대략 1천 명에 이르는 해직기자가 발생한 것이다. 해직기자 라는 신분은 점점 치열하게 끓어오르는 민주화의 열망 속에서, 해직 그 자체만으로 상당한 명분을 갖고 있었다.

그러나 그 속에는 다양한 인물들이 존재할 수밖에 없다. 한 인간의 마음속에도 무수한 요소들이 공존한다. 명분의 껍질 속에 욕망과 비틀림, 은밀하게 숨 쉬는 영악한 음모와 속임수까지 언제나 따라다니는 것이 인간이다.

허가도 없는 신문사의 주식을 판매하는 기이한 행사는 대한민국 방방곡곡의 분위기를 흔들었다. 한겨레신문 창간은 이제 꿈이 아닌 단계로 접어들고 있었다. 그러나 새로운 신문사의 편집국을 몽

땅 해직기자로 채워넣어서는 안 된다는 고민거리가 정태기의 눈앞에 다가왔다.

동아·조선 출신의 고참들은 이미 50세를 넘어섰다. 80년해직기자도 마흔 살이 머지않았다. 정태기는 해직기자가 3분의 1을 넘지 않아야 한다는 의견을 틈틈이 피력했다.

다른 언론사에서 현직으로 활동하고 있는 우수한 기자들을 스카우트해오고, 나머지 3분의 1은 신입사원을 채용해서 훈련시켜야 한다는 것이 지론이었다.

만약 새로 시작하는 편집국 숫자를 1백 명으로 간주한다면 해직기자의 몫은 불과 33명. 편집국 규모를 150명으로 간주하더라도 50명에 불과해진다. 나름대로 함께 고생해온 해직기자들을 누가 관문을 지키며 심사하고 탈락을 결정할 수 있을 것인가.

정태기는 속을 끙끙 앓았으나 이 문제에 대해서는 모두가 냉담했다.

"지가 뭔데 그런 말을 함부로 하나." "우리 모두를 심사하겠다는 속셈이네." "언론 운동이라면 우리가 훨씬 더 고생했지."

기자라는 직업은 남의 일에 대해 평가는 하지만, 막상 어떤 일을 책임지고 실행해야 할 의무는 없는 허망한 직업병적 특성을 갖고 있다.

이즈음 이미 정태기는 원로원 내에서 용서할 수 없는 불편한 인물이 되고 있었다.

한겨레신문에 대한 대중들의 호응이 뜨거워지기 시작했을 즈음에는 다양한 인물들이 다양한 추천경로를 통해 자원봉사 조직에 합류했다.

나중에는 자원봉사든 뭐든 인사 통제가 안 되는 시장바닥 같은 상황에 이르기도 했다. 이 동네 까마귀, 저 동네 까마귀가 제각각의 문법대로 목소리를 높이는 오합지졸烏合之卒의 본격적인 행진이 시작되고 있었다.

조직의 중심축이어야 했던 해직기자 집단이 이미 갈가리 찢어진 갈까마귀 떼가 됐으므로, 외부에서 합류한 사람들을 나무랄 이유도 여유도 없어졌다.

어쩌면 해직기자 중에서도 가장 미심쩍은 인물들이 서둘러 버스에 올라탔다고 말하는 것이 옳을 것이다. 예부터 전해오는 속담대로 등잔 밑이 어둡다 못해 새까만 상태였다.

마음속이 그다지 떳떳하지 못한 인물들일수록 서둘러서 눈치껏 그룹을 이루고, 목소리를 높이며 지도부를 견제하는 대열에 합류한다. 줄을 세우고 줄을 부풀리다보면 자신이 옳다는 확신이 굳어지고 어깨가 뻐근해진다.

한겨레라는 떡이 먹음직스럽게 익어갈수록 바람이 들어버린 마음은 걷잡을 수 없었으리라.

초대 사장에 취임한 송건호 선생은 글을 쓰는 일에는 명민했으나, 시장바닥에서 벌어지는 난투극 같은 흥정과 속셈에 대해서는 아예 먼 길을 살아온 성품이었다.

창간 후 얼마 지나지 않아 초대 편집위원장 성유보가 회사를 떠났다. 한겨레가 출범하자마자 초롱초롱 빛나던 별이 떨어졌다.

"오죽하면 지휘자인 성유보가 하차할까." 땡초는 편집국 소속이 아니었지만 내심으로 한겨레에서 정나미를 절반쯤 정리했다. 성유보는 1975년 동아일보 해직 때부터 동아투위의 핵심적인 군소리 없는 실천가였다.

편집국의 인사 개편을 둘러싸고 도저히 그냥 넘어갈 수 없는 문제에 봉착했었다는 소문을 전해 들었다. 나는 성유보가 작고하기 전에 옛날 이 사건의 전말을 들어보고 싶었으나, 첫마디에 손을 저어대는 그분의 마음 표시에 입을 다물고 말았다.

돌이켜 보면 해직기자들의 최대의 실책은 인사 조직 부문에 대한 허술하고 안일한 집단 대응이었다. 동시에 이 문제는 정태기의 최대 약점인 동시에 본인의 사지를 옭아매는 그물망으로 작용했다. 인사 조직은 집단의 처음이자 끝이었다.

그는 창간 초기부터 본인이 오래 머물지 못할 것으로 예견했고, 그런 마음을 암시해왔다.

안국빌딩에 입주해 있던 초창기 어느 날 정태기는 김용옥 교수와 점심 약속이 있었다. 김용옥은 그 자리에서 '공성이불거功成而弗居'라는 글씨를 선물했다. 정태기는 받은 글씨를 쓰다듬으며 무척이나 감동했다. 하기야 글씨 자체는 기운찬 달필이었다.

얼른 보면 멋있는 글이다. 성城을 공략한 장수는 그 성에 머무르지 않는다. 성공을 이루고 나면 성공에 머무르지 말아라. 한탕 치고 나면 미련 없이 떠나라는 말쯤으로 쉽게 이해하자.

나는 대뜸 거칠게 욕설을 퍼부었다.

"그딴 걸 좋아라 하다니 참 철이 없네요. 성城을 정복했으면 성 안에 군기를 바짝 잡아서 혼란이 없도록 조치할 생각을 해야 진정한 장군이지, 떠날 생각부터 한다면 그야말로 비겁하기 짝이 없는 일인데…. 어떤 놈이 이딴 무책임한 글귀를 줍니까. 어떤 놈은 떠날 줄 몰라서 붙어 있나…. 차비가 없어서 못 가나. 승부를 마무리한다는 것이 진짜 골머리를 쪼개는 일인데. 패싸움도 안 해본 놈이 장군 흉내는 잘도 내는구나. 뒷골목 패싸움을 해도 뒤처리를 잘해야 성과가 남는 거예요. 대가리 터진 놈은 약값이라도 주고, 뺏어낼 것은 뺏어내고. 서열도 확실하게 정하고 해야 결말이 나는 건데. 개싸움도 안 해본 놈이 엇다 대고 충고는 충고야."

땡초는 인격의 본전을 드러내면서 쌍욕을 줄줄이 쏟아냈다. 이병주 등 점잖은 선배들이 계셨지만 욕설을 참을 수 없었다. 성깔대로 하자면 당사자를 쫓아가서 멱살잡이라도 해야 했다.

그러나 속마음을 찰싹 알아주는 글귀라 그런지 정태기는 꼼짝도 하지 않았다. 표구를 하더니 자신의 책상 뒤에 그야말로 대문짝만 하게 걸어 두었다.

의리와 명분이라는 바구니 속에 겉으로는 화기애애하게 담겨 있는 해직기자 집단에 대해 거친 칼을 들이밀기에는 정태기는 핸섬한 고뇌하는 낭만주의자였다.

　　소 타고 돌아다니며 잡소리 주워 모은 노자老子나

> 약장수로 한 첩씩 팔아먹는 용옥 선생이나
> 등짝에 써 붙인 태기 선생이나
> 욕쟁이로 한 다리 끼어드는 땡초나
> 제각기 일당 받겠다고 설치는 배우일 뿐
> 세상은 이래서 출렁출렁 오늘도 흘러가는 것이리라

내부 조직은 기초부터 썩어 자빠졌지만, 정의로운 언론에 대한 대중의 열망은 타오르기 시작했다.

한겨레신문은 창간 첫해에 42만 부를 인쇄했다.

미처 배달하지 못한 잠재적인 독자의 숫자가 얼마였는지는 아무도 모른다. 신문 판매 업무를 아는 사람이라면 알맹이 독자가 42만일 경우 외부 숫자는 200만 부 정도로 가볍게 부풀릴 수 있다는 것을 알 것이다. 한겨레는 창간 첫해에 어지러울 정도로 가파르게 정상의 자리에 올랐다. 막상 한겨레 사람들은 본인들이 피라미드의 꼭대기에 섰다는 것을 몰랐다.

강 건너 마을에 개 짖는 소리 정도로 여기던 모든 신문사들이 아연 긴장했다. 저마다 'Total CTS'를 도입하느라 그 방면의 기술을 가진 회사들이 즐거운 비명을 질러댔다.

그리고 머지않아 모든 신문이 한글 가로쓰기를 채택했다.

암울했던 시절에 "뜻이 있으면 길이 있다"라는 실체를 보여줌으로써 한국 사회에 모험 벤처venture기업 분위기를 넓게 뿌려주었다. 그 후에 일어난 지식산업과 아이티 열풍은 한겨레의 사례가 밑거름 역할을 했을 것이다. 시간이 걸리기는 하지만 땅에 뿌려진 밑거름 없이 꽃이 솟아오르지는 않는다.

한겨레는 황제 즉위식은 하지 않았지만 이미 정신적인 미디어 황제의 지위에 올랐다.

그 기세대로 인터넷과 PC 통신을 활용하는 뉴미디어 체제로 직진했더라면, 기존의 TV 방송들까지 보따리를 바꾸어야 했을 것이다.

정태기는 조용히 회사를 떠났다. 본인의 승용차 트렁크에 책 보따리 몇 개를 싣고.

아무도 그를 칼로 찌르지 않았다. 그러나 그의 등 뒤에는 셀 수 없는 화살들이 꽂혀 있었다. 세상도 삶도 무대일 뿐, 인간은 본래 머무를 곳이 없는 배우인가.

로마의 장군 카이사르는 지금의 유럽 일대(역사책에는 갈리아 지방으로 나온다)를 8년에 걸쳐 정복했다. 갈리아를 약탈해서 모은 재산을 로마 시민들에게 뿌려주었고, 빈민들 수십만 명을 정복지 개척에 동원하면서 먹여 살렸다. 보통의 군인들은 생각하기 어려운 경제와 사회정책에 대한 감각이 있었다.

로마 거리에 카이사르가 나타나면 평민, 노예, 군인들까지 만세를 부르며 모여들었다. 한국의 톱가수가 공항에 나타날 때의 모습을 상상하면 알맞을 듯하다. 대중의 인기는 홍수처럼 한곳으로 쏠리는 경향이 있다. 최고 의결기구인 원로원과 귀족들은 불안하고 또한 불쾌했다.

"진짜 군인은 난데. 저 친구는 어쩌다 땡잡은 거야."

"전쟁은 같이 했는데, 카이사르만 뜨네."

"저 꼴 보기 싫어서 로마에 살 수가 없어."

"저 친구가 황제가 되면, 우린 끝장이야."

원로원 20명은 암살을 모의했다. 그들은 '해방자들'이라고 자처했다. 마케도니아 원정을 보고하러 원로원을 방문한 카이사르에게 23개의 칼자국을 안겨주었다. '해방자들' 상당수는 카이사르의 전우이자 친구였다.

로마 시민들은 반란에 대한 반란을 일으켰다. 카이사르의 핵심 세력도 모였다. 원로원은 박살이 났고 수백 년을 지속하던 소위 공화정치는 황제 체제로 넘어갔다.

무려 15년 가까운 세월이 흐른 뒤에 정태기는 갑자기 한겨레에 되돌아왔다. 다른 용건이 생겨서 사장실에서 그를 만났다.

"뭣 하러 오셨어요. 대충 일 보고 가시지요"라는 말이 입에 맴돌았지만 꾹 다물었다.

초창기 시절 '인사 조직'의 절차와 규율을 가혹하게 세우지 못한 실패가 생생하게 살아 있는 집단에서 무엇을 되살리겠다는 말인가.

땡초는 비겁하다. 인사 조직에서 실패했던 인사가 왜 다시 돌아왔느냐고 질문을 던졌어야 마땅했을까?

정태기는 아마 두 번째에도 쓸쓸히 떠났을 것이다. 그리고 그 후, 그는 자신을 유폐시켰다.

아무도 정태기를 정면으로, 그리고 공개적으로 타격하지 않았다는 사실이 다소 놀라운 일이다.

정태기는 새 신문 창설이라는 불씨를 지피기까지 많은 돈을 갖다 바쳤다. 출판사도 꽤 잘됐고, 아폴로컴퓨터는 큰 회사였다. 몽땅 꺼내서 마구 쓰는 데는 통이 큰 양반이었다.

1980년 해직 때부터 내가 얻어먹었음직한 밥값과 술값을 주먹구구로 꼽아보니 대강 수천만 원이 넘는 듯해서 깜짝 놀라고 있다. 내가 입품을 그렇게나 부지런히 팔았던가.

향촉이라도 하나 큼직한 걸 올려야 할 텐데. 어디 가서 향촉 값을 또 구걸해야 할지 걱정이 태산이다.

한국 언론 판도라 상자를 열었을까

정태기는 한겨레라는 상자의 뚜껑을 열어놓고 바람처럼 떠났다.

처음에는 모험과 창조정신이 넘치는 듯했다. 그러나 창간 첫해 42만 부를 넘어섰던 한겨레는 한 해도 빠짐없이 차곡차곡 거꾸로 성장했다.

조직은 물에 풀린 밀가루처럼, 뭔가 허옇게 떠다니는 것 같은데 수제비 한 덩어리도 만들어낼 수 없는 분리주의적 방관의 극치에 도달해갔다.

초창기에 썩은 감자를 도려내지 못한 조직은 가혹한 대가를 숙명처럼 치르고 있다. 예를 들어 나 땡초 같은 날라리는 시작할 때 찍어내기를 했어야 마땅하다.

여러 가지 회계작업을 거쳐서 사원이 절대적인 대주주가 됐다. 스스로 성벽을 높이 쌓고 자신들의 왕국을 지키느라 여념이 없다. 폐쇄돼가는 성벽 속에서 얼마나 많은 어두운 사연들이 터져 나올지, 상상하기 두렵다.

그런 한편으로는 여전히 걱정과 질책을 늘어놓는 사람들이 있다는 것은 희망적인 측면이기도 하다.

"이제 만족스러우니까 펑펑 놀자"라는 분위기는 아닐 것이므로 '긴장'은 살아 있다는 신호다.

"내가 받아먹고 있는 월급은 어디서 오는 것인가. 창간주주들은 무엇하러 돈을 바쳤는가. 홀딱 속았을까? 속아서 냈어도 돈은 돈이다."

자본주의 사회에서 아무리 형편없는 작자도 돈에 대한 최소한의 의리와 예의는 있다. 이마저 없다면 "밥을 조금 떠서 까마귀한테 바쳐라. 먹은 밥에 대한 최소한의 예절로서."

한편, 한국 사회는 무성하게 자라는 잡초처럼 각양각색의 미디어들이 물결치고 있다. 한겨레의 출현에 놀란 나름대로 보수언론의 주류들은 종합편성이라는 묘수를 들고 나와서 TV 채널을 엄청나게 늘려놓았다.

개인들도 그냥 있지 않았다. 유튜브를 채널로 하는 1인 유튜브는 주류언론이라는 단어를 무색하게 하고 있다.

한겨레의 출범과 무관한 듯 보이겠지만, 미디어의 숫자와 종류가 곱셈의 곱셈처럼 불어나기 시작한 시기는 한겨레의 창간을 기점으로 한다.

바람에 나부끼지만 결코 사그라들지 않는 풀포기들이 한국 언론의 허망한 땅들을 뒤덮고 있는 것일까.

"언론은 아무나 하나?"

"우리는 누구나 한다!"

뒤늦게 드리는 감사의 인사

지영선

서울그린트러스트 이사장, 전 보스턴 총영사, 한겨레신문 전 논설위원

80을 채우지 못하고 우리 곁을 떠나신 정태기 선배의 삶을 추모하는 문집이라도 만들어야 한다고 누구보다 앞장서 주장했으면서, 막상 글을 쓰려 하니 무슨 이야기를 해야 할지 가닥이 잡히지 않는다. 다른 많은 사람들, 특히 한겨레의 많은 사람들과 마찬가지로, 나도 정 선배로부터, 눈에 보이는, 또 보이지 않는 많은 것을 받기만 했을 뿐, 아무것도 돌려드리지 못했다는 송구함이 앞설 뿐이다.

듣는 것만으로도 가슴 뛰는…

박정희 정권이 폭압통치를 향해 줄달음치던 1970년대에 신문사에 몸담았지만, 나는 해직을 경험하지도, 새로운 신문 창간을 향한 절절한 갈망을 갖고 있었다고도 할 수 없다. 1987년 6월항쟁의 열기에 위장 굴복한 군사정권이 6·29 선언을 내놓을 즈음, 나는 동아일보 생활부 차장으로 근무하고 있었다. 중앙일보와 한국일보를 거쳐 1978년에 동아일보로 옮겨가서 느낀 것은 신문사답지 않

게 분위기가 매우 침체되어 있다는 점이었다. 무려 113명의 기자와 PD 아나운서 등을 쫓아낸 1975년 해직의 후유증이 가벼울 수 없었으리라. 이어진 1980년 언론통폐합과 또 한 번의 해직 사태를 겪으며 동아일보의 상흔은 더구나 깊어졌다. 1987년 민주화의 함성이 거리를 뒤덮었을 때, 그 열기를 어떻게든 기사에 담아보려는 노력이 없지 않았지만, 정부의 압력을 벗어나지 못한 지면은 거기 몸담은 내가 보기에도 무기력하기만 했다.

그해 가을 지금까지 세상에 없던 새로운 신문의 창간 작업이 진행 중이라는 소식을 들었다. 북한산이었던가 대학 동창들과 등산을 갔던 날, 대학 시절 운동권이자 조선일보 해직기자였던 이원섭 씨가 흥분된 목소리로 전하는 소식인즉, 국민모금을 통해 정치권력과 거대자본으로부터 자유로운 독립언론을 만드는 작업이 진행되고 있다는 것이다. 자신도 발의자로서 50만 원을 냈다며, 조만간 "지금 근무하는 전자신문에 사표를 내고 창간 작업에 합류할 거"라 했다. 듣는 것만으로도 가슴 뛰는 신나는 소식이었다.

얼마나 지났을까. 1988년 1월께였던 것 같다. 소비자 문제를 취재하면서 가까이 지낸 서울여대 송보경 교수가 날 만날 일이 있다고 했다. 약속 장소에는 송 교수의 고교 친구이자 나의 대학 같은 과 선배이기도 한 경기대학의 차경아 교수가 함께 나와 계셨다. 교수가 되기 전 동아방송의 PD이기도 했던 한 차 교수는 정태기 선배의 부인이다. 차 교수로부터 한겨레 창간에 함께하자는 제안을 들었다. 생활환경부 편집위원(부장)을 맡아주면 좋겠다고 했다. 한겨레는 당시의 다른 신문들과 달리, 생활부에서 여성 가정 문제만 다루지 않고, 생활과 밀접한 통신 건강 문제와 함께 체육까지 담당하게 된다고 했다. 그뿐만 아니라, 그때까지만 해도 언론들이 별 관심을 보이지 않던 환경 문제를 본격적으로 다루게 될 것이며, 그래서 부서 이름도 생활환경부로 하기로 했다는 것이다. 최열 씨의 공해문제연구소 등 1980년대 국내에서 막 시작되고 있던 환경운동을 따라다니며 썼던 내 기사들을 누군가 눈여겨보았던 모양이다.

차 교수님은 한겨레의 야심 찬 편집 구상을 자랑스레 설명하시면서도, 한편으로 내게 꽤나 미안해하셨다. 그때 한겨레는 '국민모금에 의한 신문 창간'이라는 아마도 세계 초유의 기발한 계획의 추진 단계일 뿐, 아직 정부로부터 신문사 등록필증도 받지 못한 상태였다. 과연 실제로 신문이 나오게 될지도 알 수 없는 상황이었다. 또 하나, 동아에서 한겨레로 옮기면 월급이 1/3 정도로 줄어든다는데 마음이 쓰이시는 듯했다. 한겨레는 창간을 준비하면서 기자들의 월급은 노동자 중위 소득을 넘지 않는 수준으로 한다는 계획을 했다고 한다. 다른 신문들이 그러했듯 기자 월급이 많아 고소득자가 되면, 지면 제작에서도 일반 민중의 현실과 유리될 수 있다는 염려에서였다.

"그것만 감내할 수 있다면, 가야지"

이직을 결정하기까지 오래 걸리진 않았다. 이것저것 따지기 전에 그냥 마음이 그쪽으로 기우는 걸 어쩔 수 없었다. 북한산에서 들은 "사표 내고 곧 새 신문으로 간다"던 이원섭 씨의 들뜬 목소리가 영향을 끼쳤는지도 모르겠다. 마음을 저울질하던 며칠 사이 두 분 어른께 자문을 구했었다. "월급이 반토막 나는 게 문제인데… 그것만 감내할 수 있다면 당연히 새 신문으로 가야지…." 당시 논설고문으로 동아일보에 몸담고 계셨던 최일남 선생의 말씀이었다. 여기자 왕언니 한 분께도 사정을 털어놓았다. 그분은 "미쳤어? 네가 거길 가다니…." 그러면서 "새 신문이 잘 되어서, 나중에 네가 '그때 그리로 갈걸' 하고 후회하게 되는 게, 최상의 상황일 것"이라고 말씀하셨다. 새 신문이 잘되길 바라지만, 내가 가는 건 권하지 않겠다는 말씀이었다.

1988년 2월 1일부터 안국동의 새 신문 창간사무국으로 출근했다. 한겨레신문 창간호가 나오기 석 달 반 전이다. 창간기금 모금과 함께 다른 신문들과는 매우 다른 새 신문을 만들기 위한 다양한 논의와 준비가 한창이었다. 당시 한겨레는 상하관계인 '편집국장―부장' 체제가 아니라 '편집위원장―편집위원' 체제를 구상했다. 자신의 부서와 지면만을 책임지는 부장이 아닌 편집위원은 전체 지면을 공동으로 협의해 제작하는 편집위원회의 일원이라는 의미를 담았다. 부서의 구성도 남달랐다. 국제뉴스와 통일 문제를 한데 다룰 민족국제부, 정치와 경제를 묶어 정치경제부에서 다루는 한편, 사회교육부 외에 노동과 인권 문제를 전담할 민생인권부를 따로 두었다. 왜곡된 언론 상황을 비판하고 감시할 여론매체부도 만들었다. 생활환경부도 그런 새로운 구상 중의 하나였다. 내가 창간 한겨레 편집위원회의 일원이 된 것은, 창간을 주도한 해직기자들로 구성될 수밖에 없었던 편집위원회에 현장에서 취재를 계속해온 경력기자를 하나라도 포함시키려는, 그리고 남성 일색이 아닌 양성이 함께 하는 편집위원회를 구성하려는 의미 또한 담고 있음을 출근을 하며 알 수 있었다. 뒤돌아 생각하면 분에 넘치는 영광이 아닐 수 없다.

창간사무국은 잠시도 조용할 틈 없이 활기가 흘러넘쳤다. 국민 모금을 서두르는 한편, 대국민 홍보를 위한 '새 신문 소식' 제작과 가두 배포, 국내 초유의 컴퓨터 조판시스템 구축, 윤전기 도입 준비, 경력기자 영입과 수습기자 선발 등등. 게다가 틈틈이 광화문 네거리에 나가 '언론자유 보장하고, 새 신문 등록필증 발급하라'라며 가두시위까지 해야 했으니 말이다. 사무국의 많은 사람들, 특히 나 같은 후발 참여자들이, 새 신문에 대한 기대와 그에 동참한다는 설렘, 자유로운 공기를 만끽하는 중에도, 하루하루 시시각각 부닥치는 문제를 해결하기 위해 마음 졸이며 무거운 책임감을 견뎌내는 사람들이 있다는 것을 그때 나는 실감하지 못했다. 만에 하나, 새 신문이 계획대로 창간되지 못한다면, 또 독립 자유언론으로서의 역할을 제대로 하지 못한다면, 전 국민을 상대로 한 희대의 사기극이 될 수도 있다는 책임감. 그 무지무지한 부담감의 정점에 정태기 선배가 서 계셨다.

조판직원들의 든든한 빽

한겨레가 당시 상식으로는 말도 안 되는 50억 원의 '푼돈'으로 언감생심 일간신문을 창간할 꿈을 꿀 수 있었던 것은, 국민모금이라는 전대미문의 발상과 함께 컴퓨터 조판이라는 기술혁신에 도전했기에 가능한 일이었다. 정 선배가 해직기자 시절 화담기술이라는 컴퓨터 관련 회사를 경영하며 새로운 기술에 일찍 눈떴다는 점에, 그리고 그 기술을 제대로 된 새로운 신문 제작에 접목시켰다는 점에 우리 모두, 아니 한국 사회는 감사해야 하리라. 한겨레에 대한 호불호야 갈릴 수 있지만, 누구도 한국 사회 민주화에 기여한 한겨레의 공로를 부인할 수는 없을 것이기에.

한겨레가 한글전용—가로쓰기를 채택한 것은 물론 시대를 앞서간다는 의미도 크지만, 조판 프로그램 개발의 시간을 단축하기 위해 그때 이미 상용화되어 있던 영미권의 컴퓨터 신문조판시스템을 기반으로 해야 했기에 어쩔 수 없었던 측면도 있었다고 한다. 하지만 한겨레 창간 초기 "대학신문 같다"느니 "눈에 잘 들어오지 않는다"느니 하며 백안시하던 다른 신문들이 몇 년 후 모두 한겨레를 따라옴으로써 한글전용과 가로쓰기가 바른 선택이었다는 것을 그들 스스로 증언했다. 컴퓨터 신문조판은 국내에서 전례가 없는 일이었기에, 편집기자가 그 일을 감당할 수 없었다. 창간 준비 중에 조판직원을 새로 뽑아 처음부터 훈련시킬 수밖에 없었다. 선발된 조판직원들은 대부분 고등학교를 갓 졸업한 스물 안팎의 어린 여성들이었는데, 정 선배가 그들을 끔찍이 위하고 각별하게 챙겼던 생각이 난다. 그들에게 정 선배는 존경스러운 어른이자 든든한 빽이었다.

밤새 울려대던 '감사의 전화'

한겨레신문 창간호가 인쇄돼 나온 1988년 5월 14일 밤. 그날 마침 내가 야간위원장(야간국장)이었다. 아마 대한민국의 첫 여성 야간국장이었을 것이다. 조간신문의 야간국장은 밤 시간에 진전되는 기사를 갈아 끼우는 등 편집국장 역할을 부장들이 돌아가며 하는 것을 가리킨다. 당시만 해도 반은 못 미더워서, 반은 보호라는 명목으로, 여성부장에겐 야간국장의 책임을 맡기지 않았다. 하지만 한겨레는 유일한 여성 편집위원이었던 나에게 주저 없이 창간 날 밤 야간위원장을 맡겼던 것이다. 영등포구 양평동 공장건물들 중 하나에 터를 잡은 한겨레 창간사옥에서 그날 밤새도록 이 데스크 저 데스크로 뛰어다니며 쉴 새 없이 울려대는 전화를 받았던 기억이 난다. "한겨레신문을 만들어주어 고맙다"라는 독자들의 전화였다.

한겨레가 자유-독립언론으로서 바로 서기 위해 넘어야 할 벽은 정치권력, 자본의 압력 등 외부에만 있는 것은 아니었다. 다양한 조직원들이 조화롭게 하나가 되는 일 또한 한겨레가 이루어 나가야 할 숙제였다. 이른바 주인 없는, 구성원 누구나 주인이고 똑같이 평등한 회사이기에 더구나 쉽지 않은 문제였다.

실제로 한겨레는 창간 초기 신문제작을 안정시키느라 정신없는 가운데, 편집국의 조직을 새롭게 바꾸는 실험을 감행했다. 편집위원장 직선제를 도입한 것이다.

1988년 8월 3일 국내 언론사상 최초로 기자들의 직접선거로 장윤환 위원장이 선출되었다. 이사회에서 선출되어 창간을 이끌었던 성유보 초대 위원장은 3개월의 단명에 그쳤다. 새로운 편집위원장이 단행한 편집국 인사에서 나도 3개월 남짓의 생활환경부 편집위원에서 여론매체부 편집위원으로 자리를 옮기게 되었다.

1988년 겨울 나는 3개월 예정으로 독일로 어학연수를 떠났다. 독일문화원에서 초청장을 받았는데 지나가는 말로 장윤환 위원장께 말씀드렸더니 의외로 선선하게 갔다 오라고 하시는 것이었다. 아마 별다른 연고도 없는 해직기자들 틈에서 내가 적응에 어려움을 겪으며 한겨레로부터 발을 뺄 준비를 하고 있다고 생각하셨는지도 모르겠다. 창간한 지 얼마 되지도 않은 신문사에서 부장이 몇 달간 자리를 비운다는 게 자연스러운 일은 아니었지만, 나로선 한겨레를 떠날 생각 같은 건 없었다. 다만 내가 없어도 여론매체부가 굴러갈 것 같다는 생각이 들었던 것 같다.

독일 체류 중 나는 주말이면 베를린의 「타게스차이퉁」, 런던의 「더 인디펜던트」, 파리의 「리베라시옹」, 마드리드의 「엘 파이스」 등 유럽에서 나타난 새로운 신문들을 찾아가 취재해서 여론매체면에 시리즈로 연재를 했다.

1년 남짓 뒤 다음 인사 때 나는 민족국제부 편집위원을 맡게 됐다. 정 선배가 "지영선이 돌아왔는데 어떻게 할 거냐?"라고 했다는 이야기를 나중에 들었다. 신문사 안에서 벌어지는 소소한 일들을 두루두루 챙기고 계셨던 것이다.

공을 이룬 후 그곳에 머물지 않는다

공성이불거功成而弗居. 한겨레에 와서 심심찮게 들은 말이다. '공을 이룬 후에 그곳에 머물지 않는다'라는 뜻이라 한다. 도올 김용옥이 창간사무국을 찾아와 노자의 『도덕경』에 나오는 이 말을 쓴 휘호를 전하고 갔다 한다. 정 선배가 한겨레를 떠난 것이 창간 후 2년 남짓 만이었으니, 그 말을 앞장서 실천하셨다 해야 할까.

창간사무국에선 사무국장, 창간 후에는 관리이사를 맡아 회사의 잡다한 살림살이를 도맡았던 정 선배는 1989년 2월 개발본부장을 맡게 된다. 고속 윤전기 도입과 윤전기를 설치할 새 사옥 건립, 그것을 실현하기 위한 200억 원의 한겨레 발전기금 모금 계획을 세우고 그 진두지휘에 나선 것이다. 그로부터 1년 후 한겨레는 마포구 공덕동에 부지를 마련하고 1990년 2월에 신축 사옥 기공식이 열린다. 2년 남짓의 건축 과정을 거쳐 1991년 12월 14일 한겨레는 고속 윤전기가 설치된 공덕동 새 사옥에 입주한다. 하지만 정 선배는 새 사옥이 완공되는 것을 채 보지 못하고 한겨레를 떠났다.

한겨레를 떠나신 후 동료 몇이 오대산으로 정 선배를 찾아갔었다. 작은 농촌 주택을 손본 소박한 집에서 야생화 농장을 가꿀 계획을 들려주셨다. 우리 모두 취하도록 술을 마시고, 보름달이 비추는 시골길을 쏘다녔다.

나는 논설위원으로 있던 2000년에 하버드대학 국제문제연구소 Center for International Affairs 펠로스 프로그램에 참여할 기회를 얻었다. 각국에서 온 20명쯤 되는 펠로들의 대부분은 외교관이고 국제 문제를 다루는 기자, NGO, 군인 등이 섞여 있었다. 아카데미에서의 국제문제 연구와 현장 경험의 교류를 목적으로 만들어진 프로그램이다.

1년간의 연수는 펠로들이 각자 선택한 주제로 쓴 짧은 논문을 발표하는 것으로 마무리되었다. 당시 김대중 정부에서 최초의 남북정상회담이 열리고 남북대화가 시작된 시기였기에, 내가 발표한 「남북통일을 바라보는 주변 4강의 엇갈린 시각Conflicting Visions for Korean Reunification」은 꽤 사람들의 관심을 끌었다. 기자 생활을 시작한 이후 모처럼 갖게 된 소중한 재충전의 시간이었다. 국제부 편집위원으로서의 경험이 있었기에 가능한 일이었다.

'공성이불거'에는 '공을 이룬 이가 떠난 자리에서 젊은 인재들이 충실하게 뒤를 이어가야 한다'라는 가르침이 담겨 있다 한다. 그런데 한겨레는 세월이 한참 흐른 후, 떠난 정태기 선배를 다시 불러왔다. 반복되는 경영상의 어려움을 겪으며, 많은 후배들이 '무에서 유를 만들어낸' 정태기 선배를 떠올린 것이다. 한겨레를 떠난 후 신세기통신, 교보정보통신 대표이사로 이동통신 발전의 일익을 담당했던 정 선배는 2005년 3월 대표이사로 한겨레에 돌아왔다. 1990년 한겨레를 떠난 후 15년 만이었다. 비상대책위를 만들어 한겨레의 해묵은 위기와 맞서야 하셨으니, 창간을 준비하고 사옥을 짓던 시절 못지않게 어려운 시간이었으리라. 더구나 정 선배와 한겨레 조직 사이에는 15년이라는 짧지 않은 거리가 가로놓여 있었으니….

드리지 못한 감사의 인사

2007년 2월 17일 정 선배와 차경아 선생님을 보스턴에서 뵀다. 딸네가 사는 보스턴에 오신 두 분을 모시고 마녀사냥으로 유명한 세일럼으로 드라이브를 했다. 오래된 호손 호텔에서 점심을 먹고 피바디에섹스박물관을 들러 나한트 빌리지를 산책했다. 정 선배는 그때 2년간의 한겨레 대표이사직을 막 내려놓으신 길이었다. 나는 그때 한겨레 위기타개책의 하나로 동료 논설위원들과 조기퇴직을 한 뒤, 어찌어찌하여 총영사직을 맡아 보스턴에 가 있었다. 돌이켜 보면, 국제부를 경험했기에 하버드 국제문제연구소의 펠로스 프로그램에 갈 생각을 했고, 하버드에서의 경험이 외교부의 특임공관장 선발에 도전할 생각을 할 수 있게 했던 것 같다. 또한 차경아 선배님이 불러주셨기에, 나 스스로는 결코 찾아갈 생각을 하지 못했을 '한겨레의 길'에 함께할 수 있었다. 마음속으로는 그런 생각을 하면서, 나는 그날 두 분께 그런 이야기를 하지 못했다. 한겨레에서의 20년간에도 그랬던 것처럼, 감사의 인사를 드리지 못했다.

2020년 언론은 두 큰 별을 잃다

김형배

한겨레신문 전 논설위원, 방송문화진흥회 전 감사

정태기 선배와의 만남은 특별한 기억이었다. 이 만남은 지면으로부터 시작되었는데, 필자가 대학 2학년 재학 때 신문철을 훑어보면서였다. 지면에서 우연히 마주친 기억은 지금도 생생하다. 청년 정태기의 진면목을 마주한 것이다.

1973년 「대학신문」 학생기자를 했던 나는 과거 신문을 들춰보기를 좋아했다. 「대학신문」과 「새 세대」가 내가 주로 보던 신문이었는데, 1962년 10월에 발간된 「대학신문」은 강렬한 인상을 남겼다. 이 신문에는 당시 사회적으로 큰 파문을 일으킨 최영오 일병 사건과 관련해 학생들이 쓴 논단 수 편이 실려 있었다. 그 글 중 정태기(법대 행정학과 4년)의 「지식인의 자세—최영오 군의 기사를 읽고」가 눈에 확 들어왔다.

최영오 일병 사건이란 서울대 재학 중 군에 입대한 병사 최영오가 군 복무 중이던 1962년 7월 상관을 총기로 살해한 사건이다. 그는 1, 2심 군사재판에서 사형선고를 받고, 대법원에서 형이 확정되었다. 특이한 점이라면 그가 이른바 '학적보유병'으로 입대한 대학생 신분이었다는 사실이다.

사건 발생 1년 전 입대한 그에게는 재학 시절부터 사귀던 애인이 있었다. 두 사람은 며칠이 멀다 하고 서로 편지를 주고받으며 연정을 불태우고 있었다. 문제의 발단은 애인으로부터 연애편지가 빈번히 날아들자 같은 중대 소속의 행정병이던 정 아무개 병장과 고 아무개 상병 등이 호기심에 종종 그의 편지를 무단으로 뜯어 읽어보고 또 그 내용을 함부로 발설하면서 비롯됐다. 이들은 "사랑하는 ○○씨, 보고 싶어서 이 밤도 잠을 못 이뤄요" 등 애정 짙은 편지 내용을 다른 전우들 앞에서 큰 소리로 읽고 최 일병을 놀려댔다. 최 일병은 그때마다 항의도 해보고 '소원 수리'(군대 내의 공식적인 불만 제기 창구)를 통해 호소도 해보았으나 소용이 없었다. 항의할 때마다 오히려 이들로부터 구타와 기합이 가해졌을 뿐 반인권적 희롱은 멈추지 않았다. 최 일병은 가해자들의 사과와 반성은커녕 시정 조처가 취해지지 않자 분노를 참지 못하고 결국 이들을 살해하기에 이른다.

이 사건 발생의 배경에는 여러 원인이 있다. 학적보유병(학보병) 제도의 특례사항과 병역 비리가 혼재해 있는 것이다. 학보병 제도는 대학생 신분의 군 입대자에 한해 복무 기간을 일반 병사의 절반으로 줄여주는 병역특례 조처였다. 북한에서 실시된 것을 남측 군 당국이 모방한 제도로, 이른바 학보병의 군번을 달고 입대한 대학생들이 그 혜택을 받았다.

당시 병사들 학력이라고 해봐야 중학교 또는 고교 졸업 정도였고, 일부는 국졸에 무학도 적지 않았다. 가뜩이나 병역 부조리가 만연한 세태에 대해 병사들 사이에서 불만이 높았던 상황에 이 같은 특혜 조처는 가끔 병영 내 갈등과 마찰의 원인이 되곤 했다. "못 배운 것도 한인데, 배운 놈들이라고 절반만 복무하고 제대한다고? 말도 안 돼"라는 것이 일반 병사들의 정서였고, 학보병들은 군 복무를 짧게 하는 대신 고참들로부터 괴롭힘을 당하기 일쑤였다. 참고로 학보병들의 군 복무 현실은 신상웅辛相雄의 소설 『심야의 정담』이 상세히 그리고 있다.

최 일병은 범행 즉시 체포돼 군법회의 1, 2심에서 사형을 선고받고 대법원에서 형이 확정되었다. '상관 살해죄'는 당시 군 형법에 규정된 법정형이 '사형'밖에 없었다. 사태가 이처럼 심각한 상황으로 번지자 최 일병의 대학 동문들은 물론 구상具常 시인을 비롯한 사회 저명인사를 중심으로 사형 집행만은 면하게 해달라는 긴급 청원 움직임이 크게 일어났다. 당시 「대학신문」에서도 이러한 여론의 반향을 크게 다루었다. 그런데 동정적 분위기에서 출발한 순수한 구명운동이 일각에서 도를 넘어 배운 자들에 대한 특별대우를 정당화하고 추가적 특혜를 요구하는 잘못된 방향으로 흘러갔다. 법대생 정태기는 이를 놓치지 않았다.

그는 1962년 10월 29일 자 「대학신문」에 실린 「지식인의 자세」 제하의 논단에서 "3년간의 긴 시간을 훈련과 작업 속에서 참고 지내는 농촌의 사병들에게 과연 절반의 기간을 펜을 들고 근무하다 제대하는 학보병들(고학력자인 만큼 이들 대부분이 행정보직을 받았다고 한다)이 그 이상의 혜택을 요구할 수 있을지 의문"이라며 "대학생도 국민의 일부임을 절대로 잊지 말 것"을 호소했다. 서울대생들의 결의문 내용 중에는 "재학 시의 학업실적을 입대 후에도 계속 보장할 수 있는 대책을 요구한다"라는 대목도 들어 있었는데, 그는 이 같은 태도를 크게 개탄했다. "대학은 결코 귀족원도 아니고 특권계급의 양성기관도 아니다"라고 하면서 "지식을 지배의 특권으로 아는 (이러한) 착오는 대학의 양식을 의심케 할 것"이라고 비판했다. 지식인의 잘못된 자세가 문제임을 지적한 그의 글은 다음으로 이어진다.

"… 아는 것을 오직 특권으로만 여기는 이 나라 인텔리겐차의 서글픈 모습이 문제인 것이다. 녹음기만을 남겨놓아 사람들을 속이고는 한강 다리를 끊고 도망친 옛 위정자처럼 민중을 이용하려는 지식인, 민중의 신뢰를 잃은 지식인은 결국 쫓겨나고 말 것이다. 대학의 그 나라에서의 위치와 대학에서 비롯한 여론의 결과가 얼마나 중대한 것인가를 안다면 우리들은 여론의 오도를 두려워해야 할 것이다. 한 나라의 지식인의 자세는 침몰해가는 배의 선장의 그것과 같은 것이어야 하리라. 모든 선원을 피난시킨 후 조용히 침몰해가는 선장의 자세를 배워야 한다. 지도자 문제가 논의되고 있는 요즘 이 나라 민중 최후의 희망과 신뢰의 상징으로서 대학은 남아 있어야 한다. 대학의 권위는 외부적 제도에 의한 손상보다 내부의 경솔한 오만에 의해 더 치명적 타격을 받게 될 것이다."

이처럼 논지는 시종일관 민중 속에 있는 지식인의 올바른 처신을 강조한 것이었다. 당시 대학생들의 여론이 군대 내의 부조리와 강압적 조직문화에 대한 비판으로 이어진 것은 물론 자연스러운 현상이었다. 아마 격앙된 대학생들의 분위기와 최 일병에 대한 안타까운 동정여론이 지배한 데다 대학생들의 일종의 엘리트의식이 지면을 덮었을 것이기 때문이다. 또한 아무리 군대 안이라 하더라도 통신 기밀의 무단 열람과 공개, 구타와 가혹행위가 결코 정당화될 수 없음은 당연한 것이다. 그러나 최 일병이 좀 더 인내심을 발휘했더라면 사태가 이 지경으로까지 악화하지는 않았을 것이라는 점이 중요했다.

정태기의 논지는 이러한 동정여론이 자칫 대학생들의 엘리트주의로 흘러서는 안 된다는 점을 지적한 것이다. 이 주장은 지금도 설득력이 있다고 본다. 가해 병사들의 행위를 두둔하려는 것이 아니라 동정이 지나쳐 자칫 엘리트주의에 빠져들 경우 민중들의 의식에서 지식인들이 소외되는 일이 없도록 경계하는 마음이 아니었을까 생각한다. 당시 4월 혁명 직후 뜻있는 지식인들의 정서 속에는 러시아 차르 제정 때의 의식 있는 지식인들이 지녔던 브나로드(민중 속으로) 정신으로 가득 차 있었음을 감안할 때 더욱 이 글의 소중함은 돋보인다. 장 폴 사르트르의 실존주의 사조가 지배했던 1960년대 지식인의 계급초월적 실천을 그가 강조한 것일 수도 있다.

정태기의 교우관계를 말하고 싶다. 대학신문사는 지금 서울대학병원 뒤편에 있었던 함춘회관에 있었는데, 이곳을 자주 들렀던 현직 기자(그때는 그냥 학교 선배로 불렀음)는 단연 동아일보의 이부영 선배를 꼽을 수 있다. 그는 동대문경찰서를 출입해 같은 관내인 서울대를 자주 찾아왔다. 그는 또 대학신문사 전임기자로 있던 정치학과 후배인 이수억(당시 서울대 대학원 정치학과 재학. 이수성의 막냇동생으로 나중에 SBS 기획위원으로 재직하다가 지병으로 일찍 세상을 떠났다)을 만나러 왔다. 두 분이 그전부터 서로 알았는지 아니면 그 이후 친해졌는지는 알 수 없으나 이부영 선배는 정 선배와 함께 내가 만난 큰 별들이다.

조선일보에 입사한 나는 수습기간이 끝난 후 편집부에 배치되었다. 당시 조선일보사 편집부에는 인보길 차장, 김종헌 차장, 조 아무개 편집부국장이 편집부를 운영했는데, 특히 인 차장은 나를 챙겨 퇴근 후 술자리를 자주 하곤 했다. 인천에서 출퇴근하면서 그는 나를 자기 집으로까지 데려가는 등 보통 선후배 사이 이상으로 대우를 했던 듯했다. 인 차장이 하루는 퇴근 무렵 같이 들러 갈 곳이 있으니 남으라고 했다. 그가 데려간 곳은 종로 2가에 있는 '낭만'이라는 주점이었는데, 그 자리에 놀랍게도 정태기 선배가 와 계셨다. 두 사람 사이의 대화는 주로 유신 말기의 시국과 언론 상황에 관한 것이었다. 정 선배는 말을 많이 하지 않는 편이었다.

하지만 내게 현직 기자와 해직기자의 만남은 그 자체로 아주 이례적으로 느껴졌다. 나중에 안 일이지만 정 선배의 부인이 인 차장과 대학 같은 학과(독문과) 동창이었고 두 분의 관계가 입사 연도도 비슷해 서로 존대를 하면서 지내지 않았나 하는 기억이다.

정태기는 재학 시절 법대생으로서 고시 공부보다는 이웃 캠퍼스인 문리대에서 제공하는 다양한 강좌를 즐겨 들었다고 한다. 그런 정태기를 향해 법대생과 문리대생들은 '문리대 법학과 학생'이라는 별명을 달아줬다고 한다. 이러한 경험은 나중에 조선일보에서의 언론 민주화투쟁과 뒤이은 해직 이후의 민주화운동, 출판사와 IT 기업을 창업 경영하고 한겨레신문 창간의 주역으로서 발휘했던 인문학적 상상력의 원천이 되지 않았나 추측할 뿐이다. 지면에서 글을 통해 처음 알게 된 정태기 선배를 실제로 6년 만인 1979년에 만났던 기억이 새롭다. 해직기자로서 원칙을 지키면서도 한때의 동료였던 현직 기자도 마다하지 않은 그의 유연했던 자세가 눈에 띄었다.

현직 기자 시절 나는 또 한 분의 큰 인물을 만나게 된다. 성유보 동아일보 해직기자이다. 종로 청진동 골목 한쪽 나오미 다방 위층에 있던 동아투위 사무실에서 만난 그는 과묵한 성품의 언론인이었다. 나는 동아투위에서 발행한 유인물을 받아 들고 신문사 동료 기자들에게 전달하는 일을 했다.

정태기, 이부영, 성유보, 이 세 분과 해직 이후 알게 된 권근술 선배는 내 삶에서 가장 소중한 언론계 선배분들이다. 이부영 선배는 창간준비 당시 감옥에 있었기 때문에 창간작업에 참여할 수 없었지만 한겨레의 창간을 크게 기뻐했다. 정태기, 성유보, 권근술 세 분은 일찍 세상을 떠났지만 그들의 빛나는 헌신과 희생은 한겨레 신문사에 불멸의 족적을 남겼다.

해직 이후 나는 대학원에 진학해 학부 공부를 이어갔고 학비를 벌기 위해 번역 일을 했다. 대학원 등록금 마련을 위해 이탈리아 여기자 오리아나 팔라치의 『한 남자』를 해직 동료들과 함께 번역했고, 재학 중에는 『위기의 국제금융』 등을 우리말로 출간해 학비에 보탰다. 『위기의 국제금융』(저자 안토니 샘프슨)은 지금은 타계한 내 처남(윤흥상. 중앙일보 출신으로 나중에 「무역통신」 편집국장을 지냈다) 이름으로 번역 출판되었다. 마침 정태기 선배가 운영하던 두레출판사의 편집장은 조선일보에서 함께 해직된 이의범이 맡고 있어서 그의 도움도 받았다.

해직 이듬해인 1981년 가을 나는 결혼을 하게 된다. 결혼식의 주례와 신랑, 신부 모두 무직자였어도 결혼식장은 하객들로 가득 찼다. 나도, 아내도 대학생 재학 또는 졸업생으로 무직자에 가까웠고, 주례를 맡은 임재경 선생님도 나와 같은 시기에 한국일보 논설위원으로 계시다가 강제 해직된 분이었다. 재미있는 것은 내 결혼을 축하하기 위해 모인 구름처럼 모인 손님들이 대부분 무직이거나 학생 신분이었다는 사실이다. 정태기 선배를 비롯한 조선투위 분들이 많이 오셨다.

나는 대학원 과정을 마친 뒤 석사 신분으로 몇몇 대학에 강의를 다녔다. 덕성여대와 한국외대에서 시간강사로 일하던 1987년 여름 새 신문을 창간하려 한다는 소식을 듣게 되었다. 어느 날 정태기 선배로부터 자신이 경영하던 서울 강남 소재 화담기술(주) 자신의 사무실로 와줄 것을 요청받았다. 정태기는 그동안 나와 이원섭을, 리영희, 임재경, 신홍범 선배들과 함께한 자리에 자주 불러주어 참석하게 되었다. 1975년 동아일보와 조선일보 해직 선배들과 1980년 여름 강제 해직된 선배 동료 기자들 30명 정도가 참석한 가운데 '새 신문 창간추진 모임'(가칭)이 열렸다.

이 자리에서 정태기 선배는 새 신문 창간 관련 제안을 하면서 신문사 운영에 필요한 창간 자금은 전 국민 모금운동을 통해 할 것과 신문 지면의 혁신에 관해 차분하게 설명해나갔다. 정태기로부터 모든 지면을 full pagination 컴퓨터로 조판하고 가로짜기, 순 한글 신문 등의 참신한 편집 제작방식을 전해 들은 순간 참석자들 사이에서는 경이로움에 짧은 탄성이 터져 나왔다. 동시에 과연 국민 모금이 성공할 수 있을까 하는 전망에 대해서는 우려하는 소리도 들렸다. 낙관과 비관의 분위기가 뒤섞여 회의는 밤늦게까지 마라톤 회의로 이어졌다. 우려는 과연 국민 모금이 성공할지, 그럴 경우에도 군사정부가 새 신문의 등록을 허가를 해줄 것인지, 설령 허가를 해준다고 하더라도 신문사 등록 기준에 필요한 윤전기는 또 어디서 도입할 것인지에 집중되었다. 이뿐만 아니었다. 정부의 허가를 얻지 못할 경우 그때 가서 모금된 국민 성금을 어찌 돌려줄 것인지 등 해결해야 할 난제가 산 넘어 산이었다.

그럴 때마다 정태기는 1987년 6월항쟁의 승리로 탄력을 받은 시민의 힘을 믿을 것을 차분히 설득하면서 동지들을 격려했다. 기획 능력과 추진력에서 남다른 리더십과, 재능을 지닌 그는 한 치의 흔들림도 없이 새 신문 창간 준비를 착착 진행해나갔다. 해직기자 선배, 동료와 후배들의 동의를 이끌어낸 그는 뜻을 같이하는 사람들을 적극적으로 끌어들였다. 기존 직장을 버리고 떠나오기 쉽지 않은 형편에도 많은 동지들이 그의 설득에 힘입어 편집과 경영 부문의 실무에 모여들었다.

나는 새 신문이 주식회사 설립 등기를 마친 직후 합류했다. 이미 기획과 총무, 제작 부문의 실무가 돌아가기 시작할 무렵 홍보팀에 배치되었다. 거기에 이원섭과 김선규, 곽정수 등이 먼저 와 있어서 힘을 보탤 수 있었다.

다음으로 사회 원로들을 모시기 시작했다. 창간에 동력을 받으려면 무엇보다 이 작업이 선행되어야 했던 것이다. 김수환, 함석헌, 윤공희, 지학순, 문익환, 이희승, 박형규, 김관석, 김지길, 박경리, 황순원, 김옥길, 이효재, 이태영, 박두진, 박화성, 이우정, 송월주, 김정한, 이돈명, 변형윤, 성내운, 홍남순, 조기준 선생 등 국민들로부터 존경을 받는 원로인사 24명의 동의를 끌어냈다. 이들의 대거 참여는 새 신문 창간의 정당성을 보증하고 전 국민적 참여와 성원을 이끌어나가는 데 큰 힘이 됐다.

정태기 선배는 하루 24시간이 부족한 사람이었다. 마침 1987년 12월 대선에서 민주 진영이 패배한 매우 어려운 형편이었다. 민주 후보인 김대중과 김영삼 사이에 후보단일화가 무산됨에 따른 어부지리로 5공 실세인 노태우가 당선되면서 그 실의는 깊어졌다. 민주 진영 내의 갈등과 분열도 심각한 지경에 빠져 있었다. 모두가 실의에 빠져 망연자실했을 무렵 정태기에게는 이 난국을 돌파할 소중한 재주꾼 후배들이 등장한다. 권근술이 아끼던 후배 동아투위의 강정문(1975년 동아일보 해직기자로 권근술의 경남고, 서울대 정치학과 후배. 광고문안 제작 당시 광고회사 대홍기획 대표를 역임했으나 1999년 지병으로 54세의 나이로 세상을 떠남) 선배가 기발한 제안을 해왔다. 강 선배의 따님 강호선 교수(성신여대 사학과)는 올해 3월 권근술 3주기 추도식에 참석해 아버지와 각별했던 권근술 선배에 대한 추모의 말을 했다.

"민주화는 한판의 승부가 아닙니다. 허탈과 좌절을 떨쳐버리고 한겨레신문 창간에 힘을 모아주십시오." 이 얼마나 호소력이 강렬한 선전이고 매력적인 선동인가? 민주 후보의 당선이 좌절되고 군인 출신 대통령이 뽑힌 절망적 상황에 사람들이 입은 가슴속에 있던 깊은 좌절감과 허탈감은 이 한마디 광고 카피로 큰 위로가 되었다. 마음에 깊은 상처를 받았던 국민들의 민주주의 회복을 향한 열의에 불을 지핀 것이다. 과연 심금을 울려주는 '걸작 문구'였다. 실의에 빠져 있던 국민들에게 희망을 던져준 메시지는 엄청난 파급효과를 불렀다. 목표 모금액 50억 원이 불과 일주일 만에 초과 달성된 것이다. 여기에는 강정문 선배와 그를 가까이 두었던 권근술, 정태기의 공헌이 절대적인 몫을 차지했다고 해도 지나친 표현은 아닐 것이다.

권근술과 함께 정태기는 이런 재능 있고 유능한 후배들이 믿고 따르던 큰 그릇의 대선배였고 이들 사이의 굳은 신뢰와 존경, 사랑은 한겨레신문의 역사적 탄생에 비옥한 밑거름이 되었다고 본다.

창간 당시의 그는 편집에 일절 간여하지 않고 오로지 경영에만 전념했다. 가끔 숙직실에서 마주칠 때가 있었는데, 바빠서 귀가하지 못할 때는 일반 남녀 후배 직원들과 같은 이부자리를 덮고 한 방에서 잠도 잤다. 양평동 사옥의 숙직실이라고 해봐야 2평 남짓의 작은 방이었다. 침구도 부족해 추운 겨울철에는 이불 하나로 여러 명이 덮어야 했고 몸을 덜덜 떨어야 했다. 사회부에 배치된 나는 시경 캡을 마치고 편집부로 자원해서 자리를 옮겨갔다. 당시 편집 교열부는 인원이 보충되지 않아 구멍이 숭숭 뚫려 있던 상황이었다. 일할 사람이 부족해 전전긍긍하는 모습을 그냥 두고만 볼 수 없었던 내가 사회부 경찰기자들을 모아놓고 시경 캡 자리를 내려놓고 편집부로 자원해 갈 각오이니 같이 갈 사람이 있는지 물었을 때 이인우와 김정곤 기자가 자신들도 따라가겠다고 해 감격했다. 전선에 참호가 비어 있는데 자신의 이해득실을 따지지 않고 자원해 험지로 옮겨가는 것을 마다하지 않는 열의와 헌신이 살아 있음이 확인된 이상 한겨레는 잘될 수밖에 없지 않겠는가.

조선일보 편집부 경력은 별 도움이 되지 못했다. 모든 지면을 컴퓨터 조판으로 하는 새로운 편집 개념을 모르는 형편에서는 새로운 제작 시스템에 적응하기 위한 빠른 학습과 실습이 선결적 과제였다. 빠른 숙달을 위해 나는 집에 가지 않고 약 2주간을 신문사에서 밤을 새웠고 잠은 주로 숙직실에서 잤다. 이때도 야근 후 귀가하지 못해 숙직실에서 새우잠을 자곤 했던 정 선배와 가끔 조우했다.

한겨레에 재직 중 나는 국방부를 출입하면서 판문점 군사정전위원회 회의를 자주 취재하게 되었다. 1989년 8월부터 보았던 군사정전위원회 회의는 남과 북, 그리고 유엔사령부(사실상 미 8군)가 참가한 회의에서는 한 번도 웃거나 즐겁게 회의를 진행한 적이 없었다. 당시 주된 이슈는 미국 육해공군의 합동훈련에 관한 것이었다. 남측 기자로서 알 수 없었던 미군의 팀스피리트 훈련 상황은 역으로 북한 측의 문제 제기로 노출되었다. 북측 수석대표는 최의웅 중장이었는데, 최 중장은 남한에서의 한미 합동군사훈련인 주로 팀스피리트 훈련 내용을 문제 삼았다. 다른 매체와 달리 한겨레만이 노골적인 반북 보도를 하지 않은 점을 잘 알고 있었던 그는 회의 시작할 즈음에 판문점에 나와 있던 북한기자 인편을 통해 자신들의 주장을 담은 발표문을 미리 내게 전해오곤 했다. 그 주요 내용은 미군이 전폭기와 함정 몇 척을 어느 해상에 띄워놓고 북을 위협하는 훈련을 했다는 주장이었다.

군사적 긴장이 고조되고 당시 문익환 목사와 여대생 임수경 양의 방북 등으로 경색된 남북-북미 관계와 신공안정국의 어려워진 한반도 상황 속에서 나는 한겨레 언론인의 방북이 이럴 때일수록 필요하다고 혼자 판단했다. 문 목사와 임수경 양이 중국과 독일을 경유한 방북을 실행했으니 한겨레로서는 40년 만에 끊어진 반도의 허리를 잇는 일에 나서야 한다는 것이었다. 해외로 멀리 돌아서 가는 길이 아니라 우리 땅을 밟고 방북 취재를 실행할 수 있어야 한다고도 판단했다. 가장 쉽게 갈 수 있는 길은 판문점을 통하는 것이다. 내가 계획한 방북 취재는 판문점 북측 지역을 경유해 평양까지 들어가는 것이었다.

마침 내가 판문점 군사정전위원회를 취재하는 국방부 출입 기자였으니 해볼 만한 일이었다. 중앙 군사분계선에 위치한 판문점의 군정위 회의실은 휴전선 북쪽에 북한군 대표가, 남쪽은 한미 양국 군 대표가 자리를 잡는다. 회의가 열리는 동안 남한 측 기자들은 공동구역 북측 지역에도 자유롭게 드나들며 북측 기자와 담배도 같이 피우고 대화도 나눈다. 이때는 문익환 목사 방북 사건으로 인한 공안정국 상황에서 리영희 논설고문이 국가보안법 위반으로 국가안전기획부에 의해 구속되었고, 정태기 상무와 장윤환 편집위원장이 강제 연행되어 조사를 받고 있던 상황을 겪은 지 얼마 지나지 않았던 시기였다. 신문사 고위 간부들에 대한 공안당국의 수사와 감시가 진행되고 있던 시점에 이 계획이 실행에 옮겨지기는 쉽지 않겠다고는 짐작했다. 세계는 동서냉전이 무너지고 대만 기자가 중국 대륙을 방문해 취재를 벌이는 등 국제사회는 데탕트 분위기가 고조되고 있었다. 만약 우리가 방북 취재를 실행에 옮겼더라면 어땠을까? 분단 반세기 만의 언론인의 북한 방문 및 취재가 실현되었더라면 이후 한겨레신문사의 운명은 어찌 되었을까? 방북 취재의 결행과 민주주의와 인권, 민생에 결정적 걸림돌인 국가보안법의 폐지를 위해 힘써 노력하지 못한 것이 한겨레에 근무하던 나로서는 가장 안타깝고 후회스럽다.

그러던 어느 날 정태기 선배가 회사를 떠난다는 소식을 들었다. 한겨레 안에서 노선을 둘러싸고 논쟁이 치열했을 무렵이다. 크게 두 집단으로 구분되었는데, 민주정권 수립, 특히 오로지 김대중 후보 당선을 위해 전력을 다해 지면을 제작하고 논설을 쓰다가 장렬하게 전사해야 한다는 주장과, 개인적으로 특정 정파를 지지할 수는 있고 이는 또한 허용되어야 하지만 한겨레가 정론지를 표방하면서 특정 정파를 위해 신문을 만들어서는 안 된다는 외침이 크게 대립했다. 1989년부터 2년간 이어진 내부 논쟁은 '정론지 투쟁'으로도 불린다.

이 대목에서 남길 말이 있다. 나는 시종일관 김대중 후보를 열렬히 지지했다. 예컨대 1987년 김대중 후보의 당선을 위해 대학생—시민사회 선거감시단에도 참여했고, 서울 개포동 투표소에서 부정 투표 현장을 적발했다가 부당하게도 경찰에 끌려 나가기도 했다. 내가 적발한 부정 투표자는 적어도 4번이나 투표함에 부정 투표지를 투입한 40대 후반 또는 50대 초반 여성이었다. 그는 비록 가끔 옷을 바꿔 입고 투표소를 드나들었으나 내가 기자로서 주목한 것은 그녀가 신었던 빨간 양말이었다. 사람은 보통 옷은 자주 갈아입더라도 양말까지 바꿔 신지는 않는 법이다.

개인의 정치적 견해는 견해이고 신문은 신문이다. 김대중으로의 과도한 정치적 편향성은 김 후보 당선에도 결코 도움이 되지 않을 뿐더러 오히려 역효과만 부른다고 나는 믿었다. 또한 이런 편향적 태도는 한겨레신문의 정체성인 '대중적 정론지' 지향에도 맞지 않는다. 창간 당시 우리가 내건 '온 국민이 주인인 신문'의 대국민 약속에도 배치되는 것이다. 창간을 위한 모금에는 모든 계층의 사람들이 참여했고, 심지어 어느 육군 대령은 신분을 감추고 자신의 아들 이름으로 창간기금을 쾌척하기도 했다고 들었다.

　이 정론지 파동은 한겨레 가족들에게는 큰 내상을 입혔다. 창간에 동참했던 4인의 동지들이 신문사를 떠났고 송건호 회장도 명예직으로 물러났다. 이 와중에 정태기도 스스로 물러난 것이다. 퇴직 후 통신회사 신세기이동통신의 대표이사로 지내다가 몇 년 후 다시 위기에 빠진 한겨레가 한목소리로 불러내자 다시 대표이사로 돌아와 일을 했다. 재직 시절 어느 날 논설위원으로 일하는 나를 정태기 대표가 불렀다.

　"친구(이해찬)가 국무총리와 통일부 장관(정동영)으로 일하고 재계에도 인맥이 많으니 신문사를 위해 광고 업무를 맡아 보는 것이 어떻겠느냐?"라는 것이었다. 나는 평소 회사를 살리는 일이라면 어떠한 일이든 흔쾌히 나설 각오였다. 그래서 그의 부탁대로 광고 담당 임원으로 자리를 옮겼다. 삼성그룹의 홍보담당 책임자가 고교 후배인 언론인 출신 이 아무개였는데, 내가 그와 가까웠고 주요 대기업 대표와 주요 임원들 가운데 동창생들이 적지 않았던 것이 내가 자리 이동을 한 심리적 배경으로 작용하지 않았나 회고한다.

　광고 책임자로서 삼성의 이학수 부회장을 만나 협찬금을 대폭 올린 일이 가장 기억에 남는다. 매년 40억 수준의 협찬금으로는 회사 경영에 크게 부족했을 때였다. 나는 삼성에서 120억 원을 도와달라고 부탁했다. "언젠가 삼성에도 한겨레신문과 같은 독립 언론의 기사와 논평이 꼭 절실히 필요할 때가 올 것이다. 때에 따라 정치권력의 부당한 요구를 막아줄 수도 있을 것이지만, 글로벌 기업

삼성이 해외 상담 과정에서 일어날 수 있는 여러 분쟁을 우리가 정확히 보도해 삼성이 불필요한 불이익을 입지 않도록 돕겠다"라는 것이 당부의 취지였다. 협상 끝에 가장 많은 협찬금을 받아내는 성과를 얻었다.

대기업이 정한 광고요금 단가의 인상도 이뤄졌다. 주요 대기업 광고 단가가 우리보다 부수도 적고 매체력이 약한 한국일보보다 턱없이 낮은 점이 그 근거였다. 이 시기에 LG 그룹의 단가조정을 필두로 대기업의 책정 광고 단가가 일제히 인상된 것은 큰 보람이다. 이 밖에 정부의 DMB 사업 파트너로 SBS와 함께 꾸린 컨소시엄이 선정되는 바람에 SBS 측으로부터도 현금 3억 원과 방송장비를 공급받은 것도 업적이 될 수 있을지 모르겠다.

자본잠식 위기에 빠진 신문사에 구원투수로 왔던 그는 임기 2년을 못 채우고 다시 야인으로 돌아갔다. 그가 한겨레를 떠난 것은 한겨레 사람들에게 아픈 상처로 남아 있다.

그 뒤 정태기 선배는 오대산 월정사 기슭에 텃밭이 딸린 집을 마련해 야생화를 심고 가꾸었다. 가끔 후배들 자제 혼사에 얼굴을 드러내긴 했지만, 서울에 올라오는 일은 드물었는데, 그때마다 얼굴은 검게 탄 야윈 모습으로 바뀌어갔다.

나는 한겨레 창간에 참여해 사건기자와 시경 캡, 데스크 부장으로, 또 논설위원으로, 광고 책임자로, 다시 논설위원으로 근무하다가 21년 만에 신문사를 떠났다. 한겨레의 경영이 어려운 탓에 나 같은 나이 든 기자가 솔선해 자리를 비워줌으로써 젊은 신입기자를 좀 더 채용하도록 한 자발적 결단이었다. 정태기 대표 시절 비서실장을 했던 후배가 제의한 자리도 있었으나 여러 사정이 생겨 그 자리로 가지는 않았다. 그 대신 그가 하는 에너지 관련 사업이 잘될 수 있도록 옆에서 돕고 싶었다. 그가 하는 일은 바이오에너지 사업이었는데, 인도네시아와 말레이시아, 미얀마 등지에서 키우는 자트로파와 팜 등의 식물성 기름을 수입해 만든 디젤유를 정유회사에 납품하는 것이었다. 당시 법규에 따르면 디젤 자동차라면 일정 비율의 바이오디젤을 함께 주유하도록 돼 있었다. 이 사업이 잘되기 위해서는 국내 굴지의 정유회사 관계자들을 만나 납품을 성사시키는 것이 급선무였다. 마침 나의 고교 선배와 동창생이 상위 2, 3위에 꼽히는 정유회사 오너였고, 그들과의 상담도 잘되어 납품이 순조롭게 모두 성사됐다. 쌍용정유(현 S-oil)에도 고교 후배인 한 임원을 통해 납품 담당을 만났고 협상에도 성공했다. 4대 정유사 중 3개사에 납품 계약이 이뤄진 만큼 사업은 탄탄대로를 걷게 되었다.

잇따른 계약 성공에 힘입어 후배가 하는 사업은 창업한 지 불과 1년도 안 돼 바이오에너지 업계의 압도적 1위 기업으로 급성장해 나로선 큰 보람을 느낄 수 있었다. 그러나 그렇게 잘 나가던 회사가 몇 년 뒤에 파산해 아쉬움과 안타까움을 남긴다. 정유사와 원료 수입단가에 연동해 납품가를 유동적으로 책정해 계약을 했어야 하는데 이를 소홀히 한 탓이다. 거기에 엎친 데 덮친 격으로 리먼 브러더스 사태로 인해 발생한 환차손이 감당할 수준을 넘은 것이다. 이 기업에는 정태기와 권근술도 그를 도와준 것으로 알고 있다. 몇 차례 함께 만난 적도 있다. 지금도 그 후배는 그때 정 선배가 베풀었던 고마움을 잊지 않고 있다고 말한다.

그러던 어느 날 한겨레 후배들이 그를 초대한 모임을 준비했다. 약속 시간이 훨씬 지나도록 그가 모습을 드러내지 않아 전화를 했더니 정태기 선배는 약속도 까맣게 잊어버리고 자신은 평소 모임에 잘 안 나간다는 반응을 보였다. 참석한 열 명 넘은 사람들이 모두 깜짝 놀랐다. 참으로 총기가 좋았던 정 선배의 건강이 날로 악화되고 있었던 것이다.

정태기 선배는 2020년 10월 타계했다. 평생 공성이불거功成而弗居(공을 이루나 거기에 머물지 않는다)의 정신으로 살아온 당신의 뜻대로 자신이 삶의 말년을 보냈던 오대산 근처 월정사 기슭에 수목장으로 묻혔다. 평생의 동지인 권근술 선배(2020년 3월 타계)와 앞을 다투어 돌아간 것이다. 한겨레는 2020년에 한겨레와 언론계 전체에 '다시 없을 두 큰 별'을 잃었다. '功成而弗居'라고 쓰인 편액은 지금도 한겨레신문사 대표이사 자리 바로 맞은편에서 한겨레 사람들을 지켜보고 있을 것이다.

功成而弗居 — 고급 정론지를 꿈꾼 이상주의자

권태선
방송문화진흥회 이사장, 한겨레신문 전 편집국장, 편집인

정태기 선배를 생각하면 가장 먼저 떠오르는 게 노자의 『도덕경』에 나오는 '공성이불거功成而弗居'라는 문장이다. 1995년인지 1996년인지 정확히 기억은 나지 않지만 무슨 모임에 함께 참석했다가 정 선배의 차에 편승해 집으로 돌아가는 길이었다. 정 선배는 이미 한겨레신문을 떠났고, 나는 국제부에 근무하고 있었다. 정 선배는 그날 치 한겨레신문에 실린 몇몇 기사를 날카롭게 분석·비판하면서 후배들의 분발을 요구하셨다. 선배의 분석과 비판에 한 치의 그름도 없었지만 계속되는 비판에 좀 심통이 났던 모양이다.

"선배, 그렇게 아끼는 한겨레를 왜 떠나셨어요? 선배를 좋아하고 존경하지만, 그래도 한겨레를 떠나지 않고 남아 있는 선배들이 더 좋아요!"라고 말해버린 것이다. 말한 나도 당황했고, 그런 말을 들은 선배도 당황스러웠던 상황. 얼마간의 침묵이 흐른 뒤 선배가 말했다. "공성이불거功成而弗居!" '공을 이루었다 해도 그것에 머무르지 않는다.' 한겨레를 만드는 데 공이 있다 하더라도 그 만든 공을 주장하지 않고 떠났다는 의미일 터다.

선배가 왜 한겨레를 떠나야 했는지 자세히는 알지 못한다. 다만 창간 당시의 풍경을 떠올려 보면, 선배에게 그런 말을 해서는 안 됐었다는 것만은 분명하다. 한겨레신문 창간이라는 사건은 수많은 사람이 함께 노력한 결과의 산물이지만, 정 선배의 혁신적 아이디어와 추진력이 없었더라면 불가능한 일이었다는 것 또한 부인할 수 없는 사실이다. 그렇지만 정 선배의 바로 그 부분을 불편하게 여기는 사람들도 없지 않았던 것이 창간 당시의 상황이었다.

내가 한겨레에 입사한 것은 1988년 2월이었다. 창간자금 50억 원이 다 모이고 기자를 비롯해 한겨레에서 일할 사람들이 속속 모여들기 시작할 무렵이었다. 당시 안국동에 있던 창간사무국을 찾아가 정 선배에게 "저도 이젠 여기 와서 일하겠습니다"라고 말씀드렸다. 하던 일을 정리한 후 새 신문에 참여하겠다고 이미 밝혔던 터라, 당연히 환영한다고 하실 줄 알았는데 선배의 대답은 의외였다. "아니, 그건 나한테 이야기하지 말고, 임재경 선배나 권근술한테 이야기하게. 난 기자 뽑는 일엔 관여를 안 하기로 했거든." 조금 섭섭하기도 하고 의아하기도 했던 정 선배 말씀의 배경은 신문사로 출근하면서 조금씩 이해하게 되었다.

출근한 지 한 달 남짓 된 어느 날이었다. 평소 가깝게 지내진 않았지만, 알고는 있었던 동아일보 해직기자 출신의 한 선배가 이 사람 저 사람 품평을 하다가, 나를 향해 뜬금없이 "당신은 정태기 편이잖아"라고 말하는 것이었다. 1980년 다니던 신문사에서 해직되기 전부터 정태기 선배를 알고 존경해왔던 것은 사실이다. 정 선배를 처음 알게 된 것은 권근술 선배가 만든 출판사 '청람'에 근무했던 지금의 남편을 통해서였다. 청람은 1970년대 해직 언론인 선배들의 사랑방 같은 곳이었다. 그곳을 드나들며, 풋내기 기자였던 나는 언론자유를 지키기 위해 해직이라는 고통까지 감내하신 선배들을 존경하고 따랐다. 내가 1980년 전두환 정권에 의해 해직됐을 때, 그 선배들은 용돈을 주는 등 이런저런 도움도 주셨다. 특히 정 선배는 둘 다 실업자가 된 우리를 위해 직장을 알아봐주기도 하셨다. 이 정도였으니 정 선배와 가깝지 않다고 말할 수는 없었다.

그러나 그렇다고 내가 '정태기 편'이라고는 생각하지 않았다. 아니, 오로지 국민의 편에 서는 민주적 신문을 만들자는 뜻 하나로 모인 사람들이 '누구 편,' '누구 편' 하며 편을 가르리라곤 상상도 하지 못했다. 그런데 일부에서 벌써 선 긋기를 시작했고, 그런 사람들에 의해 많은 이들이 영문도 모른 채 '누구 편' '누구 편'으로 분류되고 있다는 사실이 너무나 당혹스러웠다.

하지만 한겨레신문의 창간 과정을 돌이켜보면, 그런 일들은 바람직하진 않아도 불가피했던 측면이 없지 않았으리라는 생각도 든다. 한겨레신문의 창간은 한국 언론사, 나아가 세계 언론사에도 한 획을 긋는 사건이었다. 대주주 없이 시민들의 쌈짓돈만 모아 권력과 자본에서 독립한 신문을 만든다는 것은 당시 어느 누구도 생각하지 못한 독창적인 방안이었다. 그러나 권력과 자본에서 독립한 언론이란 대의에 동의해 한겨레에 동참한 사람들 사이에도 그러한 목표를 어떻게 이뤄갈 것인가에 대해서는 의견들이 갈렸다. 「르몽드」나 「뉴욕 타임스」 같은 고급 정론지를 만들어야 한다는 의견이 한 켠에 있는가 하면, 좀 더 대중적인 신문을 지향해야 한다는 의견도 있었다.

정 선배는 고급 정론지를 꿈꾸는 쪽이었을 것이고 나를 정태기 편이라고 말했던 분은 아마도 좀 더 대중적 신문을 지향하는 쪽이었지 않을까 짐작한다. 이런 노선의 차이는 내부의 건강한 토론을 통해 해소되어야 했을 터이지만, 한겨레 창간 당시에는 그 차이가 당시 우리 사회의 주요 갈등 요소였던, 정치적·지역적 갈등과 포개져 건강한 토론을 가로막았다. 너나없이 다른 이의 의견을 경청하고 자신의 입장을 되돌아보며 차이를 좁혀가려고 노력하는 대신, 자의적인 판단에 따라 쉽게 사람을 구별 짓고 손가락질하는 게으른 선택을 하는 경향이 없지 않았다.

고급 정론지를 추구하는 정 선배에 대한 흔한 비판은 '엘리트주의자'라는 것이었다. 요즘 한창 화제인 챗GPT에 '엘리트주의자'에 대한 정의를 물으니, 이런 답이 나왔다.

"The term 'elitist' refers to someone or something that supports or promotes the idea of a select group of individuals considered to be superior or privileged, often based on their wealth, social status, education, or other exclusive qualities. Elitism suggests a belief in the superiority of a particular group or class, leading to the exclusion or marginalization of others who do not meet the established criteria.

(엘리트주의자란 부나 사회적 지위, 교육 또는 그 밖의 배타적인 자질을 이

유로 선택된 그룹의 사람들이 우월하거나 특권을 갖는다는 생각을 지지하는 사람인데, 이런 생각을 갖게 되면 일정 기준을 충족하지 못하는 사람들을 배제하거나 주변화시킬 수 있다는 것이다.)"

그런데 내가 정 선배에 대해 관심을 갖게 된 것은 그가 젊은 시절부터 엘리트주의를 무척이나 경계했다는 점 때문이었는데 그에 대한 주된 비판이 '엘리트주의자'라는 것이라니 참 아이러니하다. 신참 기자 시절 어떤 선배로부터 '최영오 일병 사건'에 관해 정 선배가 「대학신문」에 쓴 글에 대해 들었는데 그 이야기가 내겐 무척 인상적이었다. 군 인권 문제 등을 거론하기 위해 지금도 곧잘 소환되는 이 사건은 서울대 출신의 최고 엘리트가 군대에서 그를 괴롭혔던 선임병을 살해하고 결국 사형에 처해짐으로써 당시 큰 논란을 불러일으켰다고 전해진다.

사건이 발생한 1962년 최영오는 학보병으로 육군에 입대해 근무 중이었다. 학보병 제도는 대학 재학 중 군대에 입대하면 3년이던 군 복무 기간을 1년 6개월로 단축해주는, 대학생에게 상당한 특혜를 주는 제도였다. 사건은 선임병들이 최 일병의 애인이 보낸 편지를 번번이 먼저 뜯어보고, 그 내용을 가지고 놀려대면서 시작됐다. 최 일병이 이에 반발해 항의하면 선임들은 오히려 구타나 기합으로 응답했다. 결국 이 상황을 견디다 못 한 최 일병은 문제의 선임 두 명을 총으로 살해했고, 상관살해죄로 당시 군법에 따라 처형됐다. 이 사건에는 지금도 크게 문제가 되는 군대 내의 인권 문제와 함께, 학력에 따른 차별을 제도화한 학보병 제도, 상관을 살해하면

무조건 사형으로 다스리는 군 형법의 문제까지 다양한 논쟁점이 개재돼 있었다.

　최 일병이 재학 중이던 서울대 주변에서도 사건 발생 후 다양한 움직임들이 벌어졌다고 한다. 재학생과 동문을 중심으로 최 일병에 대한 대대적인 구명운동이 벌어지고, 서울대 교내신문인 「대학신문」에서도 관련 보도가 이어졌다. 「대학신문」은 살해된 선임병들이 중졸 출신이라는 점을 부각하며 사건의 원인을 이들의 대학생에 대한 열등의식과 특혜를 받는 학도병에 대한 반감에서 찾았다. 심지어 일부 학생들은 서울대생의 이름으로 재학 중의 학업 실적을 입대 후에도 계속 보장할 수 있는 대책을 요구하는 결의문까지 발표했다.

　정 선배가 대학신문에 기고한 「지식인의 자세」라는 글은 바로 이런 서울대생들의 태도를 정면으로 비판하는 글이었다. 당시 법대 2학년에 재학 중이던 그는 이 글에서 최 일병 사건이 일어나자 제일 먼저 신문을 장식한 단어가 '열등의식'이었음을 문제 삼았다. 중졸인 선임들이 열등의식 때문에 대학생인 최 일병을 괴롭혔다는 주장은 학생들의 편견의 산물이라는 것이다. 그리고 위에 언급한 결의문을 두고는 지식을 특권으로 아는 착오가 대학의 양심을 의심하게 만든다고 질타했다. 극소수의 사람만 대학에 들어가던 시절, 지식을 특권이 아니라 책임으로 인식한 스무 살 청년은 "한 나라의 지성인의 자세는 침몰해가는 배의 선장의 그것과 같은 것이어야 한다"라고 주장했다.

바로 이 글에 그가 왜 일평생 고급 정론지에 대한 꿈을 버리지 못했는지 이해할 수 있는 단초가 있는 것 같다. 지식인이 특권적 존재가 아니라 사회를 끝까지 책임지는 버팀목이 되어야 하는 존재라고 여겼기에, 그 지식인들을 올바른 판단으로 이끌어 사회적 책임을 다할 수 있도록 견인하는 고급 정론지가 중요하다고 여기지 않았을까 싶다.

한겨레를 통해 이루려던 고급 정론지에 대한 꿈은 그가 1990년 한겨레를 떠나면서 일단 좌절됐다. 그러나 그 후 15년쯤 뒤 후배들이 위기에 처한 한겨레의 구원투수가 되어주기를 요청하면서 그는 다시 그 꿈을 펼쳐보고자 했다. 그는 그 꿈을 위해 스무 살도 넘게 차이가 나는 후배와 투표로 겨루는 일까지 감내했다.

2005년 2월 대표이사에 당선된 정 선배와 나는 사장과 편집국장으로 호흡을 맞췄다. 경영과 편집의 분리, 편집권의 독립을 생명으로 삼아온 한겨레였기에, 정 선배가 나날의 지면에 개입하는 일은 단 한 번도 없었다. 다만, 그는 양질의 신문을 만들 수 있는 시스템을 구축하기 위한 제도 개혁은 적극적으로 지원했다. 정 선배의 지지에 힘입어, 출입처에서 제공되는 보도자료에 의지하는 기사 대신 깊이 있는 심층보도를 하기 위한 에디터 팀제와, 기자 전문화를 목표로 한 '자기경력 관리제'도 만들었다. 또 오랜 취재 경험을 지닌 부장급 이상의 기자들을 현장으로 돌아갈 수 있게 하는 선임기자제도 질 높은 기사 생산을 위해 만들어진 제도였다.

이와 더불어, 정 선배는 한겨레의 자산인 신뢰를 회복하기 위해서도 남다른 노력을 했다. 기자들이 취재할 때 지켜야 할 상세한 기준을 담은 취재보도준칙을 만들고, 그동안 한겨레의 시행착오를 반성하고 다시 독자와 주주의 신뢰를 얻기 위한 제2창간운동을 대대적으로 펼쳤다. 또 주주와 독자 및 시민의 시각으로 지면을 평가하는 시민편집인 제도도 새롭게 도입했다.

그러나 그런 노력이 충분한 결과를 맺는 데까지 이르진 못했다. 그렇게 된 데는 사원들이 퇴직금을 출자금으로 전환하지 않으면 안 될 정도로 취약했던 물적 토대와 창간 당시와 달라진 언론 환경 등 여러 가지 이유가 있을 것이다. 그러나 가장 큰 원인은 사장 직선제에서 비롯된 폐해인 한겨레 내부의 갈등 구조 속에서 정 선배가 추진해온 혁신의 방향과 속도에 대한 불만을 조장하고 부추기는 세력이 있었기 때문이었던 것 같다.

편집국장을 마치고 순회특파원으로 일하던 2007년 초, 베트남과 캄보디아 등지에서 결혼이민자 문제를 취재하고 돌아오니 정 선배는 임기를 1년 이상 남겨놓고 사표를 낸 뒤였다. 새 편집국장 지명자에 대한 동의투표가 부결된 것이 이유였다고 전해 들었다.

비상경영 체제까지 갈 정도로 위기에 처했던 한겨레를 구해서 자신이 오랫동안 꿈꿔왔던 고급 정론지로 탈바꿈시키려던 정 선배의 꿈은 그렇게 다시 좌절을 맞았다. 제2창간을 한다는 마음으로 온 힘을 다해 노력했지만, 그는 그렇게 다시 표표히 한겨레를 떠났다. 그때도 정 선배는 '功成而弗居'를 되뇌었을까?

하지만 최근 한겨레를 위시해 한국 언론계가 직면한 심각한 신뢰의 위기를 보면서, 2005년 당시 정 선배가 제시했던 '신뢰할 수 있는 고품질 신문'이라는 목표가 한겨레에서 제대로 실현되지 못한 것이 너무나 아쉽다.

어느 지혜로운 이의 고독

정남구
한겨레신문 논설위원

정태기 사장님을 모시고 일한 게 벌써 20년 다 돼가는 옛날 일이 됐습니다. 많은 일이, 기억이 가물가물합니다. 저는 정태기 사장님께서 취임하신 2005년 3월부터 논설위원으로 일하다가, 11월에 신설된 전략기획팀(곧 전략기획실로 확대 개편)에 합류해 1년가량 지근거리에서 일했습니다. 저는 1995년 공채 8기로 입사했으니, 사장님을 가까이서 모시고 일한 한겨레 식구 가운데 막내일 것입니다.

사장님을 떠올리면 가장 먼저 생각나는 것은 2006년 가을 설렁탕집 마포옥에서 뵌 일입니다. 전략기획실에서 일하고 있던 저는 그때 영국과 독일 「메트로신문」 시장을 파악할 게 있어 출장을 떠나려던 참이었습니다. 출발 전날 점심을 사시겠다고 제가 일하고 있던 사옥 바깥 사무실 근처로 일부러 찾아오셨습니다. 점심을 사주시고는 사장님께서 신용카드를 내미셨습니다.

"출장비가 한참 부족할 텐데, 이거라도 갖고 가서 쓰시게." 경영관리직군에겐 해외출장신청서 양식조차 없던 때였습니다. 예비비를 받아놨으니 걱정 마시라고 카드는 돌려드렸지만, 안쓰러워하시던 표정이 지금도 잊혀지지 않습니다.

사장님은 경영을 구상하는 사고의 폭이 남달랐습니다. 그때 저는 사장님의 지시에 따라, 경영위기 상태에 놓인 한 일간신문사를 인수할 경우 어떻게 경영 시너지를 낼 수 있을지, '전국지+메트로 페이퍼 동시 발행'이 성공할 수 있을지 연구해 보고하는 임무를 맡고 있었습니다. 회사를 떠나 작은 사무실을 하나 얻어, 저는 국내 서울수도권 뉴스 시장과 유럽의 메트로 페이퍼 경영사례를 연구했고, 모 대학의 교수 한 분이 미국 사례 연구를 맡았습니다. 서형수 전 대표가 프로젝트를 지휘했는데, 사장님께서 예정보다 1년 일찍 회사를 떠나시면서 이 프로젝트는 결국 실행에 옮겨지지 않았습니다.

그보다 몇 달 앞서 있었던 일도 기억에 생생합니다. 사장님께서 아침에 저를 찾으셨습니다.

"정남구 씨(사장님께서는 저를 이렇게 부르셨습니다), 한 층에 우리 편집국 전체가 들어갈 만한 건물이 있는지 좀 알아봐주세요. 아니면, 한 층 면적이 가장 넓은 건물이 뭔지 알아보세요."

사장님께서는 사옥이 사대문 밖 조금 외진 곳에 동떨어져 있는 것, 편집국이 몇 개 층에 분산돼 있어 신속한 의사소통이 어려운 것을 해소해야 한다는 생각을 내려놓지 않으셨습니다.

제가 기획한 일 가운데, '인터넷한겨레'에서 초록마을만 남기고 인터넷 사업 부문만 인수하는 일이 있었습니다. 1999년 설립한 인터넷한겨레는 자본잉여금(주식발행초과금)으로 적자를 메우고 있었습니다. 신문사와 거래를 거쳐 손익이 0이 되는 구조로 별도법인을 설립해 분사시키고, 나중에 합병하기로 했습니다.

신문사별로 '뉴스 포털'을 만들겠다는 전략이 실패한 이후, 디지털 전략은 큰 고민거리였습니다. 마침 언론재단이 언론사들한테 뉴스 저작권을 신탁받아 저작권 판매 창구를 단일화하겠다고 신탁을 제안했습니다. 인터넷한겨레 쪽의 반대가 있었지만, 저는 신탁을 해야 한다고 주장했습니다. 조중동이 참여하지 않기로 한 가운데, 한겨레가 참여함으로써 저작권 신탁사업은 돛을 올릴 수 있었습니다. 한겨레신문사 대표이사가 지금까지 디지털뉴스협회장을 계속 맡고 있는 이유입니다.

사장님께서는 그때 몇 푼 벌자고 포털에 뉴스를 공급하는 것을 빨리 중단하고 철수해야 한다고 말씀하셨습니다. 한동안 외롭고 힘들었을 수도 있지만, 신속하게 그 경로로 가는 길을 구체화하지 못한 것이 후회막급입니다. 그 뒤 어느 경영자도 포털에서 받는 돈을 포기하지 못했고, 결국 디지털 전략은 포털에 종속되고 말았습니다.

제가 전략기획팀에 합류한 때는 '제2창간 운동'이 기대했던 성과를 내지 못하고 있던 때입니다. 200억 원으로 목표를 세운 한겨레 발전기금 모금액은 21억 원에 그쳤습니다. 하지만 한겨레의 자체 역량과 그동안 한겨레가 걸어온 길에 대한 시민사회의 평가를 냉정하게 돌아볼 수 있는 계기가 됐습니다. 그것이 전략기획실을 만들어, 독자관계 관리 강화, 지면 혁신, 경영관리 혁신을 추진하는 밑거름이 됐습니다.

제 기억을 종합하면 사장님께서는 그때 "이제 싸우는 신문에서 벗어나 품격 있는 신문을 만들어야 한다"라고 주문하셨습니다. 전략실은 한겨레 브랜드의 핵심 가치를 '신뢰'로 잡았습니다. 신뢰도 향상을 지면과 경영 혁신의 핵심목표로 삼았습니다. 취재보도준칙을 만들고, 시민편집인제도를 도입하고, 지면 구성을 타깃 독자인 화이트칼라 중심으로 바꾸었습니다. 한겨레는 신뢰도 평가에서 압도적인 1위를 이어 나갔고, 광고 수입이 크게 늘어나며 흑자 경영이 자리를 잡았습니다. 이제는 변화를 요구받고 있지만 지금까지 한겨레신문사를 지탱해온 단단한 틀은 그때 거의 새로 만든 것입니다.

저는 사장님께서 회사를 떠나시기 몇 달 전인 2006년 11월 논설위원으로 돌아가라는 명을 받았습니다. 돌아가기 전 사내에서 익명 게시판을 중심으로 정태기 사장의 경영성과를 둘러싸고 논쟁이 있었습니다. 저는 왜곡과 잘못된 비판에 실명으로 반박하곤 했습니다. 피곤한 일이었습니다. 어느 날, 제 책상 위에 한 통의 편지가 놓여 있었습니다. 사장님께서 두고 가신 것이었습니다. 거기에 논어의 한 구절이 적혀 있었습니다. '民可使由之 不可使知之(민가사유지 불가사지지)'. 제가 안돼 보였던 모양입니다. 싸우지 말라는 뜻이었습니다. 그 글귀는 '역시 정태기는 엘리트주의자'라고 비판하기에 딱 좋은 증거일 수도 있습니다. 하지만 제가 본 것은 '탁월한 지혜를 가졌으나 사람들이 제대로 알아보지 못하는 이의 고독'이었습니다. 몇 달 뒤 회사를 떠나셨습니다. 회사에 대한 걱정을 다 털어내지 못한 채 떠나시게 한 게 지금도 죄송할 뿐입니다.

성공으로 이끈 매그넘 코리아 프로젝트

하수정

북유럽 전문가, 한겨레 전 미디어카페 사업팀장

한겨레 사사에는 없는 이야기

한겨레신문사에서 막내였던 시절에 당시 사장이었던 정태기 사장님이 부르시더니 "자네에게 맡길 일이 있네. 앞으로 한겨레의 먹거리가 될 만한 거야. 이걸 잘 끌고 가면 사진전寫眞展에 있어서는 한겨레가 최고가 될 수 있을 걸세" 하고는 한겨레 창간 이래 가장 큰 투자였던 매그넘 프로젝트 PM을 맡기셨다. 전시야 보는 건 좋아해도 아무것도 몰랐는데 친구에게 말해놓았다며 한 달 동안 주말마다 세종문화회관에 출근해 전시를 배우라고 하셨다.

매그넘 코리아 프로젝트는 한겨레 창간 20주년 기념사업으로 매그넘 작가 20명을 초청해 한국을 촬영한 이미지로 사진집을 만들고 전시회를 하는 국제 프로젝트였다. 세계 곳곳에 있는 작가별로 주제며 일정 조율하느라 (야근 수당도 없이) 늦게까지 일하는 밤이 많았지만 지금 와서 생각하면 젊어서 고생은 사서 해도 된다는 말이 맞는 것 같다. 협상, 계약… 거기다 매그넘 코리아 영문판을 뉴욕의 노튼 출판사와 진행했기 때문에 사진집 제작, 시퀀싱, 페어링, 큐레이팅 등을 최고의 에디터(매그넘 전담이자 노튼 부사장이었던 Jim Mairs)와 함께 하면서 정말 많이 배웠다. 아무것도 모르는 나에게 큰 기회를 주신 정태기 사장님께 감사하는 맘을 늘 갖고 있다.

2006년에 프로젝트를 시작하면서 도쿄에 있는 매그넘 아시아 지역 에이전시에 가서 조건을 협의하고 계약을 체결했다. 계약 내용을 하나하나 점검하고 때로는 나보다 나이가 한참 많은 그쪽 담당과 언쟁을 하기도 했는데, 사장님이 나중에 "그렇게 해서 이기면 기분이 좋은가? 우리가 돈을 주는 쪽이라도 좀 져주면서 일하게" 하셨다. 그 말씀이 마음에 오래 남았다.

사장은 비행기의 비즈니스를 타도 됐지만 이코노미를 타셨고, 항공사 직원이 어디서 연락을 받았는지 빠르게 수속되게끔 안내한다고 했을 때도 "한겨레 사장은 그런 거 없다"라며 함께 줄 서서 수속하고 나갔다. 출장 마치고 돌아갈 때 사장님이 고생했다며 선물로 산세이도 서점에서 영영사전을 사주셨다. "나도 대학 때 이걸로 공부했네" 하시면서. 평생 그렇게 맘에 안 드는 선물은 처음 받아봤다.

한 번은 사장실에 프로젝트 보고하러 들어갔을 때 담배 냄새가 나길래 "사장님, 여기 금연빌딩입니다" 했더니 그다음부터 몇 주간 옥상에서 담배를 피우셨다고 들었다. 그러다가 어느 날 보고를 하러 들어갔는데 마치고 나가는 길에 부르시더니 "내가 옥상에 올라가 담배를 피우면 사원들이 다 내려가. 내가 쉴 공간을 뺏는 것 같아 안 되겠네. 자네가 이해를 좀 하게" 하셨다. 임기 중간에 사퇴하실 때 인사드리러 갔더니 "자네에게 미안하네" 하셨다. 신입사원의 패기였는지 무슨 일이 있어도 끝까지 해내서 전시장에 정태기 사장님을 초대하고 싶었다.

외국 작가들은 한국 이름을 외우기 어려워해서 자기들끼리 한겨레 고위층 인사들에게 별명을 붙여서 이야기했다. 사진가들이 오면 노래방에 데려가던 분은 가라오케 리, 잘 웃는 분은 미스터 스마일, 정태기 사장님은 젠틀맨이었다.

이후에도 연락을 주고받는 매그넘 사람들은 정태기 사장님 안부를 빼놓지 않고 물었다. 오늘 아침에 부고를 듣고 쿠보다 히로지 선생님께 연락을 드렸다. 어떻게 조의를 표할 수 있을지 알아봐달라고 하셨다. 쿠보다 선생님과 정태기 사장님은 동갑이신데, 전해오는 담담한 슬픔에 마음이 무겁다.

"민주주의는 한판의 승부가 아닙니다" 하는 슬로건으로 1988년에 신문사를 세우겠다며 크라우드 펀딩을 시작하신 분, 나이와 상관없이 한겨레에서 가장 젊은 감각을 갖고 계셨고 나이에 걸맞은 덕이 있는 분과 함께 일할 수 있었던 것은 한겨레가 내게 준 가장 큰 행운이었다. R.I.P. 정태기 사장님.

정태기 선배를 추모하며

안수찬

세명대 저널리즘대학원 교수, 한겨레신문 전 기자

2020년 10월 15일 오후 5시, 필자의 페이스북 계정에 '친구 공개'로 올렸던 잡문을 조금 다듬어 싣는다. 부정확한 정보와 적절치 않은 표현이 있겠지만, 그런 내용은 그냥 뒀다. 공연히 바로 잡기보다는 그날의 마음을 그대로 전하는 게 낫지 싶다. 울컥하여 휴대폰 화면을 두들겨 쓴 문장은 아무짝에도 쓸모없기 마련인데, 앞뒤 없는 글을 추모집에 실어주시겠다니 새삼 창피하고 죄송하다. 시간이 많이 지났어도 여전히 그러하다.

기억과 짐작

오늘 한겨레신문사의 회사장으로 영결식을 열었다는데, 가보지 못했다. 마음 깊은 곳에서 조용히 기억을 끌어올려 더듬어보는 것도 애도의 방법이라고 변명해본다.

나는 그를 제대로 겪지 못했다. 잘 알지 못한다. 기억과 짐작을 뒤섞어 쓰는 이 글에는 비약적 추론이 상당히 많을 것이다. 다만 나보다 젊은 (한겨레) 기자들을 떠올리며, 무엇이건 적고 싶었다. 정태기 선배는 지금쯤 가을볕 아래 누웠을 것이다. 볕이 노을로 번지기 전에 후다닥 쓴다.

신화와 동화

1997년 가을, 한겨레에 입사했을 때, 신문사는 창간 10주년을 앞두고 있었다. 입구에 송건호 선생의 흉상이 있고, 신입 기자 교육하는 자리에 리영희 선생이 들어와 이야기하고, 엘리베이터에서 마주친 정운영 선생에게 인사할 수 있어 마음이 참 좋았다.

당시 신문사 사장, 편집국장, (내가 소속한) 사회부의 부장, 차장, 팀장, 심지어 1진 선배 기자까지 감옥에 다녀온 이들이었다. '자신의 당대를 가장 열심히 살아온 사람들이 모인 곳이구나'라고 그때는 생각했다.

현실에는 '신화와 동화'의 자리가 없다. 가까이 목격하고 겪으면서 알게 된 현실이 있었다. 첫째, 한겨레 창간을 이끈 이들 가운데 서울대 출신이 매우 많았다. 이 신문사가 엘리트주의 조직이 아닌지 의심이 들었다. 둘째, 창간 주역 가운데 동아일보 해직기자와 조선일보 해직기자 사이에 미묘한 긴장이 있었다. 남들이 보기엔 '동지'나 다름없는 그들 사이에 무슨 차이가 있는 것인지 궁금해졌다. 셋째, (한 번도 만난 적 없고, 입사 전에는 이름조차 들어본 적 없는) 정태기라는 인물이 자주 화제에 올랐고, 그때마다 주변 선배의 반응이 엇

갈렸다. 거의 즉각적으로 호기심이 일었다. 이들의 젊은 시절에 무슨 일이 있었을까. 그는 누구일까.

기자와 엘리트

1970년대만 해도 인문·사회과학을 전공한 인텔리들에겐 취직할 곳이 마땅치 않았던 것 같다. 지금은 기자라는 직업이 무시와 조롱의 대상이 됐지만, 당시만 해도 서울대에서 법학과 정치학을 공부한 이들 가운데 상당수가 신문사에 취직했다. 아마 그들에게 법학과 정치학은 정의의 학문이었던 것 같다. 한국 현대사의 아주 짧은 시절 동안, 정의를 구현하려는 엘리트들에게 최고의 직업은 기자였다.

그랬던 이들 가운데 가장 꼿꼿하게 살았고, 살고 싶었던 젊은 기자들이 군부에 의해 해직됐다. 그러니 1975년 해직기자들은 당시 한국의 초엘리트 집단이라고 봐도 무방할 것이다. 특히 그 시절 동아일보는 (신문과 방송을 통틀어) '1등 언론'이었다. 동아일보는 정치부, 조선일보는 경제부, 한국일보는 사회부라는 말도 있었다. 경제가 별 볼 일 없고, 사건·사고 말고는 사회면 기사거리가 없었던 시절, 정치부는 언론의 꽃이었다. 동아일보는 정치 분야 보도를 이끌었다. 당시 동아일보의 해직기자가 113명이고, 조선일보의 해직기자는 32명이었다. 동아일보의 젊은 기자들은 '자유언론실천운동'에서도 주류였다.

나는 지금, 기자들이 민주주의를 직접 일궜던, 한국 현대사의 어느 시절에 대해 적고 있다. 그 시대의 어느 엘리트에 대해 적고 있다.

정치와 언론

1987년 6월 항쟁 이후, 새롭게 창간하려는 신문의 성격과 지향에 대해 다른 생각을 가진 이들이 한겨레에 모였다. 그들 가운데 상당수는 '운동 또는 정치의 언론'을 꿈꾸었던 것 같다. 그 시절의 운동이나 정치는 오늘날 시궁창에 처박힌 그것과 다르다고 나는 생각한다. 그 운동은 자유언론운동이자 반독재운동이었다. 그 정치는 독재정권에 핍박받던 김대중 또는 김영삼 또는 백기완과 연결된 것이었다.

감히 말하면, 나는 운동과 정치의 파토스를 이해할 수 있다. 심지어 스스로 운동가라고 생각한 시절이 짧지 않았다. 결국 세상을 바꾸는 것은 운동가 또는 정치인이라는 점을 지금도 잘 알고 있다. 다만 그것이 항상 정당하거나 아름다운 게 아니라는 점도 이제 알아차렸다. 저널리즘의 관점에서 보자면, 혁명과 독재는 서로 통한다. 레닌과 히틀러와 마키아벨리의 세상에서 언론은 선전 도구일 뿐이다.

전쟁의 어느 편에 서 있건, 사람 목숨은 반드시 구해야 한다는 신념이 현대 의학의 전문직주의를 형성했다. 이에 비유하자면, 저널리즘은 누구에 이롭거나 아니거나 간에 사실과 진실을 사람의 목숨과 동격으로 다룬다. 적어도 그런 가치와 지향을 품고 있다. 근본적으로 언론은 운동 및 정치와 친연할 수 없다.

1980년대 후반의 한국 언론계에 그런 관념은 희귀했다. 오직 명확한 것은 민주주의였다. 군인들에 맞서 민주주의를 회복하려면 운동과 정치가 필요했다. 언론도 운동 또는 정치의 하나가 되어야 한다는 믿음이 자연스러웠다. 그런 신념을 품었던 해직기자를 함부로 깎아내려선 안 된다고 나는 생각한다. 다만, 그 믿음과 행동은 '좋은 저널리즘'을 비켜 가는 것이었음을 이제는 말해야 한다.

주류와 비주류

그러니 정태기 선배는 너무 일찍 태어난 것이다. 그는 주류와 비주류, 엘리트와 변방, 무엇보다 정치와 저널리즘의 묘한 복합물이었다. 무식한 이들을 좋아하지 않았던 서울대 법대 출신 엘리트였지만, 해직기자를 대표하는 유명 기자는 아니었다. 1등 언론 동아일보가 아니라 2등 또는 3등 신문 조선일보 출신이었고, 정치부가 아닌 경제부 기자였으며, 해직 시절 반독재운동을 대단하게 펼친 것도 아니었다.

다만 그에게는 「뉴욕 타임스」, 「르몽드」, 「가디언」 등 세계 초일류 언론에 대한 깊은 조예가 있었다. 해외여행조차 정권의 허락을 받던 시절, 해외 최고 언론을 동경하며 분석하는 이가 얼마나 됐겠는가. 요즘에 비유하면, 그는 IT 기업을 취재하다 세계 미디어의 최신 흐름을 파악한 뒤, 한국 최고의 미디어 회사를 직접 만들겠다고 결심한 기자 출신 벤처 기업가였다.

1988년 5월 창간 당시, 송건호 초대 대표이사는 61세였다. 대표 논객이었던 리영희 선생도 59세였다. 당시 47세의 정태기는 '첨단 미디어 기업'을 디자인하고, 전략적 고려 아래 '스타 기자'를 모셔왔으며, 마침내 대외적 대표와 대내적 지휘의 자리까지 '시대를 대표하는 언론인'에게 넘겼던 것이라고 나는 이해한다.

그런 꿈을 품었던 미디어 벤처 기업가로선 '운동과 정치를 지향하는 기자'를 좋아하기 어려웠을 것이다. 그런 기자들이 자꾸 한겨레에 모여드는 상황도 좋아하지 않았을 것이다. 짐작하건대, 싫은 마음을 굳이 숨기지 않았던 것 같다. 주변에 싫은 티를 내면, 주변의 미움도 많아진다. 자신이 디자인한 신문사가 창간한 지 4년 만에 그는 사표를 쓰고 떠났다.

사장과 노조

그가 다시 한겨레에 돌아온 것은 2005년 무렵이다. 사원 직접 투표로 사장을 선출하는 이 신문사에서 당시 나는 8년 차의 젊은 기자였다. 그 무렵까지도 '운동의 가치'를 믿고 있었다. 입사 무렵, 선배 세대를 '신화와 동화'의 주인공으로 여겼던 마음은 진작에 깨어져 있었다. 그들이 무능하다고 생각했다. '진보 언론'을 일구기 위한 세대교체가 필요하다고 생각했다.

비슷한 생각으로 뭉쳐 다닌 젊은 기자들 가운데서도 나는 막내였다. 막내였으므로 열성이었다. 그런 우리를 못마땅하게 여긴 선배들이 있었다. 그들은 야인으로 지내던 정태기 선배를 사장으로 모셔왔다. 나는 그를 옹립한 선배들도, 그 결에 끌려 나온 정 선배도 좋지 않았다.

정태기 대표이사 시절, 나는 노동조합 전임자 가운데 하나였다. 노조 미디어 국장의 직함을 얻어, 노보 발간을 맡았다. 전임자이자 담당자였으므로 열성이었다. 한겨레의 지면과 경영을 맹렬히 비판했다. 그 와중에 대표이사가 임명한 편집국장이 사퇴했다. 뒤이어 임명한 편집국장 후보는 기자들의 투표에서 부결됐다. 그것이 자신에 대한 불신임이라고 받아들인 대표이사도 스스로 물러났다. 불과 1년 만에 편집국장 두 명이 물러나고, 취임한 지 얼마 되지 않은 사장까지 퇴임했다. 그 시절, 한겨레에서 가장 힘이 센 것은 노동조합이었다. 나는 그 주동이었고, 책임자 가운데 하나였다.

대표이사가 물러나고, 얼마 지나지 않아 노조 임기도 끝이 났다. 임기 종료 다음 날, 나는 고향 집에서 술 마시다 졸도하여 구급차에 실려 갔다. 온몸이 마비됐는데, 귀만 들렸다. 어머니가 대바늘로 내 팔과 다리를 찌르며 우는 목소리를 들었다. 응급실에 누워서야 깨달았다. 지난 1년 동안 전쟁을 치른 것이다. 내 손에 피가 묻어 있는 것 같았다.

이후 제법 오랫동안 많은 것을 미워했다. 계몽 군주를 기다리는 조직의 무력감이 싫었다. 계몽 군주를 옹립해놓고 제대로 보필하지 못하는 주변 사람들도 좋지 않았다. 그렇다고 그 군주를 쳐내어 버리는 나 자신도 미웠다.

다시, 엘리트

대표이사와 노조 전임자로 마주했던 시절조차 매우 짧았으므로 그 뒤의 일에 대해선 아는 것이 더욱 적다. 오대산인가 지리산에서 밭을 일구며 산다는 이야기를 전해 들었다.

시간이 더 흐른 나중에야 대산농촌문화재단 이사장으로 있던 정태기 선배를 만났다. 한겨레 20년 사사 편찬을 위한 인터뷰를 핑계 삼았지만, 그에 대해 알고 싶었던 것은 이미 다 파악한 뒤였다. 일부러 연락하여 굳이 찾아갔다. 필요하지 않은 질문과 대답을 몇 차례 주고받은 뒤, 나는 예전 일을 꺼냈다. 대표이사였던 선배를 그렇게 대했던 일을 사과했다. 그는 허허허 웃었다. 웃기만 했다. 옛일에 대해 그 이상 말하지 않았다. 다만 나의 건강을 염려했고, 기자의 미래를 상담해줬다.

그 정도의 학력과 경력, 그리고 성품과 능력으로 보자면, 그가 택할 수 있었던 수많은 화려한 길이 있었을 것이다. 그 가운데 어느 길로도 그는 걷지 않았다. 신문사를 제 손으로 만들었지만, 사장과 국장의 자리를 남에게 내줬다. 대표이사로 옹립받았지만, 깨끗이 털고 돌아 나왔다. 그 뒤로도 힘을 부리는 자리에 가지 않았다.

진정한 의미의 엘리트는 공적인 일을 자신의 소명으로 이해하여, 그저 노력하는 데 그치지 않고 반드시 탁월한 성취를 이루되, 성취로부터 개인의 이득을 취하지 않는 사람이라고 나는 생각한다. 정태기 선배는 내가 지금까지 만난 유일한 엘리트다.

미래를 보았던 엘리트의 혜안 덕분에 한겨레의 정초가 마련됐다. 그 정초가 화석으로 남아 지금에 이른다. 혁신 기업과 고급 정론의 흔적이 조각과 파편을 이뤄 한겨레의 30여 년 세월을 채웠는데, 여전히 퍼즐처럼 흩어져 온전한 유기체를 이루지 못했다.

그를 비롯해 한겨레를 창간한 엘리트들은 하나같이 '1등 신문'을 만들고 싶어 했다. 돈이 없으니 언제 망할지 모른다고 걱정하면서도, 한편으로는 '우리가 만들면 최고가 될 수 있다'라는 자부심 또는 자만심을 잃지 않았다.

그 꿈을 이루는 일에 도움이 되지 못하고, 오히려 훼방만 놓았던 나는 한겨레를 창간했던 그의 나이가 되어서야 모든 일의 사정을 알게 됐다. 그는 47세의 나이에 당대 최고의 기자를 모아 신문사를 차렸다. 그 나이를 먹은 나는 기껏 박사 논문 하나 쓰겠다고 이러고 앉았다. 모두가 정치를 바라볼 때, 정말 중요한 것은 언론임을 통찰했던 어느 엘리트가 떠나는 날, 엎드려 인사도 못 하고 있다. 배웅조차 못 하고 이런 글이나 적고 있다.

정태기 사장님의 기억

이원재
초대 한겨레경제연구소장

2006년, 나는 삼성경제연구소 경영전략실 수석연구원으로 일하고 있었다. 6년여 간의 한겨레 기자 생활을 접고 미국 유학을 떠나 MBA를 마치고 돌아와 자리 잡은 곳이었다.

한겨레에서 연락이 왔다. 서울역 도원이라는 중국집에서 정태기 한겨레신문 사장님을 뵈었다. 언론에 대한 본인의 생각을 나누어 주셨다. 한겨레가 '고급지'가 되어야 한다는 말씀도 주셨다. 그러고는 자장면 너머로 인자한 눈웃음과 함께 넌지시 말씀하셨다. "다시 한겨레로 돌아와 미디어전략을 연구해보지 않겠느냐"라고.

당돌하게도 나는 내 생각을 말씀드렸다. 미디어전략에 한정 짓지 말고, 정책을 직접 연구하고 공론화할 수 있는 싱크탱크를 만들자고. 브루킹스나 헤리티지 같은 미국 워싱턴의 싱크탱크가 우리나라에도 필요하다고 생각하던 차였다. 삼성경제연구소가 SERI CEO를 통해 영상콘텐츠 생산자로 변신을 꾀하던 시기이기도 했다.

언론사에서 정책연구라니, 당시로서는 엉뚱한 이야기였을 것이다. 여전히 언론은 '공정한 전달자'라는 인식이 강할 때였다.

나는 그 인식을 넘어서야 한다고 봤다. 곧 인터넷이 지배하는 시대가 올 것이고, 전통 언론은 전달자보다는 의미 있는 메시지의 생산자 역할을 해야 한다고 생각했다. 직접 깊이 있는 콘텐츠를 만들고 차별화된 정책연구로 고유의 색깔과 영향력을 갖추는 게 출발점이라고 봤다.

정태기 사장님은 그 이야기를 의외로 쉽게 받아주셨다. 아마도 '고급지'를 만들어야 한다는 소신과 어울리는 이야기라고 생각하셨던 게 아닐까. 신문사에 찾아가 간부들 앞에서 프리젠테이션할 기회까지 주셨다. 그리고 나는 한겨레로 돌아와 한겨레경제연구소의 첫 번째 소장을 맡았다. 정책싱크탱크를 실제로 운영할 기회를 얻었다.

그렇게 시작된 연구소는 한겨레경제사회연구원으로 훌륭하게 성장했다. 정책연구와 국제포럼으로 지식인 사회에 중요한 허브 역할을 하고 있다.

정태기 사장님은 씨 뿌리는 사람이었다. 정 사장님의 주머니에서 한겨레신문의 씨앗도, 한국형 싱크탱크의 씨앗도, 품격 있는 고급신문의 씨앗도 나왔다. 우리나라 농업 농촌을 키우고 직접 땅을 일구며 말년을 보내신 것은 우연이 아닌 것 같다.

뿌려진 씨앗 중 성장하지 못하고 꺾이는 녀석들도 많다. 그러나 씨 뿌리는 사람이 없다면 그 어떤 씨앗도 기회를 얻지 못한다. 그분의 씨앗이 되어 뿌려졌던 일은 한없는 영광이다. 그때 나는 내 삶을 이끄는, 꺼지지 않는 자양분을 얻었다.

잊으려야 잊을 수 없는, 정태기 사장님에 대한 나의 기억이다.

3
정태기를 생각하며

정태기를 그리워한다

이대공
전 포스코 홍보담당 부사장

    필자는 경기고 시절 정태기를 만났다. 정태기는 경기중학을 나왔으나, 필자는 포항중학을 나온, 소위 타교생이었기 때문에 고교 시절은 정태기와 그렇게 친하게 지내지를 못했다.

    서울대 법대 시절, 정태기는 일찌감치 철학과 사회학 쪽에 관심을 가지고 사법시험이나 행정고시엔 전혀 관심이 없었다.

    판검사나 고위 공직자는 기득권층, 사회 지배계층을 뒷바라지하는 머슴이고 종이라고 했고, 그래서 사법시험이나 행정고시는 한 번도 응시조차 하지 않았다. 시험을 쳐서 엘리트만이 선발되는 서울대 신문기자로 활약했다. 조선일보에 기자로 입사할 때 "그런 좋은 인물을 가지고 왜 기자를 하려고 하느냐"라는 질문을 받았다고 했다. 정태기의 외모는 그만큼 뛰어났다.

    필자가 포스코에서 홍보담당을 하던 시절 정태기는 박태준 당시 사장과의 인터뷰를 요청했다.

    이 사실을 박태준 사장에게 보고했더니 박태준 사장은 "우리나라 사람들은 배고픈 것은 잘 참는데, 배 아픈 것은 못 참는다" "괜히 언론에 보도되었다가 여러 사람에게 씹힌다"라고 거절했다. 필자는 다시 "어정쩡하게 보도되면 씹힐 수 있지만, 조선일보에서 확실한 평가가 나오면 아무도 씹을 수 없습니다"라고 재차 건의했다.

그래서 정태기는 박태준 사장을 인터뷰한 첫 번째 기자가 되었다.

오래전에 조선일보 특집 시리즈 기사였던, "한국인의 파워 엘리트" 기사에 1960, 70년대 경기고 출신의 60%가 서울대에 진학했다고 보도된 바 있다. 그런 경기고를 고교 평준화로 몰락시킨 데 대해 정태기는 당시 국가 지도자를 매우 지탄했다.

필자는 포스코에서 20여 년간 홍보를 맡은 관계로 정태기와 자주 만났고, 포항으로 찾아와서 두주불사하고 마셔도, 결코 뻗는 일이 없을 만큼 술이 세었다. 필자는 오래전에 술을 끊었지만, 정태기가 포항 찾아오는 날은 술 마시는 날이었다. 그는 잘못된 정치 행태에 대해 가차 없는 질책을 하는 애국지사였다. 평생을 현실과 타협하지 않은 외골수였다. 그래서 조선일보에서도 조선자유언론수호투쟁위원회 대표가 된 것일 것이다.

한겨레신문 창간은 정태기의 생각을 딱 그대로 나타내는 일이었다고 생각한다.

정태기의 창간 지원 요청을 박태준 당시 회장에게 보고했더니 "그냥 두면 빨갱이 된다. 도와주라"라고 하셔서 미력이나마 포스코가 그룹 차원에서 창간을 지원했다.

필자는 그 공로로 한겨레신문 창간 10주년인 1998년 5월 15일,

한겨레신문 기자들이 모두 보는 앞에서 권근술 사장으로부터 감사패를 받았다. 정태기 덕분에 받은 자랑스러운 감사패라고 생각한다.

정태기가 작고한 아산병원 영안실에 가보니 김현대 당시 한겨레신문 사장이 조문객을 일일이 맞으며, 한겨레신문 회사장으로 장례를 치른다고 했다.

정태기의 삶에 대한 합당한 예우라고 생각했다. 고교, 대학의 가까웠던 친구들이 매우 아쉬워하는 정태기와의 이별이었다.

그는 뛰어난, 친절한, 겸손한 신사였습니다

쿠보다 히로지

매그넘 포토스Magnum Photos의 사진 작가

나는 정태기 사장님과 그의 부인, 그리고 하수정 씨가 도쿄에 도착한 날을 기억합니다. 2006년 늦가을이었습니다. 그는 도쿄의 중심에 있는 호텔에 머물 계획이었습니다. 나는 그 예약을 취소하도록 설득하고 그 대신 나의 손님으로 힐탑Hilltop 호텔에 머물 것을 제안했습니다. 그곳은 아주 세련된 고급 시설을 갖춘 곳으로 개인적으로 '술'을 마실 수 있는 공간이 있었으며, 특별 '뎀뿌라'를 서비스해주는 곳도 있었습니다. 그 호텔은 가와바다 야스나리(노벨 문학상을 받은 소설가—옮긴이)를 포함한 유명한 작가들이 좋아하는 유명한 곳이었습니다. 더욱이 걸어서 갈 수 있는 거리에 여러 서점이 있어 당신이 좋아하리라는 것을 알고 있었습니다.

그날은 아주 즐거운 날이었습니다. 모든 사람이 기분이 좋아 보였습니다. 나의 아내 히로코는 정 사장님의 아내처럼 대학 교수인데, 식사하는 자리에 우리와 함께했습니다. 준코Junko 씨는 당시 매그넘 도쿄Magnum Tokyo의 책임자로서 우리의 논의가 과연 열매를 맺을 수 있을지 관심을 갖고 있었습니다. 그러나 그 후 곧 준코 씨와 나는 서울로 초청받았습니다.

내가 정 사장님을 만난 것은 이때가 처음은 아니었습니다. 그와 나는 꽤 오래전에 백두산과 금강산을 찍은 사진 전시회를 조직한 바 있습니다. 한국의 5대 도시들을 돌면서 전시회를 가졌는데, 나는 이 전시회가 믿을 수 없을 정도로 성공을 거둔 것으로 기억하고 있습니다. 그런데 여기에 덧붙여 말하고 싶은 것이 있습니다. 전시회를 보러 온 사람들이 내 사진을 보고 감동해서 눈물을 흘리는 것이었습니다. 나는 그 이유를 이해할 수 없었습니다. 그 이후에도 나는 여러 차례 성공적으로 전시회를 가졌습니다. 그러나 그때의 그 특별한 경험을 능가하는 것은 없었다는 점을 인정해야 하겠습니다.

그 후 정 사장님은 나와 접촉을 가졌고, 우리는 20년 후에 다시 만났습니다. 그는 20명의 매그넘 사진작가들과 함께 매그넘 코리아Magnum Korea를 조직해보자고 나에게 제안했습니다. 이 사진작가들은 지구에서 가장 바쁜 사진가들입니다. 나는 이 계획엔 1백만 달러가 들어갈 것이라고 알려주었는데, 그는 나의 이런 의견을 존중한다고 말했습니다. 이 계획은 매그넘 포토스Magnum Photos가 그때까지 수행한 단일 계획 가운데 가장 큰 것으로 밝혀졌습니다. 우리는 W. W. Norton(노튼출판사)에서 일하고 있는 짐 마이어스Jim Mairs와 협력하여 이 계획을 진행하기로 결정했습니다. 짐 마이어스는 노튼 사의 국제 판global edition을 맡고 있는 수석 에디터(편집자)였습니다. 이 책은 여전히 아마존에서 팔리고 있으며 긍정적인 평가를 받고 있습니다. 나는 이것이 그와 내가 함께 거둔 또 하나의 성공이었다고 생각합니다.

    정 사장님은 뛰어난, 친절한, 그리고 겸손한 신사였습니다. 나는 그에게서 많은 것을 배웠습니다. 정직하게 말해서 나는 그가 우리와 함께 있지 않다는 것을 믿기 어렵습니다. 그가 정말로 그립습니다. 그가 하늘나라에서 안식을 누리고 있다고 믿으면서 위안을 얻습니다.

I remember the day when Mr. Chung, his wife, and Soojeong arrived in Tokyo. It was the late spring of 2006. Originally, you had intended to stay at a hotel in the city center. However, I convinced you to cancel the reservation and instead offered you accommodation as my guests at the Hilltop Hotel. It was a sophisticated establishment that had a private "drink" area and served exceptional tempura meals. The hotel is renowned for being a favorite among famous writers, including Yasunari Kawabata. Moreover, there are several bookstores within walking distance, so I knew it would be to your liking.

It was a delightful day, and everyone appeared to be in high spirits. My wife, Hiroko, who is a university professor like Mr. Chung's wife, joined us for the meal. Junko, who was then the head of Magnum Tokyo, expressed some concern about whether our discussions that day would truly come to fruition. However, shortly thereafter, Junko and I were invited to Seoul. This wasn't the first time I had met Mr. Chung. In fact, it had been quite some time since he and I had organized an exhibition featuring the famous mountains of Korea—Mt. Paektu and Kumgang. I remember it being an incredible success, with the exhibition touring five major cities in Korea, as far as my recollection serves me. However, there was something more to it. People attending the exhibition were moved to tears by my photographs, though at the time, I couldn't quite understand why. Since then, I have organized numerous successful exhibitions, but I must admit that none have surpassed that particular experience.

Out of the blue, Mr. Chung contacted me, and we met again twenty years later. He asked me to organize "Magnum Korea" with twenty Magnum photographers—the busiest photographers on the planet. I informed him that it would be a million-dollar project, to which he expressed his respect. It turned out to be the largest single project ever undertaken by Magnum Photos. We decided to produce it in collaboration with Jim Mairs at WW Norton, who served as the chief editor for the global edition. The book is still available on Amazon and has received positive reviews. I consider it yet another success that we achieved together.

Mr. Chung was an extraordinary, kind, and modest gentleman. I learned a great deal from him. Honestly, I still find it difficult to believe that he is no longer with us. I miss him dearly and take solace in the belief that he is resting in heaven.

Hiroji Kubota, Magnum Photos

농업, 농촌을 돕는 일이라면 해보죠

신수경
대산농촌재단 사무국장, 「대산농촌」 편집장

저는 대산농촌재단에서 일하고 있습니다. 정태기 이사장님이 마지막으로 머문 공적 자리이기도 합니다. '대산농촌재단'이라는 이름이 낯설게 들리는 분이 많겠지만, 교보생명과 교보문고는 익숙하실 겁니다. 대산농촌재단은 교보생명이 1991년에 설립했습니다. '대산'이라는 이름은 교보생명과 교보문고를 창립한 대산 신용호 선생의 호에서 따왔습니다. 우리나라 최초의 농업, 농촌 지원 공익재단이라는 상징성이 있기도 합니다.

재단 설립 전후 1980년대 말~1990년대는 전 세계의 교류와 교육이 자유로워지고 경제, 사회, 문화, 과학적 발전을 촉진할 수 있다는 명분으로 미국을 중심으로 세계화의 물결이 거셌고, 준비되지 않은 농업과 농촌에는 큰 위기였습니다(사실 30년이 넘게 지난 지금도 농업과 농촌은 계속 위기이긴 합니다). 이러할 때, 기업인으로서 도울 일이 없는가 하는 생각으로 농업 전문가들에게 여러 차례 자문하여 재단을 설립했습니다. 이러한 배경이 있으니, 재단이 할 일은 당연히 어려움에 부닥친 우리 농업과 농촌을 돕는 일이었습니다.

'첨단농업기술진흥' '농업구조개선' '복지농촌건설'과 '인류복지증진'이라는 창립이념으로 농업기술 수준을 높이고, 농민의 역량을 키우고 농업 인재를 키워 농촌을 지키도록 하고, 농민의 자긍심을 키우는 일이 중요하다고 보고, 연구지원사업, 장학사업, 농민교육사업, 문화창달사업, 대산농촌상 시상 등 재단의 주요사업이 자리를 잡았습니다.

2000년대에 들어서면서 재단은 농업과 농촌이 지닌 다원적 기능, 공익적 가치에 주목하고 이를 확산하기 위한 사업을 새롭게 전개했습니다. 농업과 농촌이 중요하지만, 도시민은 농업을 낙후된 산업, 다른 산업과 대체할 수 있는 것들로 보는 시각이 많았고, 농촌은 식량을 생산하는 기지 정도로 알고 있는 경우가 많았습니다. 산업화가 가속화되면서 농촌을 떠나는 사람들이 많아지고, 농촌과 도시가 급격하게 단절된 것이 중요한 이유이기도 했습니다. 이렇게 단절된 도시와 농촌을 다시 잇고 도시민이 농업과 농촌의 가치를 인식하도록 도시민이 농촌과 농업을 접하는 사업을 전개하고 있을 때, 정태기 이사장님이 재단으로 오셨습니다.

"내가 교육 쪽은 잘 모릅니다. 농업, 농촌을 돕는 재단이라면 해보지요."

재단 이사장을 새롭게 위촉하는 자리에서 교육을 지원하는 재단 이사장을 권유받고 이렇게 답을 하셨다고 합니다. 2007년 6월, 정태기 이사장님은 대산농촌재단 제5대 이사장으로 취임하셨고, 4년간 우리와 함께하셨습니다.

언론인 출신의 이사장님과 「대산농촌문화」

새로 오시는 이사장님이 한겨레신문 출신이라는 건 제게 특별한 느낌이었습니다. 당시 저는 계간으로 발행하는 잡지 「대산농촌문화」의 편집자였습니다. 언론인 출신으로 큰 신문사의 사장으로 계셨던 분이니, 제대로 뭔가를 배워볼 수 있지 않을까 하는 기대와 함께, 주먹구구로 해놓은 편집과 그렇게 나온 잡지가 걱정되기도 했습니다.

저는 1994년 사보 기자로 입사했습니다. 그런데 저는 편집이나 인쇄를 알지 못했고, 창립 초기였던 재단에는 저에게 일을 가르쳐 줄 전문가 선배도, 시스템도 없었습니다. 좌충우돌 인터뷰를 하고 글을 쓰고, 인쇄 골목을 들락거리며 몸으로 부딪치며 실수를 연발하며 10여 년의 시간을 보냈습니다. 그러나 제가 만든 잡지에 대한 윗분들의 관심은 적었고, 제작비 지원도 많지 않았으며. 그저 '발간' 자체에 의미를 두고 있었습니다. 그렇기에 잡지를 열심히 만들기는 했지만, 역동적이고 재미나게 일하는 분위기가 아니었기에 제가 만든 잡지에 대한 자부심은 크지 않았던 것이 사실입니다.

그런데 정태기 이사장님은 제가 만든 잡지에 남다른 관심을 보이셨습니다. 언론인 출신이셔서 그랬던 것일까요? 어느 날 저를 부르시고 이렇게 말씀하셨습니다.

"아니, 이걸 혼자서 만들어? 대단하네."

몇 번을 다시 물어보셨습니다. 제가 하는 일에 대한 인정. 참 귀하고 벅찬 일이었습니다. 줄탁동시啐啄同時처럼, 이사장님이 오시고 나서 「대산농촌문화」는 재단 사업을 알리는 소식지에서 농촌과 농업 관련 전문교양지로 괄목할 변화를 맞이했습니다.

"잡지는 어느 정도 볼륨이 있어야 해. 다양한 내용이 잘 담겨야 (생각이 다른) 여러 사람에게 전달될 수 있어"라며 36페이지를 52페이지로 증면하자고 하셨고, "지속 가능한 농업을 이야기하면서, 분해되지 않는 종이를 쓰면 되겠냐"라는 말씀에, 내지를 스노우지에서 모조지로 바꾸었습니다. 예전에 깔끔하고 선명했던 색상이 아닌, 색을 종이가 일부 흡수하고 또 어두운 느낌까지 드는 종이라 인쇄 과정에 챙겨야 할 것이 더 많아지고 출판된 후에도 아쉬움이 남을 수밖에 없었지만 '지속 가능한 지구를 위한 일'이기에 기꺼이 받아들였습니다.

그러면서 이사장님께 집필을 '당당히' 부탁드렸습니다. 처음에 난색을 보이셨던 것 같기도 합니다. 그러나 2007년 여름호를 시작으로 2011년 신년호까지, 농업과 농촌에 대한 당신의 생각과 해결책, 제언을 부지런히, 꾸준히, 강한 목소리로 하셨습니다. 평소 조용하고 온화한 말투와는 달리, 글 속에서 만나는 정태기 이사장님은 강하고 신념이 투철한 운동가 같았습니다.

재단으로 오시기 전, 언론인으로 사시는 내내 '당신 자신을 드러내는 글을 남기지 않았다'라는 말을 최근에 들었습니다. 그런 이사장님께 '글'을 쓰셔야 한다고 강권하고, 또 독촉도 했던 제가 얼마나 맹랑하다고 생각하셨을까요. 그래도 그렇게 남기신 글들을 다시 읽어볼 수 있으니 얼마나 다행인지요. 스스로가 기특하게 느껴집니다.

"농업, 우리가 살기 위해 그것이 필요하다"

정태기 이사장님이 4년간 쓰신 글에서 일관적으로 나타나는 것은 환경과 생태의 중요성과 지구의 미래와 함께, 식량 생산의 막중한 역할 뿐 아니라 전통을 보존하고 생태계를 유지하며 농업과 농촌이 지닌 다원적 가치에 집중하고, 중요한 농업과 농촌을 지키기 위해 국민적 인식을 높이는 노력, 농업계가 추구해야 할 '지속 가능한' 방향이었습니다. 다시 복기해보니, 정태기 이사장님은 농업, 농촌의 현실 이야기에 이를 극복하기 위한 본인의 해결책을 언제나 강건하게 담으셨습니다. 물론 농촌 현실을 고려할 때 이사장님의 제안이 다소 이상적인 것일 때도 있었지만, 농촌의 부흥을 위한 진심 어린 염원은 너무나 선명했습니다.

농업의 공익적, 다원적 가치에 대해 알리는 일도 더욱 박차를 가했습니다.

"농업, 우리는 살기 위해 그것이 필요하다." 이런 말을 들어보셨는지요. 이 문장은 독일연방정부가 1994년, 국민을 대상으로 발간한 홍보 책자의 제목입니다. 이 책에는 농업과 농촌이 지닌 10가지 기능이라는 부제가 붙어 있습니다.

"농업은 우리의 식량을 보장하고, 산업의 기반이 되며, 국민의 가계비를 줄여준다. 문화경관을 보존하고 마을과 농촌을 유지하며, 환경을 책임감 있게 다룬다. 국민의 휴양공간을 만들어주고, 값비싼 공업원료 작물을 생산하며, 에너지 문제를 해결하는 데 이바지하고 다양하고 흥미로운 직업을 제공한다"라는 것이 그 주요 내용이고, 각각의 내용에 자세한 설명이 따라옵니다.

열 페이지 남짓한 책자지만 정태기 이사장님은 남다른 관심을 보이셨습니다. "매우 가치 있는 내용"이라고 말씀하시고, 이 내용이 많이 알려졌으면 좋겠다 하시면서 책으로 만들자고 하셨습니다. 독일 농업 전문가로 오랫동안 재단의 유럽 연수 지도교수를 맡아주었던 황석중 박사(2020년 작고)께 의뢰했는데, 황 박사님이 고사하시는 바람에 「대산농촌문화」에 수록하는 것으로 조정했습니다.

그런데 이글을 수록하는 것도 쉬운 일은 아니었습니다. 당시 계속 독일을 오가며 활발한 활동을 하셨던 황 박사님이 번역을 할 여력이 없다고 하셔서 제가 박사님을 붙잡고 구두 번역을 받아 적었습니다. 지금이라면 구글이나 파파고 같은 번역프로그램의 도움을 받을 수 있었는데, 그때는 그런 것이 없었습니다. 내용을 정리해 황 박사님께 확인을 받았지만, 혹시 내용이 왜곡되지 않을지 걱정이 많았습니다. 그때, 이사장님이 말씀하셨습니다.

"내가 집사람한테 감수를 부탁해볼게."

독일어과 교수이시고 제가 너무 좋아했던 소설 『모모』의 번역가이기도 하신 사모님의 든든한 감수를 받고 나서야 저는 마음이 놓였습니다. 사모님은 "농업, 우리가 살기 위해 그것이 필요하다"라고 제목을 다시 잡아주셨고, 그 내용은 「대산농촌문화」 2008년 가을호에 실리게 되었습니다.

농업이 낙후해서, 농촌이 어려워서, 농민이 불쌍해서 우리가 농업, 농촌을 돕는 것이 아니라, 그것이 없으면 우리 모두 살 수 없다는 엄중한 가르침. 물과 흙과 공기 같은 모든 생명의 생존기반과 아름다운 문화경관을 지켜내는 농업 농촌의 역할을 더 많은 이와 공감하는 시초가 되기도 했습니다.

농업 전문 언론인, 20년 안에 10명만 만들어봅시다

대산농촌재단의 장학사업은 좀 특별합니다. 재단이 지원하는 두 종류의 장학생이 있는데, 농업인을 비롯해 유통이나 관련업 종사자, 연구자, 활동가 등 농업과 농촌에 다양한 역할을 할 농업 리더 장학생과 농업과 농촌을 제대로 알리고, 농의 가치를 확산하는 역할을 할 농업 전문 언론 장학생입니다. 그래서 명칭도 '차세대 농업 인재 양성사업'이라고 합니다. 단순히 학비를 지원하는 것이 아니라 '양성'에 방점이 있습니다.

현직 언론인을 지원하는 사업은 있었지만, 언론인이 되겠다는 학생을 지원하는 사업은 드물지요. 이 시작은 2009년이었습니다. 2009년 1월, 당시 세명대 저널리즘대학원 이봉수 원장이 재단을 찾아와 농업 언론 장학생을 지원하자는 제안으로 시작되었습니다. 농업과 농촌이 중요한데도, 그 역할과 가치를 국민이 제대로 알지 못하는 현실에는 언론의 책임이 크다고 하면서, 농촌과 농업을 제대로 알릴 인재를 양성하자는 것이었습니다. 정태기 이사장님은 당시 유일하게 농업 농촌 언론인 과정을 운영하겠다는 계획과 협력 체계를 검토하고 내부의 합의를 거쳐 이를 사업에 반영했습니다.

첫해인 2009년에는 시범적으로 1명을 선발했고, 2010년부터는 세명대 저널리즘대학원 입학 예정자 가운데서 농촌 기자와 피디 과정을 지원한 학생 2명씩 매년 선발하여, 농업 리더 장학생과 함께 2년간 4차례 정규 농촌현장 연수와 독서 프로그램 등을 운영하여 농업과 농촌에 대한 인식을 전환하고 머리와 가슴에 농의 중요성을 담고 사회에 나가도록 합니다.

언론인 출신이어서 더욱 제대로 된 언론인을 키워내는 일에 대한 무게감과 중요성을 크게 느끼셨던 정태기 이사장님은, "20년간 10명, 농업 농촌을 제대로 알리는 언론인이 나오면 농업계를 위해서도 크게 의미 있는 일이 아니냐. 20년간 10명을 배출한다는 목표로 가보자"라고 하셨습니다.

15년이 된 지금, 총 28명의 학생을 선발해 그중 24명이 졸업했고, 현재 재학생을 포함해 총 20여 명이 일간지와 농업 전문지 기자, 방송사 기자와 PD로 활동하고 있습니다. 이들 중에는 농업 관련 취재와 프로그램을 만드는 사람도 있고 또 다른 분야로 진출한 사람도 있지만, 모두가 마음과 머리에 '농農'에 대한 부채감을 지니고 있다고 말합니다. 이사장님의 선견지명에 감사드립니다. 이사장님, 보고 계시죠? 15년 만에 20명, 초과 달성입니다!

대한민국 1% 안에 드는 '중요한' 일

이사장님은 일주일에 사나흘은 강원도 진부에서 텃밭을 일구며 '반농반X半農半X' 생활을 하셨는데, 이를 꽤 좋아하셨습니다. 또 한편, 생각보다 더 심각한 농촌 현실 목격담을 종종 이야기해주시기도 했습니다. 그것은 때론 농사의 이야기이기도 하고, 농민의 삶이기도 하고, 지역의 문제이기도 했고, 아직도 남아 있는 인습의 폐해인 경우도 있었습니다. 그 이야기의 끝은 늘 현상 한 가지만 볼 것이 아니라 '통찰'해야 한다는 가르침이자 저희가 해야 할 숙제들을 책상 위에 펼쳐놓는 일이기도 했습니다.

그러던 어느 날, 이런 말씀을 하셨습니다.

"자네들은 따뜻한 온실에 있네. 밖은 비바람 몰아치는 전쟁터야."

어떤 일에서부터 시작된 일이었는지 맥락은 기억나지 않지만, 그 말씀에 처음으로 이사장님께 대들 듯 답했습니다.

"이사장님, 저희도 비바람 다 맞고 있습니다!"

'재단'에서 일한다고 하면, 잘 모르는 사람들은 "편한 데서 일하시네요" 하는 경우가 많습니다. 공익사업을 하는 재단은 돈을 버는 일이 아니라 '돈을 잘 쓸 궁리'를 하는 일이라, '놀고먹는다'라는 오해를 받기도 합니다.

그런데 실상은 그렇지 않습니다. 저의 경우만 해도 삼, 사십 대가 치열했습니다. 아이는 엄마의 '봄'을 먹고 큰다는데, 저는 두 아이에게 온전히 봄도 여름도 내어주지 못했죠. 아이들 유치원 발표

회나 학교 행사에 얼굴을 내보인 적이 별로 없었고, 선생님 얼굴도 모른 채 1년을 보내기도 했습니다. 성인이 된 저희 아이들은 아직도 주말에 엄마의 사무실에서 그림을 그리고 비디오를 보았던 어린 시절 이야기를 추억 삼기도 합니다. 휴일도, 밤낮도 없이 농업 농촌에 투신하는 '운동가'처럼 일하던 즈음이었는데, 온실이라니. 이사장님의 말씀에 서운하고 억울한 심정이었던 것 같습니다.

그날, 이사장님이 저를 방으로 부르셨습니다.

"내가 온실이라 말해 서운했지. 자네들이 열심히 일하지 않는다는 말이 아니라, 열심히 한 만큼 보람이 있는, 대한민국 1% 안에 드는 좋은 일을 하고 있다는 뜻이네."

이사장님은 이후에도 두고두고 이런 말씀을 하셨습니다. "자네들은 정말 중요한 일을 하는 사람들이야." "대한민국 1%!"

이사장님이 퇴임하시고 나서 저는 그 말씀의 의미를 자꾸만 되새기려고 노력했습니다. 좋은 생각을 지니고 냉철하고 투명하게, '소중한 가치'와 공익을 위해 나의 소명을 다하는 일. 이사장님이 떠나신 후 너무나 힘든 시간을 맞닥뜨릴 때마다 이사장님이 주신 가르침을 떠올렸습니다. 큰 부담이었지만 또 그만큼 든든한 재산이 되었습니다.

아이들에게 따뜻한 '할아버지' 진부의 추억

여름이면 재단 직원들은 시간을 맞추어 이사장님이 '농부'로 계시는 진부로 향했습니다. 회사에서 의례적으로 하는 워크숍이 아니라, 즐겁고 기대가 되는 시간이었습니다. 가족과 함께, 아이들을 앞세워 시골집에 다다르면, 이사장님은 온화한 미소로 우리를 맞이하셨죠.

이사장님 부부가 사시는 본채 옆에, 어느 영화감독이 별장처럼 쓰다가 넘기고 갔다는 'ㄱ'자 형태의 기와집이 우리의 숙소였습니다. 툇마루가 있고 방과 방이 이어져 있는 한옥은 아이들에게 외갓집처럼 정겹고 재미있고 푸근한 곳이었습니다.

우리가 오기 전에 읍내에 나가 '평창 한우'를 넉넉하게 사오시고, 바비큐 그릴도 정갈하게 닦아놓으셨다고 말씀하시는데, 그 모습이 너무나 맑으셨습니다. 고기를 먹으려면 토치로 숯에 불을 붙여야 한다며, 면장갑을 끼고 갖가지 장비를 갖춘 다음 열심히 불을 붙이시던 장면이 떠오릅니다(이 장면은 너무 귀하고 진귀하여 사진으로 찍어두었습니다).

저녁을 먹기 위해 고추와 감자, 호박과 상추를 심어놓은 밭으로 향했습니다. 아이들은 이사장님의 지휘에 따라 각각 채소를 수확하는 방법을 배웁니다. 채소를 씻고 함께 상을 차리고, '이사장님 할아버지'—아이들은 이사장님을 그렇게 불렀습니다—의 쌈에 마늘을 잔뜩 넣기도 합니다. 격의 없이 친근하고 따뜻한 할아버지에게 아이들의 마음이 활짝 열렸습니다.

이사장님은 제 딸의 이름이 당신의 딸 이름과 같다며 무척 반가워하셨죠. 일곱 살 제 딸 재은이가 한마디 할 때마다 무척 기특해하시기도 했습니다.

넓은 툇마루에 앉아 있으면 날이 좋아도, 비가 와도 좋았습니다. 독채를 모두 점령한 아이들은 방을 넘나들었고, 늦은 저녁 식사 후에 마당 한쪽에 있는 평상에 누워 쏟아질 것 같이 가득한 별을 바라보던 기억도 또렷합니다. 철 이른 코스모스, 사모님이 심어놓은 다육식물들도 너무 예뻤죠. 아, 정말 아름답고 따뜻한 추억입니다.

이틀을 묵고 떠나는 날엔 서둘러 짐을 챙기고, 방을 대청소합니다. 저희가 깔끔하게 치워놔야 이사장님의 다음 손님들이 또 다른 시간을 이어갈 테니까요.

진부 여행의 마지막 코스는 월정사 전나무숲길을 거쳐 절에 들렀다가 월정사 앞에 있는 비로봉 식당에서 산나물비빔밥 정식을 먹는 것이었습니다. 초봄이면 오대산에서 갖가지 나물을 채취하고 말려 일 년 내내 손님상에 내놓는 식당. 이름도 알 수 없는 십수 가지의 나물, 각각의 맛이 그대로 남았습니다. 그렇게 진부를 떠날 때면 저희 아이들은 서운해서 눈물을 흘리곤 했습니다.

2023년 봄, 월정사 수목원에 계신 이사장님을 뵙고 왔습니다. 분명 3년 전 겨울에 어렵게 이사장님 나무를 찾았지요. 도저히 찾을 수 없어서, 이사장님 따님과 페이스톡을 통해 위치를 확인하며 움직였습니다. 눈이 와서 더더군다나 찾기 어려웠지만 이제 봄이니 잘 찾을 수 있을 거로 생각했는데, 길눈이 어두운 탓에 또 비슷한 곳에서 헤매고 있었습니다. 이번에도 함께 간 선배가 찾아 저를 불렀습니다. 다시 찾은 이사장님 나무는 재작년 겨울보다 더 곧게 서 있는 듯했습니다.

월정사 찻집에서 따뜻한 대추차 한잔을 마시고 나와 전나무숲길을 걸으며, 저희는 이사장님을 추억하고 또 추억했습니다. 그리고 비로봉 식당을 어렵게 찾았습니다.

예전의 운치는 사라져 살짝 실망스럽긴 했지만, 그래도 반갑게 산채정식을 주문했습니다. 아침도 제대로 먹지 못한 채 이른 기차를 탔고, 월정사까지 둘러보는데 오후 3시가 되어버린 터라 무엇을 먹어도 맛있는 시간. 산채정식은 꿀맛이었습니다. 이사장님이 우리에게 이렇게 또 추억을 만들어주시네요.

인류의 희망은 농農

정태기 이사장님은 농업 농촌을 지극히 생각하셨고, 늘 문제를 해결하기 위한 고민을 함께하셨습니다. 재단의 이사장으로서 늘 단단하셨고, 저는 그것이 너무나 든든하였는데, 그래서 이사장님을 힘들게 해드리지는 않았다 하는 생각도 듭니다.

"우리 농촌이 많이 피폐해지고 농민들은 노쇠해지고 있습니다. 그러나 연로한 농민들이야말로 우리 농촌과 농민의 본질적 가치를 몸으로 알고 있는 분들입니다. 이 노령의 농부들에게 땅(농지)을 지키게 하여 도시로 내보낸 자녀들의 귀환을 기다리게 해야 합니다. 이 농부들에게 마을을 지켜 도시에서 지쳐 돌아온 청년들에게 '경쟁보다는 상생을', '편익보다는 환경과 생명을' 더욱 소중한 가치로 깨닫게 가르치는 소임을 하게 해야 합니다. 불행하게도 지구가, 혹은 지역경제가 회복하기 어려운 파국에 이르더라도 인류의 희망은 농업과 농촌에 있을 것입니다"(「대산농촌문화」 2011 봄호, 「발행인의 편지」 중에서).

정태기 이사장님과 함께한 4년은 많이 힘든 시간이었지만 너무나 멋진 시간이기도 했습니다. 이사장님은 출근 인사를 하실 때마다 짐짓 농담처럼 철학적 질문을 던지곤 하셨는데 그 '농담'이 공부가 되었습니다. 농업과 농촌의 중요성에 대해, 우리가 하는 일의 가치를 느끼고 자긍심을 키우는 시간이었습니다.

이 사회에서 '깨어 있는 사람'으로 사는 의미와 무게를, '어른'이라는 말의 진정한 의미를 알게 해주신 내 마음의 스승, 정태기 이사장님. 감사했습니다. 부디 평안하시길 바랍니다.

정태기 이사장님 퇴임 글

"대산농촌문화재단을 떠나는 인사의 말씀을 드립니다.

2007년 6월에 농사 경험도, 농업에 대한 식견도 없는 사람이 우리 농업계에서 가장 신뢰받는 재단의 이사장으로 선임되어 지난 6월 9일 자로 4년간의 임기를 큰 허물없이 마친 것은 오로지 우리 농민 친구들과 농업계 지도자 여러분들의 진심 어린 도움 덕분이었다고 생각하고 머리 숙여 감사드립니다.

우리 농업과 농촌의 실정은 아직 매우 답답한 상태입니다. 고도 성장의 물신주의에 빠져 생산성과 효율성만을 따지는 오래된 경제정책의 기조는 여전히 농업을 비교열위산업으로 방치할 뿐 국민건강의 기초인 먹거리의 품질이나 환경의 지속 가능성과 직결된 농업의 중요성은 깨닫지 못하고 있습니다.

그러나 농업이 인류생존의 근본天下之大本이라는 진리는 여전히 유효하며 농민이라는 직업의 신성함도 영원할 것입니다.

기후변화와 석유 에너지의 고갈, 세계 금융경제의 요동, 지구 인구의 폭발적 증가 등 큰 문명적인 변화의 조짐은 머잖아 농업이 가장 절실한 기초산업으로 다시금 부상할 것을 예고하고 있기도 합니다. 농업은 전통산업이자 지구상의 뭇 생명을 살리는 가장 오래된 미래산업입니다.

대산농촌문화재단 가족들은 제가 떠나더라도 지난 20년 동안 그래왔던 것처럼 앞으로도 농업과 농민, 농촌에 보탬이 되는 일에 열과 성을 다할 것입니다.

깨어 있는 농업인 여러분의 건승을 기원하며 다시 한번 감사의 인사를 드립니다."

2011년 6월
정태기 올림

(전 대산농촌문화재단 이사장)

정태기 이사장님은 퇴임하신 후에도 「대산농촌문화」에 대한 피드백을 틈틈이 주셨습니다. 어떤 내용이 괜찮았는지, 어떤 필자의 글은 아쉬웠는지 또 제 글은 어떠한지를 말씀해주셨습니다. 「대산농촌문화」는 2021년 가을호부터 「대산농촌」으로 이름을 바꾸었고, 이제 2023년 가을호로 통권 120호 발간을 앞두고 있습니다. 필자 구성도, 내용도 다양해졌고, 농촌과 농업을 폭넓게 담은 꽤 괜찮은 잡지로 인정받고 있습니다. 이것 역시, 정태기 이사장님이 주신 유산이라 생각합니다.

4
나의 아버지

나의 아버지

정진형

토목공학자, 고 정태기 선생의 아들, 미국 거주

내 기억에 남아 있는 어릴 적 아버지의 모습 중에 먼저 떠오르는 장면은 가족 모두가 잠든 뒤에 약주를 걸치시고 기분 좋게 들어오시던 모습이다. 그게 몇 시가 되었든 식구들을 모두 깨워, 아이들 깨우지 말라고 말리시는 어머니와, 반쯤 잠든 모습으로 오랜만에 뵌 아버지가 반갑기도 하지만 졸음을 이기지 못하던 나와 내 동생과, 한참 이런저런 실랑이를 벌이시다가, 당신이 잠드신 후에야 모두들 다시 자러 가던 것이 기억난다.

그런데 다른 아이들이 부모님과 함께 놀이공원이나 여행을 다녀온 이야기를 자랑하던 것과는 조금 달리, 그런 모습을 더 자주 보여주시던 아버지를 오히려 자랑스러워했던 것 같다.

언제부터 그런 생각이 시작되었는지 정확히는 모르겠지만, 아마도 1975년 3월 초, 지금의 초등학교인 국민학교 입학식 전후가 아닌가 싶다. 어느 날, 라디오에서 하루 종일 아버지의 이름이 흘러나오고 있었다. 지금처럼 수백 개의 채널이 나오는 TV도 인터넷도 없던 시절에 그것은 초등학교 1학년에게는 그 이유가 무엇이든 소리 지르며 흥분하기에 충분했던 큰 사건이었다.

아버지의 이름이 왜 하루 종일 라디오에서 나왔는지 그때는 그 이유도 몰랐고, 어머니께서 뭐라고 설명해주셨는지도 잊었지만, 그저 어렴풋이 뭔가 밖에서 하시는 일 때문이라고, 무언가 큰일을 위해 애쓰시고 계시다는 느낌을 받았던 기억이 있다. 나이가 들면서, 그 큰일이 어떤 것인지 왜 라디오에서 아버지 이름이 나왔었는지 조금씩 알아가면서, 남들과는 다른 특별한(?) 아버지를 보면서, 나도 특별해진 느낌이랄까, 그래서 으쓱해 했던 것 같다.

그런 조금 특별한 아버지를, 오른쪽에 있는 사람들은 왼쪽이라고, 왼쪽에 있는 사람들은 오른쪽이라고 하는 말들이 많았지만, 내가 본 아버지는 언제나 '앞'을 바라보시던 분이다. '앞'에 놓인 문제들을 파악하고, 그걸 해결하기 위한 방법을 모색하시는 데 초점을 맞추셨다. 누구의 잘못을 따지기보다는, 모든 문제는 그것이 차선책이라고 하더라도 답이 있다고 긍정적으로 생각하셨고, '나'보다는 '우리' 모두에게 좋은 답을 찾으시려고 애쓰셨던 분이셨다. 실망하고 힘드실 상황에서도 언제나 웃는 모습을 잃지 않으셨고, 언제나 또 다른 희망을 이야기하셨다.

항상 새로운 일을 벌이시고 남들을 독려하시면서도, 당신의 의견이나 감정을 강요하시기보다는 다른 사람의 감정과 상황을 이해하고 공감하시는 데 뛰어나셨다. 그런 배경에는 당신이 모든 것을 다 안다고 할 수 없음을 아시는 겸허함이 있었던 것 같다. 당신이 모든 것을 다 알아야 한다고도 생각하지 않으시고, 자신이 할 수 있는 것과 다른 사람이 할 수 있는 것을 알고 계셔서, 언제나 책을 통해 새로운 지식을 찾으시던 모습을 보여주셨다.

이루어진 희망은 더 이상 희망이 아니듯이, 많은 일들을 이루시고, 또 이루신 일들이 생각과 다르게 전개되는 상황에도 실망하지 않으시고, 항상 새로운 일에서 다른 희망을 보시고 노력하셨었다.

반대를 위한 반대가 아니라, 모두를 위해 더 나은 상황을 위한 노력을 보여주셨던 분이 요즘 더 그리운 것은 아무래도 내 의견과 다르면 적이 되는 사회가 되어버린 지금이 너무나도 그분이 바라시던 사회와는 다르기 때문이 아닐까 싶다.

그렇게 모든 일을 열심히 하시고 열정적이셨던 분에게 한 가지 아쉬운 점이 있다면, 요즘 젊은이들은 쉽게 하는 자기감정을 표현하는 법을 못 배운 것이다. 가장 큰 칭찬이 "개보다 낫구나"라는 말이었던 것을 보면 당신도 그것은 책에서 배우지 못하셨던 것 같다.

문득 거울 속에서, 아니면 아들 녀석 모습에서 약주를 걸치시고 우리를 깨우며 웃으시던 그 얼굴을 보면서, 언젠가 또 그 모습을 뵙고 함께 할 날을 상상해본다.

그 우주의 마당

정재은

SF동화작가, 고 정태기 선생의 딸

얼굴들

많은 사람들이 아빠에 관해 물었다. 아빠가 어디 계시냐고, 아빠의 연락은 받았냐고. 아빠가 없으니 모두가 아빠에 대해 얘기했다. 어린 나에게 아빠가 살아 계시기는 한지 어떤지를 차마 말하지 못한 어떤 어른은 '무소식이 희소식'이라는 말을 괜히 덧붙이기도 했다. 1980년 5월 17일 밤에 집을 나선 아빠가 수배 중의 피신 생활과 체포 끝에 12월 중순에 돌아오실 때까지의 일이다.

아빠가 계시지 않은 우리 집에는 별의별 사람들이 들락거리기 시작했다. 사람 얼굴을 잘 기억하지 못하는 나는 아직도 1980년에 만난 사람들의 얼굴은 기억하는데, 그 첫 얼굴들의 주인공은 1980년 5월 18일 일요일 아침, 어수선한 분위기에서 뚫어지게 엄마를 감시하던 두 형사. 그 와중에 엄마는 성당 소풍이 예정되어 있던 나를 위해 김밥을 싸고 있었다. 얼굴 1은 아이들이 소풍을 가도 되냐고 묻는 엄마에게 "그럼요, 애들은 나가 놀아야죠"라며 첫날부터 친절한 역할을 도맡았더랬다. 얼굴 2는 엄마가 접시에 썰어 담아 내민 김밥을 끝내 거부하며 이후 몇 달 동안 무뚝뚝한 표정을 유지했다(얼굴 1의 이름이 김수현이고 얼굴 2가 특전사 출신이라는 건 나중에 들었다).

그때까지 나는 아빠가 뭘 하는 분인지 잘 몰랐던 것 같다. 당시에는 학년이 바뀐 3월에 '가정환경조사서'라는 걸 써서 냈는데, 집이 자가인지 전세인지, 전화나 피아노가 있는지, 부모의 학력과 직업이 무엇인지 등의 개인 정보를 적게 되어 있었다. 내가 알던 아빠의 직업은 '해직기자'이거나 '조선투위'인 것 같았는데, 아빠는 동양화학이라는 회사에 다니다가 출판사 사장이 되기도 하면서 학교 조사서에 적어 넣을 직업을 자꾸만 바꿨다(이후에도 3월마다 아빠의 직업이 뭔지 여쭤봐야 했다).

아빠가 뭘 하셨는지 잘 몰랐으니 아빠가 왜 도망갔고 왜 형사들에게 쫓기는지 설명하기 힘들었던 나는 학교 친구들에게도 우리 집 상황을 거의 말하지 않았다. 그런데 6월 정도의 어느 날이었을까, 얼굴 2가 학교에서 담임선생님을 만나고 있었다. 나는 얼굴 2가 날 보고 아는 척할까봐 불안했던 것 같다. 다행히 얼굴 2는 담임선생님만 보고 나갔고, 이후에 선생님이 조용히 나를 불러서 아빠에 대해 물었다.

마침 그로부터 얼마 전에 아빠가 오빠와 내 앞으로 보낸 편지 한 통이 도착했었다. 여수 우체국 소인이 찍혀 있었고, "주먹을 앞으로 강하게 뻗으려면 일단 팔을 뒤로 젖혀야 하는 것처럼 지금은 우리 사회가 앞으로 나아가기 위해 진통을 겪는 시기"라는 얘기와 아빠가 잘 있다는 점 외에는 별다른 내용이 없었던 걸로 기억한다. 아빠의 주도면밀함을 믿어 그 편지가 형사들에게 별 도움이 되지 않을 거라 생각한 엄마는 편지를 고스란히 형사에게 줘버렸고, 나는 복사본을 받아 들고 있지도 않은 암호 풀이를 해보려다 그냥 읽고 또 읽기만 반복했었다. 그런데 담임선생님이 아빠에 대해 물어볼 때, 나는 아빠의 편지를 떠올리고 그걸 써먹기로 했다.

나는 선생님께 최대한 순진한 표정으로 아빠는 여수에 계셨던 것 같다고, 편지가 그곳에서 왔었다고, 하지만 지금은 어디 계신지 알지 못한다고 속삭이며 말씀드렸다. 얼굴 2의 형사는 또 선생님을 찾아올 것이고, 그때 선생님이 형사에게 뭐라도 말할 거리가 있어야 한다고 생각했던 것 같다. 애써 다정한 표정을 짓던 파마머리 선생님의 피곤한 얼굴이 기억난다. 나는 너의 편이지만 대놓고 너의 편이라고 하기는 뭐하지만 그래도 너의 편이야, 라는 표정. 아파트 뒷문에 형사가 와 있다고 엄마에게 넌지시 알려주던 아파트 경비 아저씨의 얼굴도 그와 비슷했던 것 같다.

형사들과 경비 아저씨 외에 1980년에 기억나는 얼굴의 주인공들은 모두 여자 또는 아이들이다. 엄마의 친구들, 작은 이모, 작은엄마와 사촌동생들 등등. 엄마가 돈 벌러 강의를 나가고, 아빠가 없는 출판사 일을 하고, 아파서 입원을 하는 동안 도와주러 온 분들이다. 그분들의 당시 얼굴이 다 떠오르는 것 같은데, 나는 당시의 아빠 얼굴이 잘 기억나지 않는다. 그해 아파트 반상회에서 아빠 얼굴이 찍혀 있는 수배자 명단이 등장한 이후 반상회라는 곳에는 얼씬도 하지 않았다는 엄마에 따르면 어쩌면 아빠는 얼굴만으로 존재했었던 것인지도 모르는데, 나에게 1980년의 아빠는 얼굴보다는 관념으로 기억된다. 아빠의 부재에 대해 직접 말로 설명 들은 적 없이 수많은 얼굴들 사이에서 나 스스로 깨달아야 했기에 그럴지도 모르겠다.

된장라면, 독고탁, 가위바위보

1980년이 지난 후, 아빠는 라면을 즐겨 드시기 시작했다. 아빠가 가장 좋아하던 라면은 '된장라면'이었다. 피신 생활 중 된장라면을 달게 드셨던 모양이다. 된장라면은 별로였지만 어쨌든 나도 라면이 좋았기에, 아빠, 오빠, 나 이렇게 셋이 라면 먹기를 즐겼다. 아빠는 라면 끓이기에도 창의성을 발휘하여 여러 종류의 라면을 섞어 보기도 했는데, 기억나는 건 일반라면과 너구리와 사발면을 섞어서 끓인 이른바 '삼선라면'이었다. 세 가지 라면의 면 굵기가 달라서 먹을 때 각기 다른 면발을 동시에 느낄 수 있는 신개념 라면이었다고 나 할까. 몇 번 되지 않는 일이었겠지만 아빠가 뒤죽박죽으로 뒤섞어 끓인 그 라면이 가끔 떠오른다. 하지만 지금 다시 그 조합으로 끓여 먹고 싶지는 않은 걸 보면 맛은 별로였던 것 같다.

아무튼 나는 대부분의 아빠들이 라면을 뒤섞어서 끓여보는 줄 알았다. 그 비슷한 게 또 있다. 나는 대부분의 아빠들이 만화를 좋아하는 줄로만 알았다. 아빠는 오빠와 나에게 「소년중앙」, 「어깨동무」 등의 어린이 잡지를 사다 주셨고, 우리와 경쟁하며 만화를 챙겨 보셨다. 아빠는 이상무의 <달려라 꼴찌>를 재미나게 보셨다. 정확하게는 그 만화의 주인공 독고탁을 좋아하셨다. 키가 작고 발이 빠르고, 드라이브 볼과 같은 변화구를 구사하는 투수 독고탁.

아빠는 우리와 함께 비디오게임도 했다. 총 쏘는 게임은 안 좋아하셨지만, 엄마와 오빠가 한편, 그리고 나와 아빠가 한편이 되어 '패크맨'을 즐기던 때가 기억난다. 아빠의 게임 실력은? 글쎄, 가족 넷 중에선 꼴찌가 아니셨을까 싶다.

도대체 왜 라면을 뒤섞어 끓이셨는지, 독고탁과 패크맨의 무엇이 그리 재밌으셨는지 알 순 없다. 이후에도 아빠는 술에 취해 들어온 늦은 밤에 푹 끓여서 꼬불꼬불함이 펴지고 양념이 푹 밴 라면을 찾고, 나에게 어린이 잡지와 어린이 신문을 꾸준히 구독하게 했다. 화담기술주식회사를 차리고 컴퓨터 수입을 하셨다지만 컴퓨터를 직접 사용하는 일이 그리 많지는 않으셨는데, 그래도 컴퓨터로 벽돌 깨기 같은 게임을 종종 하셨다.

그런데 내 기억에 아빠가 가장 잘하던 게임은 복잡한 게 아니라 가위바위보와 묵찌빠였다. 아빠와 묵찌빠를 하면서 내가 마음 놓고 이겼던 기억이 별로 없다. 나중에 아빠가 손자, 손녀와도 가위바위보를 진심으로 열심히 하시는 모습에 감탄하기도 했다. 아빠는 나에게 이런저런 책을 읽으라거나 공부를 잘하라는 등의 말씀을 하지 않으셨지만, 라면과 만화와 게임을 즐기던 틈새의 여유와 웃음을 남기셨다. 1980년대, 결코 녹록하지 않았을 시대였음에도.

책과 거짓말

어렸을 때 나는 집에 벽 한쪽을 가득 채운 책장이 있는 걸 당연하게 여겼다. 태어났을 때부터 우리 집에는 책이 많았고, 나는 방바닥을 뒹굴다가 책 제목만 읽으면서 시간을 보내기도 했다. 책 제목만 해도 매우 많았기에 내용이 그다지 궁금하진 않았지만, 가끔은 아무거나 꺼내서 펼쳐보기도 했다. 집에는 엄마가 번역한 책들에 이어, 아빠의 출판사에서 만드는 책들까지 쌓여갔다. 『모모』, 『운디네』, 『삼십세』, 『끝없는 이야기』 등 엄마가 번역한 책들에 이어, 『창백한 정신의 계절』, 『줄어드는 아이』, 『옛날 옛날 한옛날』 같은 아빠의 출판사에서 만들어내는 책들까지 쌓여갔다. 세상 사람들 대부분은 책을 쓰고 책을 만드는 일을 하는 줄 알았다.

그러니 나도 심심하면 글을 썼다. 학교에서 억지로 시키는 이상한 글짓기도 했다. 사회정화 글짓기라거나 세종대왕 위업 선양 글짓기 따위의 것들을 해치우고 상도 곧잘 받았다. 대외적으로 공개된 나의 첫 글은 반공 글짓기 글이다. 내가 국민학교 5학년 때 일이다. 6학년 1천여 명을 제치고 학교 대표로 뽑혔다. 내가 썼던 글을 문예반 선생님의 지도하에 고치고 외워서 대회장에서 다시 써냈고, 그 글이 최고상을 받았다. 그다음 주 월요일, 전교생을 운동장에 세워놓는 '애국조회' 시간에 교단에 올라 금박 붙은 반공 글짓기

상장을 받아 들고 집에 갔는데, 상장을 본 아빠가 불같이 화를 냈다. 글로 거짓말하는 사람이 되지 말라고 하셨다. 도대체 무슨 글이었는지 직접 읽어보지도 않고 하신 말씀이 분명하다.

나는 좀 억울했다. 원래 문예반 선생님이 고쳐준 부분이 따로 있었지만 대회장에서는 그 부분을 다시 내 마음대로 써버렸기 때문에 나름 떳떳함이 있었던데다가, '반공' 글짓기라기에는 상당히 동등한 통일을 지향하는 내용의 글이었기 때문이다. 나는 결코 부모님의 말씀에 고분고분한 아이는 아니었지만 "거짓된 글을 쓰지 말라"라는 아빠의 호통은 내 마음에도 꽤 오래도록 남았던 모양이다. 이후 학창 시절에 대외적 글쓰기를 거의 하지 않았고, 문예반을 피해 수학부나 과학부에 가입하여 과학적 인간이 되려는 척했으니까. 그리고 그 반공 글짓기로부터 이십여 년 후에, 나는 공식적인 거짓말인 픽션 중에서도 가장 정제된 거짓말의 집합체인 SF 동화를 쓰기 시작했다. 직업적으로 글을 쓰고 있는 셈이지만 나는 아직도 글 쓰는 게 어렵고 힘들다. 거짓되지 않은 글을 쓴다는, 그 당연한 일이 결코 쉽지 않다.

아빠는 당시에는 흔하지 않았던 과학 관련 책을 사 들고 들어오시곤 했다. 그리고 내가 과학 잡지 「뉴턴」이나 하이젠베르크의 『부분과 전체』 같은 책을 뒤적거리는 걸 좋아하셨던 것 같다. 아빠는 과학에는 거짓이 없다고 생각하셨던 걸까? 지금도 강원도 집 벽장에 쌓여 있는 아빠의 책들 가운데에는 과학책이 많다. 우주와 인간에 관한 책들, 역사와 미래에 관한 책들도. 아빠가 그 책들을 꼼꼼하게 다 읽으셨을 거라는 생각은 하지 않는다. 그러나 책 제목만 보아도 아빠가 다가가고자 했던 넓고 진실한 세계를 조금은 짐작할 수 있을 것 같기도 하다.

'자유'와 '거친 꿈'의 노래

"신문사를 하나 만들까 해." 1987년 6월 민주 항쟁과 6·29 선언 이후의 어느 날, 아빠가 지나가는 말처럼 하신 말씀이다. 그때의 나는 무척 냉소적인 고등학생이었기에 속으로 '도대체 무슨 수로? 신문사 건물은? 인쇄기는? 종이는 어디서 사지?' 같은 생각을 했던 것 같다. 그렇지만 그해 가을부터 아빠는 정말로 분주히 뭔가 하기 시작했고, 뒤에서 이런저런 일을 돕던 엄마까지 덩달아 바빠 보였다.

그해 가을, 엄마를 따라 '새 신문 창간 발기 선언 대회'에 갔다. 아빠가 사람들 앞에서 말하는 모습은 본 건 그날이 처음이었다. 마이크 잡은 아빠의 말투에서 경상도 억양이 느껴져서 당황스러웠던 기억이 난다. 어쨌든 아빠가 결심한 걸 진짜로 해내는 모습이 좋았고 새로운 신문이 생기면 세상도 조금은 좋아질 것 같아서 나도 덩달아 들떠 있었다.

실제로 당시의 사회는 뒤로 젖힌 주먹이 앞으로 향하기 직전 같은 흥분 상태로 상기되어 있었다. 국내에서 1988년 5월에 한겨레신문이 창간되고 각종 새로운 단체들이 생겨나는 동안, 국제적으로도 큰 변화를 겪으며 1989년 11월에 베를린장벽이 무너졌다. 그 연말에 동베를린에서 번스타인의 지휘로 베토벤 9번 교향곡이 연주되었고, TV에서 그 연주를 중계했던 모양이다. 친구들과 놀다 집에 들어간 나에게 아빠가 독일어 단어 'freiheit'가 무슨 뜻인지 아느냐고 물었다. 심드렁하게 "프라이? 공짜?"라고 대꾸하던 나에게 아빠는 껄껄껄 웃으며 "너는 '자유'라는 단어도 모르냐?"고 했다. 알고 보니 그때 연주의 합창 부분에서 '환희의 송가'의 '환희freude'를 '자유freiheit'로 바꾸어서 불렀었는데, 아빠는 그걸 들으며 무척 즐거워하셨던 것이다.

베토벤 9번 교향곡 4악장은 아빠가 가장 좋아하던 곡이었다. 아빠는 클래식 음악을 좋아했고, 한때 아침마다 음악을 틀어 늦잠 자는 20대의 나를 괴롭게 했다. 아빠는 모차르트보다는 베토벤을, 쇼팽보다는 바흐를 즐기셨다. 그 외에도 아침의 이불 속에서 아빠가 틀어놓았던 그레고리안 성가, 비올라로 연주한 슈베르트의 아르페지오네 등을 들었던 기억이 난다.

아빠가 대중음악보다는 클래식 음악을 즐겨 들었던 건 분명하지만, 그보다 예전에 우리 집에는 양희은, 송창식, 존 바에즈 등의 LP도 있었다. 밖에서는 노래를 즐겨 부르셨을 수도 있겠으나, 나는 아빠가 술에 취해 부르는 노래 외에는 별로 들어본 적이 없어서 주로 어떤 노래를 하셨을지는 짐작이 가지 않는다. 1998년에 '올레올레 올레올레…'로 시작하던 월드컵 주제가를 좋아하던 어린 조카 환이(아빠의 손자)를 안고 그 노래를 함께 듣고 부르며 즐거워하시던 모습 정도가 떠오른다.

　내가 마지막으로 들은 아빠의 노래는 돌아가시기 한 달 전쯤, 병원 치료 후에 집으로 돌아와 침대에 누워 부르시던 <아침 이슬>이다. "이 노래는 참 많이 불리웠지만 무엇보다 (선율이) 참 아름답지 않느냐"라는 말씀을 하셨다. 이후 쇠약해진 몸으로 주로 누워서 눈을 감고 계셨던 아빠에게 음악을 틀어드리곤 했는데, 2020년 10월 9일에 (나의 부탁으로) 나의 딸 지오가 피아노로 연주한 <아침 이슬> 동영상을 보고 아빠는 힘든 손을 천천히 들어 짝짝짝 박수를 치셨다.

　언제였는지 모르겠지만, 어렸을 때 조선투위와 동아투위 합동야유회에 온 가족이 간 적이 있다. 아빠가 노래 부를 차례가 되자 아빠는 노래를 잘 부르던 오빠에게로 슬쩍 마이크를 넘겼다. 그날 오빠는 <선구자>를 불렀다. "일송정 푸른 솔은 늙어늙어 갔어도 / 한 줄기 해란강은 천 년 두고 흐른다 / 지난날 강가에서 말달리던 선구자 / 지금은 어느 곳에 거친 꿈이 깊었나. 지금은 어느 곳에 거친 꿈이 깊었나"

　　그 우주의 마당

　　벼들이 막 익은 남녘 들판에
　　태풍이 몰려온다
　　세차게 세차게 회오리쳐 몰려온다

> 지구地球여, 나는 네 고독을 안다
>
> 나는 네 슬픔을 안다

아빠가 나에게 보여줬던 김명수의 <숨결>이라는 시다. 아빠의 머리맡에는 시집이 놓여 있는 적이 많았다. 엄마와 아빠 두 분 모두 책에 둘러싸여 지내면서 수많은 책을 읽으셨지만, 엄마보다는 아빠가 시를 좀 더 즐겨 읽으셨던 것 같다. 아무튼 아빠는 위의 시를 보여주며 태풍을 지구의 숨결로 읽어내다니 그 스케일이 멋지지 않느냐고 하셨다. 당시 20대였던, 잎새에 이는 바람에도 분노하던 젊은 나는 그러한 스케일 큰 고독에 그다지 공감하진 못했었다.

한겨레신문 창간 이후에도 아빠의 직업은 계속 바뀌었다. 데이터 회사와 이동통신회사 등에 나가며 분주한 50대를 보내셨다. 그때 나는 학교에 부모 직업을 적어내지 않아도 되는 나이가 된 탓에 아빠가 정확히 무슨 회사에 다니시는지도 제대로 모를 지경이었다. 내가 결혼을 하고 외국 생활을 하는 사이에도 아빠는 한겨레로 다시 돌아갔다가 강원도 평창으로 이주하시더니 대산농촌재단 일을 하신다고 했다. 아빠가 하시는 일의 스케일이 점점 커졌다.

평창에서 엄마가 꽃을 심고 잡초를 뽑는 동안 아빠는 텃밭의 흙 성분을 바꾸고 다 먹지도 못할 온갖 채소를 심었다. 그리고 틈만 나면 빗자루로 마당을 쓰셨다. "전생에 마당쇠였을 거야"라고 엄마가 농담할 정도로 마당 쓸기엔 진심이셨다. 가을이 되면 마당에 쌓이는 낙엽의 양이 어머어마하다는 건 아빠가 돌아가신 후 남편과 내가 직접 평창 집을 돌보기 시작하면서야 알게 되었다. 끊임없이 마당을 쓸지 않으면 마당은 결코 제 꼴로 남아 있지 않았던 것이다.

평창 집의 하늘을 바라볼 때마다 아빠의 얼굴이 떠오른다. 아빠가 바삐 사시던 때의 얼굴은 잘 떠오르지 않는데, 아빠가 마당을 쓸거나 손녀와 감자를 심을 때의 표정들은 제법 구체적으로 그려지곤 한다. 내가 기억하는 강원도에서의 아빠의 마지막 모습은 마당 끝에 서서 밭 너머 먼 산을 바라보던 뒷모습이다. 참 꼿꼿하고 똑바르게 서 계셨다. 돌아가시기 두 달 전이었다. 그때 이미 이 세상 너머 다른 곳을 바라보고 계셨던 걸까?

아빠는 항상 새로운 꿈을 꾸셨던 것 같다. 그리고 빗자루로 그 꿈이 피어날 마당을 쓸어내느라 바쁘셨으리라 여겨진다. 여러 마당을 돌아다니셨지만 빗자루 드신 모습은 참으로 한결같았다. 아빠는 이 지구의 마당이 좁아서 다른 우주로 가신 걸지도 모른다. 그 우주에서도 비질을 하고 계실 것 같다. 그 우주의 마당에는 고독과 슬픔 대신 자유와 기쁨이 넘치길 바란다. 그 숨결을 느끼고 싶다.

5
기록 속의 언론인 정태기

『한겨레 사사社史』에 기록된 언론인 정태기*

1980년대 들어 '새 언론 창설'은 해직기자들 사이에서 보다 분명한 지향으로 자리잡았다. 이 좌표를 명확하게 천명한 것은 조선투위(위원장 정태기) 기자들이었다. 1985년 3월 6일, 조투 설립 10주년 기념행사가 서울 장충동 분도회관에서 열렸다. 해직기자들은 '새 언론의 창설을 제안한다'라는 선언문을 채택했다. (…) 1970년대 자유언론운동을 주도한 것은 아무래도 동아투위 기자들이었다. 그러나 적어도 새 언론 창실에 관해서는 조선투위 기자들이 보다 적극적이었다. 한때의 야당지였던 동아일보와 비교해 조선일보의 타락이 더 극심했던 것도 하나의 배경이 되었다.

1987년의 6·29 선언 가운데는 "현행 언론기본법을 빠른 시일 내에 폐지하고 언론자유 창달을 위해 관련 제도와 관행을 획기적으

---

* 편집자의 말: 언론인 정태기는 스스로 자신을 위한 기록을 남기지 않았다. 자신을 따르는 무리도 짓지 않았다. 그나마 정태기의 족적이 객관적으로 잘 기록돼 있는 문서는 10년마다 발간되는 『한겨레 사사』이다. 한겨레 창업과 이후 수성의 결정적인 순간마다 정태기 이름이 등장한다. 언론인 정태기를 추모하는 마음을 담아 『한겨레 사사』에 기록된 순간들을 정리했다.

로 개선한다"라는 내용도 있었다. (…) 그러나 6·29 선언에서 이 대목을 눈여겨본 이는 많지 않았다. 1987년 여름, 민주세력은 그해 12월의 대선 준비로 벌써부터 바쁘게 돌아갔다. 새 언론 창간의 화두에 골몰한 사람들은 따로 있었다. 논의의 중심에 송건호, 리영희, 임재경, 이병주, 정태기, 김태홍 등이 있었다. 그 가운데 핵심은 정태기였다. 그는 구체적 계획과 일관된 확신으로 한겨레 창간을 성사시켰다.

해직 이후 10여 년간 정태기는 세 종류의 기업을 경험했다. 동양화학 기획실장으로 2년 일했다. 이곳에서 장치 산업의 구조를 익혔다. 뒤이어 두레출판사를 차려 5년간 운영했다. 이곳에서 편집, 인쇄, 발행의 감각을 다시 얻었다. 뒤이어 화담기술이라는 컴퓨터 회사를 차렸다. 최신 컴퓨터 기술을 몸소 체험했다. 그는 경영, 기술, 편집을 동시에 익혔다.

정태기는 (1987년) 7월 초 리영희, 이병주, 임재경 등을 만났다. 인쇄, 판매, 광고 쪽 전문가들을 만나 기초 자료를 수집한 뒤였다. 정태기가 새 신문 창간 구상을 내비쳤다. 리영희가 크게 찬성하며 북돋았다. 이병주는 온 국민이 한주씩 갖는 국민 개주 캠페인을 그 자리에서 제안했다. 임재경은 송건호 등을 만나 해직기자 차원으로 논의를 확산시킬 것을 주문했다. (…) 논의의 물꼬를 튼 정태기, 국민 개주 모금 방식을 제안한 이병주, 자유언론운동을 이끌던 김태홍 등이 중심이 되어 새언론창설연구위원회가 곧이어 만들어졌다. 1987년 7월 말, 위원회가 '민중신문 창간을 위한 시안' 보고서를 내놓았다. 이 보고서에는 국민 참여, 편집권 독립, 한글 가로쓰기, 컴퓨터조판시스템CTS, 독자반론권 보장 등 새 신문의 모습이 구체적으로 담겨 있었다. 1987년 8월 15일 발기 선언, 11월 1일 신문사 창설, 1988년 2월 1일 창간호 발행 등의 일정도 잡아놓았다.

(1987년 8월 말) 정태기와 권근술이 그들(민통련 총회 참석자들) 앞에 섰다. 각각 조선일보와 동아일보에서 해직된 두 사람은 이 자리의 손님이었다. "새 신문을 만들려 합니다." 이렇게 입을 뗀 정태기가 이후 30여 분 동안 새 신문 창간 구상을 설명했다. 민주세력의 지원을 부탁했다. (…) "신문 만드는 데 50억 원이 필요하다고요. 모을 수도 있겠죠. 그런데 그 돈이 정말 모인다면 재야운동권의 자금은 씨가 마를 겁니다." 민통련 정책기획실의 핵심이었던 이해찬이었다. 그는 신문보다 정치조직이 우선이라고 생각했다. 정태기의 생각은 조금 달랐다. 민주세력의 뜻을 모아야 한다. 그러나 신문은 언론인이 주도하여 만들어야 한다. 돈을 마련해야 한다. 그러나 몇몇 재야인사의 쌈짓돈이 아니라 범국민적 모금으로 돈을 모아야 한다. 민주화를 이뤄야 한다. 그러나 이를 위해서라도 민주정부보다 먼저 민주언론을 준비해야 한다. 10여 년 동안 해직기자들이 조금씩 진전시켜온 새 신문이 꿈이었다.

새 신문 창간을 위한 시안이 나온 지 한 달여 만인 1987년 9월 1일, 서울 종로구 안국빌딩 601호와 602호에 사무실을 냈다. 빌딩 1층 안내판에 새 명패가 걸렸다. 601호 '새 신문 연구소'였다. (…) 신문사를 세우는 일은 창간 사무국장인 정태기가 지휘했다. "신문사는 내가 만들 테니, 선배는 신문을 만들어주십시오." 그가 임재경에게 했던 말이다.

월간 「샘이 깊은 물」 1987년 11월호에 좌담 기사가 하나 실렸다. 나중에 창간 논설위원이 될 조영래 변호사가 사회를 맡고, 송건호와 정태기가 나란히 앉아 한겨레 창간 준비 작업을 소개했다. "새 신문을 만들어보겠다는 말은 젊은 해직기자들 사이에 2~3년 전부터 있었어요." 먼저 송건호가 말했다. "그러나 나는 그런 소리 들어도 엄두도 못 내고 한 귀로 듣고 한 귀로 흘리고 반응을 안 보였어요. 돈 한 푼도 없이 어떻게 그 일을 하나 싶었거든요. 그러나 이제 현실로 나타나고 있습니다." 정태기가 뒤이어 말했다. "일반적으로 일간지 하려면…, 200억 원이 든다고 합니다. 그러나 신문사의 본질적 기능인 인력과 시설을 최소로 하면 100억 원이면 되겠더라고요. 우선 주식을 팔아서 자본금 50억 원을 갖추면 나머지 50억 원을 금융기관에서 융자받을 수 있습니다."

인력 최소화, 설비 규모 최소 적정화, 판촉비 최소화, 확장지·무가지 발행 억제, 가판 체제 중심 등의 '최소주의'가 바탕이 되었다. 무조건 줄이고 아낀다는 뜻은 아니었다. 최소의 자원으로 최대의 효과를 내겠다는 '정예주의'도 강했다. 컴퓨터조판시스템CTS의 도입이 이를 가능케 했다. 컴퓨터 회사를 운영한 정태기는 컴퓨터조판시스템으로 신문을 만들 수 있다고 생각했다. 일부 외국 신문은 이미 이 방식을 쓰고 있었다. 한국에서도 잡지를 만들 때 컴퓨터 조판을 이용했다. 글자 또는 문장 단위가 아니라 면 전체를 그래픽 단위로 작업하는 게 컴퓨터 조판의 뼈대였다. 한글을 쓰는 종합일간지에서 이를 어떻게 구현하는지가 문제였다. (…) IBM은 개발비용으로 200억~300억 원을 요구했고 적어도 1년의 시간이 필요하다고 설명했다. 한겨레에는 그럴 돈도 그럴 시간도 없었다. (…) 초대 전산제작부장 박성득과 전산제작실장 고상배가 1988년 2월 일본 인쇄박람회에서 만난 PDI의 발상은 달랐다. 개인용 소형 컴퓨터와 32비트 워크스테이션을 여러 대 이어 붙여 슈퍼컴퓨터의 성능을 구현했다. (…) PDI는 막 시장에 진입한 벤처 기업이었다. IBM이 300억 원, 1년의 조건을 내걸었던 일을 PDI는 15억 원을 받고 석 달 만에 끝냈다. PDI는 이후 일본 중소신문의 CTS 시장을 싹쓸이했다.

마침내 1988년 2월 25일 50억 원의 창간기금 모금이 끝났다. (…) 거짓말 같은 기적을 이루는 데는 약간의 편법이 따랐다. 당시 실정법상 주주를 모아 회사를 설립하는 일은 법인만 할 수 있었다. 창간 사무국 시절의 한겨레는 법인이 아니었다. 실체도 없는 회사가 주주를 모으는 것은 법을 어기는 일이었다. 결국 회사 설립을 위해 여러 사람이 돈을 기부하는 형태를 취했다. 이후 법인 등기를 마치면 받은 돈을 주식으로 돌려준다는 계획이었다. 그래서 국민주 모집이 아닌 국민 모금이라는 용어를 썼다. 모금을 정태기 이름의 은행계좌로 했는데, 이를 기금 납입자들에게 주식으로 바꿔주는 과정도 문제였다. 자칫하면 막대한 증여세를 낼 수도 있었다.

모금운동이 한창 진행 중이던 1987년 12월 14일, 드디어 새 신문사의 법적 실체가 만들어졌다. 안국동 한식집 영빈가든에서 한겨레신문사 창립총회가 열렸다. 송건호를 대표이사로, 임재경을 편집인으로 선임했다. 두 사람 외에 정태기, 이병주가 상임이사가 되었고, 김정한, 이돈명, 홍성우는 비상임이사가 되었다. 김인한, 성유보, 권근술, 신홍범, 김태홍은 비등기이사로 선임되었다. 다음 날 서울민사지방법원에 법인 설립 등기를 마쳤다.

  (정태기를 중심으로 한) 창간 주도 그룹이 애초에 구상했던 것은 '소수 정예 조직'이었다. 언론 분야의 전문성을 갖춘 기자 100여 명과 이를 지원하는 최소한의 업무 조직으로 신문사를 꾸려간다는 생각이었다. (…) 해직기자 가운데서도 옥석을 가려 신문사에서 일할 사람을 뽑으려 했다. 이런 옥석 구분 논리를 반대편에서 보자면, 소수 인사들이 배타적 인사권을 휘두르려는 시도와 다름없었다. (…) 조금 더 근본으로 들어가면 실제로 두 집단의 지향은 조금 달랐다. 해직기자들은 1980년대 민주화운동의 주축이기도 했는데, 이들은 당시 민주화세력이 안고 있었던 정치적 이견을 그대로 반영하고 있었다. (…) 비판적 지지론자들은 한겨레가 민주세력의 발전에 보다 직접적으로 기여해야 한다고 생각했다. 그게 자유언론 운동의 정통성을 잇는 한겨레의 구실이라고 했다. 반면 비판적 지지론과 거리를 두고 있었던 집단은 언론 그 자체의 고유한 지위를 강조했다. 공정한 보도를 통해 야당은 물론 재야로부터도 독립적인 위상을 지키면서 대다수 독자의 신뢰를 얻는 것이 자유언론의 역할이라고 봤다.

1989년 4월 12일 새벽 6시 10분께, 공안합동수사본부 요원들이 리영희를 자택에서 연행했다. (…) 안기부에 도착한 뒤부터 요원들은 북한 취재 계획을 캐물었다. 당국은 14일 새벽, 리영희를 구속했다. (…) 1989년 4월 20일 낮, 마침내 장윤환과 정태기가 국가안전기획부에 연행되었다. (…) 장윤환과 정태기가 2층 사무실을 내려오는 계단 끝에서 잠시 멈췄다. 둘러선 한겨레 임직원과 내외신 기자들 앞에서 두 사람이 손을 번쩍 치켜들었다. 한겨레 사람들이 <선구자>를 불렀다. (…) 1989년 내내 한겨레는 안기부와 싸웠다. 조금도 물러서지 않았다. 국민적 신뢰와 성원은 더 높아졌다. 1989년 한 해 동안 정기독자만 6만 명이 더 늘었다. 새 사옥과 고속 윤전기 마련을 위해 1988년 10월부터 발전기금 모금운동을 벌이고 있었는데, 안기부의 탄압이 시작된 1989년 4월부터 모금액이 폭발적으로 늘었다. (…) 100억 원을 목표로 했던 모금은 1988년 6월에 끝났다. 모두 119억 원이 모였다.

1989년 2월 정태기를 본부장으로 하는 개발본부가 발족했다. 고속 윤전기 도입, 업무 전산화 등과 함께 새 사옥을 지어 올리는 게 개발본부의 주 임무였다. (…) 같은 마포에 있으면서도 공덕동 땅값은 마포대로 주변의 3분의 1에 불과했다. 지방으로 신문을 수송하려면 기차역이 가까워야 하는데, 서울역이 5분 거리에 있었다. 고속윤전기를 들이기 위해 지하층이 깊어야 하는 조건에도 맞춤했다. 고갯길의 경사진 입지 덕택에 지하층을 만들려고 땅을 깊이 파지 않아도 됐다. (…) 처음엔 9층 건물로 설계되었지만, 실제로는 4

층 건물로 지어졌다. 자금 부족이 가장 큰 이유였지만, 결정 과정에서 논란이 적지 않았다. 은행 융자를 받아서라도 사옥 규모를 늘려야 한다는 주장과 실제 살림 규모에 맞춰 건물을 지어야 한다는 주장이 맞섰다. (…) 1996년 4월에 3개 층을 더 지어 올렸고, 1999년 12월엔 신관을 증축했다. 1991년 지하 3층, 지상 4층 연면적 2,031평이던 규모였던 공덕동 사옥은 2008년 지하 3층, 지상 8층, 연면적 3,691평 규모로 늘었다.

경영 전략의 혼선은 새 사옥 건설 과정에서도 드러났다. 당시 지방세법은 대도시에 공장을 새로 지을 경우 중과세하고 있었다. 공해시설의 도시 진입을 막기 위한 취지였지만, 창사 이래 첫 사옥을 마련하려는 한겨레로서는 부당한 일이었다. (…) 새 사옥 건설을 맡은 정태기는 중과세 문제를 해결할 수 있을 것이라 판단했다. 창간 때도 실정에 맞지 않는 법령을 지혜롭게 넘고 피하면서 신문사 등록 등을 관철했던 경험이 있었다. 관련법을 봐도 내무부(지금의 행정안전부) 장관이 주무 부처와 협의해 중과세 적용 예외를 둘 수 있는 시행령이 있었다. (…) 그러나 다른 이사들은 반대했다. 정부가 눈엣가시 같은 한겨레에게 중과세 예외 규정을 적용하지 않을 것이라고 판단했다. 결국 중과세 납부 문제에 대한 분명한 방침이 정해지지 않았다. (…) 1989년 12월 말, 3억여 원의 중과세와 함께 이를 제때 납부하지 않은 것에 대한 6,000여 만 원의 가산금까지 내라는 고지서가 신문사로 날아왔다. 이를 두고 뒤늦게 책임 논란이 분분해졌다.

가산금 납부를 둘러싼 논란이 커졌던 것은 새 사옥 건설을 둘러싼 이견이 완전히 해결되지 않았던 탓도 컸다. (…) 경영의 경험이 많은 정태기 같은 이는 신문사 설립 초기에 '규모의 경제'를 갖춰야 지속적인 성장이 가능하다고 판단했다. 반면 해직기자 시절 재야 운동을 이끌었던 김종철 같은 이는 한겨레가 대자본에 예속될 경우 권력의 압력으로 창간정신을 유지할 수 없을 것이라고 판단했다. 논란이 커지면서 경영관리 부문의 차장급 이상 간부 34명이 개발본부의 독주를 비판하는 성명을 내기도 했다.

1990년대 초반, 한겨레는 중대한 기로에 놓였다(창간 5년 만에 61억 원의 적자가 쌓였다). 경영 위기와 경영 혼선이 맞물리면서 창간 주역들이 하나씩 신문사를 떠났다. 이유는 조금씩 달랐지만 그 배경은 하나였다. 신문사 안팎에서 분란이 일어났다. (…) 논란의 바탕에는 보다 근본적인 문제가 있었다. 한겨레 지면의 방향 및 논조에 대한 것이었다. (…) 1991년 3월 정기주주총회를 앞두고 (…) 논란 끝에 송건호 대표이사를 포함하는 새 이사진이 확정되었다. 주주총회에서도 이사진 명단이 승인되었다. 그런데 1991년 4월 8일, 사원 동의 투표에서 새 이사진이 거부당했다. 초유의 일이었다(당시 한겨레는 창간위원회가 이사진을 추천하여 주주총회 의결을 거치면 마지막으로 사원 동의 투표에서 확정하는 임원 선출제도를 갖고 있었다). (…) 초대 편집인이자 부사장이었던 임재경은 "그런 상태에서 1년을 더 신문사에 머물면 내가 죽을 것 같았다"라고 당시의 괴로움을 회고한다. (…) 임재경은 1991년 3월에 사표를 냈다. 초대 영업이사 이병주와 초대 편집이사 신홍범도 같은 시기에 신문사를 그만두었다. 초대 관리이사였던 정태기는 이보다 앞서 1990년 5월 사표를 냈다. (…) 새 신문을 만드는 데 힘을 모았던 지도급 인사들이 모두 신문사를 떠났다.

한겨레의 지향은 무엇인가. 이 문제는 창간 이후 한 번도 딱 부러지게 결론을 내리지 못한 채 지속적으로 공론장에 올려지고 있는 화두다. 창간 당시 한겨레는 대외적으로 '대중적 정론지'를 표방했다. (…) 2006년 (정태기 대표이사의) 전략기획실은 처음으로 '고급지' 개념을 전면화했다. 다른 신문과 분명히 구분되는 한겨레의 좌표는 심층성을 갖춘 고급 콘텐츠라고 진단했다. 대중지 시장에서 탈피해 한겨레만의 고급지로 거듭나자는 뜻이었다. (…) 시장 분석에 기초한 이런 제안에도 불구하고 내부 논란은 완전히 마무리되지 않았다. 사회적 약자들을 외면하고 소수 지식층에게만 향유되는 미국식 권위지의 모델을 따라 밟는 게 아니냐는 비판이 제기되었다.

정태기는 한겨레 창간의 주역이었다. 1990년 신문사를 떠났다. 후배들의 요청을 받아들여 (2005년) 대표이사 선거에 출마했다. 60대의 그가 다시 돌아온 것에 대해 비판적인 사람들도 있었다. 양상우는 비상경영위원회 공동위원장이었다. 고호봉자들의 명예퇴직을 관철시켰다. 그가 곧바로 대표이사 선거에 나선 것에 대해 비판적인 사람들도 있었다. (…) 2005년 2월의 대표이사 후보 선거는 예전과 달랐다. 역대 직선제 대표이사 후보 선거에서는 편집위원장

또는 광고국장 등을 역임한 현직 간부들이 출마했다. 그러나 정태기는 퇴직자였고 양상우는 평기자였다. 이전 선거에선 사내 특정 의견그룹을 대표하는 인사들이 출마했는데, 12대 대표이사 선거 때는 그런 경계가 사라졌다. 대신 노장과 소장의 긴장이 형성되었다. (…) 역대 선거에서는 후보들마다 다른 지향을 드러냈는데, 정태기와 양상우는 그 차이가 크지 않았다. 공약집만 보면 두 사람의 경영 구상은 별반 다르지 않았다.

2004년을 거치면서 한겨레 사람들은 대표이사 리더십의 중요성을 절감했다. 혁신의 필요성을 인정했다. 이를 위해 외부 인재를 데려올 수도 있고, 퇴직자 가운데 유능한 사람이 다시 올 수도 있고, 평사원이라 해도 능력만 있으면 대표이사를 할 수 있다는 생각이 퍼지기 시작했다. 가장 중요한 것은 혁신이었다. (…) 정태기 대표이사는 혁신의 청사진을 제2창간 운동으로 집약했다. 지면을 바꾸고 조직을 바꾸고 경영 방식과 소유 구조를 바꾸는 것까지 포함하는 구상이었다. 취임 직후인 2005년 4월 20일 제2창간 운동본부를 출범시켰다.

지면과 조직 개편에 힘썼던 정태기는 한겨레에 돌아온 지 2년 만인 2007년 2월, 사직서를 냈다. 대표이사 임기가 1년 더 남아 있는 시점이었다. 일련의 변화를 이끄는 과정에서 건강이 뒷받침해 주지 못한 것에 부담을 느꼈다. (…) 그 이면에는 한겨레 혁신의 속도와 방향을 둘러싼 긴장도 있었다. 사원지주 강화에 따라 경영권의 견제와 비판에 나서려는 노동조합·사주조합과 강력한 리더십으로 경영 혁신을 마치려는 최고 경영진의 상호 소통이 부드럽지 못했다. 대표이사가 취임 2년 만에 편집위원장을 세 차례 바꾸게 된 일도 부담이 되었다. (…) 정태기와 서형수가 대표이사를 맡은 3년 동안 한겨레는 창간 이후 처음으로 연속 흑자를 냈다. 2005년, 2006년, 2007년 모두 각각 20억~30억 원대의 당기순이익을 기록했다. 도산 위기까지 몰렸던 한겨레는 창간 스무 돌을 맞은 2008년 3년 연속 흑자를 낸 우량 언론사가 되었다.

9회 만루 투수 심정으로*
금주의 최고 경영자-정태기 신세기통신 사장

매일경제신문 김종현 차장, 박기호 기자

'9회 말 2사 만루에 볼 카운트 투 스리를 맞은 투수', 그는 최고 경영자의 처지를 이렇게 비유했다. 해직언론인 출신에 출판사 및 소프트웨어 업체 사장, 시스템 통합업체 포스데이타 부사장에다 첨단 정보통신 업체인 신세기통신 최고 경영자. 신세기통신 정태기 사장(58)의 인생 경력이다.

산전수전 다 겪은 사람답지 않게 경영자로서의 그는 어려운 처지에 몰려 있는 투수와 같다고 표현할 정도다. 그를 잘 아는 사람들도 그가 어떤 사람인지 한마디로 정의하기 힘들다고 말한다. 조용한 말투에 온화한 외모만 보면 마음씨 좋은 '옆집 아저씨'처럼 보인다.

그러나 확고한 주관을 갖고 '딱 잘라 말하는' 모습을 발견하면 놀라기도 한다. 이런 뚜렷한 주관은 그가 언론민주화운동에 참여해

---

* 편집자의 말: 이 글은 고인이 1999년 6월 28일 「매일경제신문」과 인터뷰한 것을 옮겨 실은 것이다.

10년 동안 다니던 직장에서 해직당한 경력을 보면 잘 알 수 있다.

그는 변화를 두려워하지 않고 창의적인 것을 좋아한다. "언론인은 새로운 것을 겁내지 않는다"는 그의 말에서 이런 성격을 읽을 수 있다. 그는 첨단 분야인 이동통신사업계의 최고 경영자이면서도 동양철학에 깊은 조예를 갖고 있다. 정 사장은 감명 깊게 읽은 책으로 『생과 사에 관한 티벳의 진리』를 들고 있다. 어찌 보면 서로 상반된 특성이 조화를 이루고 있는 것이 정 사장이다.

이순耳順을 눈앞에 둔 정 사장의 얼굴에서는 인생의 난관을 극복한 사람에게서 보이는 부드러운 태도에 녹아 있는 강한 의지가 엿보인다. 회사 경영에서도 그의 특성은 그대로 나타난다. 기업의 최고 경영자쯤 되면 흔히 경조사 때 임원을 데리고 가는 것이 보통인데, 정 사장은 혼자 다닌다. 격식 차리는 것을 싫어하는 것이다. 포스데이타 시절 정 사장을 가까이서 보필한 한 측근은 "당시 부사장이라는 권위를 내세우지 않고 직원들과 어울려 허름한 술집에서 소주를 같이 마셨다"며 소탈한 성격을 전했다.

이러한 정 사장도 엄격하게 직원을 야단치는 때가 있다. 업무에 소신이 없고 '책임'지려고 하지 않는 경우다. 정 사장은 물론 이것이 '오너'의 의사를 짐작해 행동하고 오너의 '지침'을 받아야 움직이는 한국 기업의 특성 때문이라고 말한다. 정 사장은 그 사례로 결재를 올릴 때 '제1안, 제2안, 제3안' 등 기안자의 생각은 없이 윗사람에게 결정을 미룬다고 말한다. 정 사장은 이것이 좋지 않은 이유에 대해 '소신이 없으면 창의력도 없어지기 때문'이라고 잘라 말한다.

하루가 다르게 변화하는 정보통신산업에서는 빠른 의사결정과 창의력이 중요하므로 작은 것부터 의사결정을 해나가는 것이 필요하다는 것이다.

그는 '담당자가 결정하고 책임지도록 할 예정'이라며 '신입사원'이라도 그에 맞는 재량권을 줄 예정이라고 강조한다. 직원들에게 재량권을 주지 않는 기업 풍토는 일본 기업의 관습을 그대로 받아들인 결과라고 설명한다.

그는 전공과 멀다고 느껴지는 정보통신 분야에 해박한 지식과 비전을 가져 주위를 깜짝 놀라게 한다. 정 사장은 '이동통신산업은 대규모 투자를 해야 하는 장치산업이나 투자 자본 회수기간이 길고 동종 업체 간 출혈에 가까운 경쟁으로 수익성이 떨어지고 있는 상황이라고 말한다. 여기에 신세기통신은 2대 대주주로 구성돼 경영권이 확립되지 않아 동종업체처럼 투자가 원활하지 못하기 때문이다.

이런 어려운 상황이지만 회사 경영을 책임지고 있는 최고 경영자로서 정 사장은 적절한 '타이밍'에 적절히 투자해야 하는 책임을 지고 있기 때문이다. 위기 상황에서 외로이 결단을 내려야 하는 자신의 모습을 '만루를 맞은 투수'에 비유한 것이다. 정 사장은 대형화, 종합화되는 국제적 통신사업자의 추세에 비춰 "국내 이동통신 사업자 간 빅 딜이 필요하다"고 말한다.

그는 또 신세기통신 운영에 대해 "한국에 주식회사가 가능하다는 것을 보여 주겠다"고 포부를 밝힌다. 정 사장의 뚜렷한 주관은

'부富'와 '기업'에 관해서도 잘 드러난다. 정 사장은 한국 기업은 아직 IMF의 교훈을 실천하지 못하고 있다고 지적한다. IMF 이후 중요시된 것이 기업의 투명성인데 아직 한국 기업은 세계 수준에는 미치지 못하고 있다는 것이다. 그 사례로 전사적자원관리시스템 ERP이 우리나라 실정에서는 제대로 사용될 수 없다고 말한다. 외국의 가장 효율적 업무 프로세서인 ERP가 '오너' 체제와 불투명한 회계처리로 정상적으로 작용하지 못하고 있다는 것이다. 정 사장은 덧붙여 "기업들이 결산이나 장부 작성을 제대로 하지 않은 책임도 있지만 이를 철저히 잡아내지 못한 회계법인도 문제가 있다"고 말한다.

정 사장은 언론과 일반인들의 부자에 대한 시각이 부정적이라고 단적으로 지적했다. 20억 원이 넘는 아파트를 소유할 수 있는 계층이 있을 수 있으나 이를 바라보는 시각에 부정적 요소가 많다는 설명이다. "자본주의를 표방하지만 아직 사회주의적 요소가 강하다"는 것이다. "우리 사회는 정치권력에는 승복하지만 경제권력에는 승복하지 않으려는 사람들이 존재한다"고 그는 부연했다. 물론 그는 우리나라가 고속 성장 과정에서 정치와 부의 축적에 잘못된 경우도 있었다는 것을 누구보다도 잘 아는 사람이다.

정 사장은 아직 마음이 젊고 의욕적이다. 최고 경영자를 그만두면 구의회 의원을 하고 싶다고 말한다. 작은 일에서부터 우리 사회의 비능률을 제거하고 싶다는 소망을 갖고 있기 때문이다 아파트 관리비리와 같이 불합리한 요소가 우리 주변에 많이 있지만 능력

있는 사람이 신경을 안 쓰는 것을 안타까워하는 것이다.

정 사장은 신세기통신의 사장을 맡게 된 것은 자신이 언론인 출신이었기 때문이라고 한다. '언론인 출신도 훌륭한 경영자가 될 수 있다는 것'을 보여주고 싶었다는 설명이다. 인맥이나 경영 외적인 면에 의존하지 않고 경영자로 승부해 후배 언론인들의 앞날에 도움을 주겠다는 것이 정 사장의 소망이다. "경영자는 첫째도 둘째도 부지런해야 하고 업무에 열성적이며 적극적이어야 한다"는 것이 최고 경영자로서 정태기 사장의 철학이다.

6
정태기가 남긴 글

우리의 결의*

정태기
조선투위 위원장

    3·6 운동의 돌을 맞는다. 그 무덥고 길던 여름과 그리고 또 유난스레 추웠던 겨울을 넘기고 새봄을 맞는다. 신문 없는 신문기자의 1년을 보낸 것이다.

    1975년 3월 6일 조선일보 기자들은 한 사람도 빠짐없이 열과 성의를 다 모아 우리 직업 앞에 암담하게 가로놓여진 벽을 허물려 나섰다. 조선일보를 신문 제작의 정도正道에 다시 올려놓기 위해 신문기자가 할 수 있는 모든 일을 우리들은 다 했다. 우리는 그 일이 기자로서의 책임을, 지식인으로서의 의무를, 인간으로서의 성실을 관철하는 길임을 믿었다. 그리고 33인의 기자가 한꺼번에 파면당했다.

---

* 편집자의 말: 1976년 3월 6일 조선투위 위원 33명은 3·6 운동 1주년을 맞아 오전 8시 모임을 갖고 '방우영 사장에게 보내는 공개서한' 및 결의문을 채택, 전원 서명 후 조선일보사로 행진했으며, 이를 회사 측에 전달하고 반성을 촉구했다. 또한 '우리의 결의'를 통해 자유언론 수호의지를 천명하고 저녁 7시 동아투위 기자 등 언론계 동료들이 참석한 가운데 태화관에서 기념식을 가졌다. 이 글은 정태기 위원장이 이 모임에서 발표한 것이다.

우리는 '파면된 기자'로 거리를 헤매면서 여름, 가을, 그리고 겨울을 넘긴 우리들의 분노와 고통을 말하려 하지 않는다. 다만 우리는 1년 전 우리들의 결단이 무엇이었나를 오늘에 와서 더욱 선명히, 더욱 확실하게 알게 되었음을 말하려 할 뿐이다. 그것은 바로 오늘의 조선일보를 만들기를 두려워하고 오늘의 조선일보 기자 되기를 거부한 것 이외에 아무것도 아니었기 때문이다. 우리는 우리들의 실업상태를 고통스러워하지 않는다. 우리는 천직으로 알았던 신문기자로서의 일시적인 좌절을 슬퍼하지도 않는다. 차라리 우리들이 참으로 고통스러워하는 것은 신문기자가 사라져버린 조선일보이며 우리들의 진정한 슬픔은 사실이 실리지 않는 신문들일 뿐이다. 이 모든 사실들이 지금도 그리고 앞으로도 우리들과 무관할 수 없는 바로 우리들의 일이며 우리들의 책임임을 아프게 느끼기 때문이다.

그러나 우리는 우리들의 3·6 운동이 과대평가되는 것 또한 거부한다. 우리들은 그것이 하나의 시작에 불과한 것임을 알고 있다. 그리고 그것은 상찬받을 일이기보다는 어느 직업인들이나 지켜야 할 자기 성실에 관한 문제임을 또한 알고 있다. 우리들은 신문기자가 의당 지켜야 할 일을 지킨 것에 지나지 않았다. 다만 그에 대응한 언론기업의 터무니없는 폭거가 문제였을 뿐이다.

그러나 우리는 땅에 발을 딛고 살 수 있는 근거가 되는 동력을 믿는 것에 못지않게 역사의 중력을 믿는다. 행여 다시는 봄이 오지 않을까를 의심치 않는 것처럼 역사의 계절을 의심치 않는다. 또한 역사의 중력이나 계절이 진행하는 방향이 자유에 있어서의 유전이라는 사실을 믿는다. 이는 바로 사람들의 이성에 대한 믿음이며 문명의 미래에 대한 신뢰다. 이와 같은 우리의 확신은 거의 자유를 그 본질로 하는 언론의 문제만으로 좁혀 생각할 때 더욱 확실하고 분명한 것이 된다. 따라서 우리들은 신문기자로서의 생애에 조금도 좌절감을 갖지 않는다. 그보다는 차라리 한국 언론 그 자체의 심각한 좌절에 고통과 책임을 함께 느낄 뿐이다. 진정한 자유언론으로의 회귀가 궁극적으로는 기자들 스스로의 노력으로 이루어질 수밖에 없는 언론계의 절실한 내막을 우리들은 알기 때문이다.

지난 한 해 동안 우리들은 우리가 몸담은 언론계 안의 엄청난 허구들을 우리들의 살갗으로 느끼고 확인함으로써 오히려 이제야 참으로 신문기자가 무엇이고, 무엇이어야 하는가를 깨달은 느낌을 갖는다. 우리들은 우리 직업에 대한 이처럼 선명한 깨달음이 앞으로 다시 여름, 가을, 겨울…로 4계절이 아니라 40계절이 흘러도 우리들을 신문기자이도록 강요할 것으로 느낀다. 그리고 우리들 스스로 또한 그렇게 할 것이다.

제3년을 맞으며*

정태기
조선투위 위원장

3·6 두 돌을 보낸다. 신문 없는 신문기자들에게 또 하나의 연륜이 쌓인다. 두 해 전 1975년 3월 6일, 우리들은 우리의 몸과 마음을 한 덩어리로 뭉쳐 우리들 직업적 권리의 관철을 위해 싸웠다. 우리는 1965년 언론법 파동 이래 10년을 한 소리 비명조차 없이 시들어 빈사지경에 이른 한국 언론의 회생을 위한 일념에 모든 것을 바쳤다. 우리는 우리들에게 지워진 국민적 부채를 온몸으로 감당하려 했다. 그리고 33명의 기자들은 파면됐다.

우리는 뿌리 없는 나무, 고향 없는 도시 아이들처럼 허허로움을 견디며 보낸 두 해 동안의 삶을 감추려 하지 않는다. 우리는 완전 실업자 통계에 보탬이 된 우리들 생계의 고통 또한 감추려 하지 않는다. 우리들 절반 넘어가 제가끔 하나씩의 엉뚱한 생업을 붙들게 된 것도, 그리고 그 생업의 장소들이 언제나 남의 땅에 서 있는, 빌어든 곁방살이의

---

* 편집자의 말: 이 글은 1977년 3월 조선투위 결성 2주년을 맞아 ≪조선투위 소식≫에 실린 것이다.

눈치와 어색함으로 고통스럽다는 것도 굳이 덮어두려 하지 않는다.

그러나 진실로 우리들 가슴 밑바닥의 고통은 이미 캄캄하게 닫혀버린 이 세상의 어둠이며, 그 어둠이 우리들 언론의 절명에서 비롯된 것이라는 통렬한 사실이다. 그리고 형해形骸만 남은 언론의 제도 속에서, 혹은 그 주변에 안주하면서 갖은 어휘와 이론으로 허공을 윤색潤色하고 있는 한때 존경받던 우리들의 선배, 동료들의 몸짓이다. 우리들이 어찌 모르랴, 그들의 번민과 갈등과 자기혐오로 얼룩지는 불면의 밤을. 그러나 그 모든 자질구레함을 떨치고 우리는 할 일을 해야 할 것이다. 이 시대, 이 사회를 에워싼 드높은 벽을 허물어내고 바람을 통하고 햇빛을 쐬게 해야 할 것이다. 이는 지식인으로 이웃에 대한 책임일 뿐만 아니라 언론인으로서의 국민에 대한 채무임을 어찌하랴.

우리들은 무엇보다 이 닫힌 시대, 닫힌 사회의 증인으로 우리들의 1차적 책무를 해낼 것이다. 한국 언론이 지금껏 자행해온 스스로 역사를 파묻고 왜곡하고 망각시켜온 폐습을 우리는 결코 용납하지 않을 것이다. 우리는 암울한 시절의 이야기를, 그리고 그때 사람들의 일을 낱낱이 기억하고 밝힐 것이다.

언제? 라고 묻지 말라. 우리들은 2년이 두 번 아닌 스무 번이 고쳐 지나더라도 우리들의 3월 6일과 마찬가지로 잊지 않을 것이며 잊혀지지 않을 것이다. 그리고 우리 아이들에게, 그리고 그 아이들은 또 그 아이들의 아이들에게 가르치고 또 가르치게 할 것이다. 자유언론이 무엇이며 어떠해야 하는 것인가를….

3년이 뜻하는 것*

정태기
조선투위 위원장

　3·6 사태 세 돌을 맞는다. 1975년 3월 조선일보 기자 전원은 이미 10여 년 해묵은 언론의 조락凋落과 그로 인한 벗어날 길 없는 세상에 대한 빚을 청산하고, 무엇보다 독립신문 이래 이 나라에 끈질기게 이어져온 언론의 정도를 회복하고자 온몸을 던져 싸웠다. 생각해보면 그것은 언론의 안에서 언론의 회복을 위해 싸울 수 있었던 마지막 기회였고 우리들은 신문이, 언론이 떨어질 수 있는 바닥에까지 이른 절박감으로 불탔다. 우리는 싸웠고 그리고 33명의 기자가 흐트러진 염주 알처럼 깨뜨려져 세상에 던져졌다. 신문 없는 신문기자로 우리들의 3년은 분노에 찬 것이었다. 그러나 우리들의 고뇌에 찬 3년을 통해 우리들은 이제야 진정으로 언론이 무엇이며 무엇이어야 하는가를 깨닫는 느낌이며 우리가 세상에 던져진

---

* 편집자의 말: 1978년 3월 6일, 3·6 운동 3주년을 맞아 조선투위는 명동 YWCA 강당에서 동아투위 동지 및 종교계, 문단, 해직교수, 학생 다수가 참석한 가운데 기념식 및 다과회를 갖던 중 경찰에 의해 강제 해산당했다. 이 글은 이날 배포된 ≪조선투위 소식≫에 실린 것이다.

것이기보다는 차라리 역사 속에 내동댕이쳐진 것임을 깨닫는다. 오히려 우리들의 작은 고통을 통해 이 나라 언론의 갱생을 준비케 하는 역사의 섭리 앞에 우리들은 부끄러움과 떨림을 깨닫는다. 이것이 우리들의 3.6세 돌의 고백이다.

언론의 자유란 무엇인가? 그것은 불가양 불가침不可讓 不可侵의 기본권이다. 먹고 마시고 자는 것이 모든 건강한 살아있는 것의 권리이듯이 보고 듣고 생각하고 또 그대로 말하는 것은 인간의 같은 권리이다. 이와 같은 당연하고 소박한 자연의 권리가 제한되고 억압당하는 결과는 인간의, 사회의 근본을 뒤틀리게 할 것이 또한 당연하다. 첫째 언론의 억압은 주권의 제약이다. 동양 전래의 왕도정치에서조차 '언로言路의 확보'가 근간이었거늘 주권이 국민에게 있고 모든 권력이 국민으로부터 비롯되는 민주국가에 있어서랴. 주권의 행사는 구체적으로 언론을 통해서만 가능한 것이며, 권력이 국민으로부터 비롯됨 역시 언론을 거치지 않고는 길이 없다. 언론의 자유가 제한될 수 없다는 것은 주권재민의 원칙이 제한될 수 없다는 것과 동의어다.

또한 언론자유의 제한, 더욱 구체적으로 언론의 타락은 한 사회의 불평등을 심화시키고 세상을 분열시키며 증오와 절망과 실의의 도가니로 만들게 된다. 권력의 폭력에 의한 것이든 언론의 자멸에 의한 것이든 언론의 타락은 언론을 세상을 위한 것으로부터 '언론을 위한 언론', '권력을 위한 언론'으로 이물화異物化하고 사회의 일부 계층의 이익에 봉사하는 것으로 탈바꿈하게 되어 세상의 그늘이 넓어지고 어둠이 짙어지게 마련이다. 모든 사회 현실의 어둠의 제1차적 책임이야말로 언론에 귀착되는 것임을 언론은 외면할 수 없는 것이다.

그러나 무엇보다 언론자유의 억압은 한 사회, 한 문명의 미래를 부정하는 가공할 결과를 빚는다. 모든 현재의 문명이나 체제는 바로 전 시대의 언론자유의 소산이며 결과인 것이다. 현재의 언론자유를 부인하는 것은 앞날의 발전, 미래의 희망과 한 사회의 이상을 말살하는 것임을 부인할 수 없다.

이 모든 우원迂遠한 언론자유론을 펴기에 실상 우리들은 너무 다급하고 절박한 사정에 놓여 있음을 안다. 이미 자유언론의 질식에 의한 세상의 어둠과 미움과 분열은 더 넓게 번져 있고 신문, 통신, 방송의 이른바 제도언론의 타락은 바야흐로 표현의 자유로서 근간을 이루는 학문의 자유, 사상의 자유의 부정으로 확산되고 있으며, 양심의 자유가 설 땅을 잃게 하고 있다.

우리들이 참으로 언론이 무엇이며 언론이 무엇이어야 하는가에 대한 어렴풋한 깨달음을 얻고 있다는 믿음은 바로 이와 같은 이미 벌어지고 있는 이 세상의 사태에 대한 책임감과 부끄러움에 근거한 것이다. 우리는 정부의 권력자나 현역의 언론인, 신문기자들에게 새삼스러운 기대, 새삼스러운 개전改悛을 바라는 것이 아니라 이 언론의 부재, 상실로 인해 벌어지고 있는, 또 앞으로 벌어질 통렬한 현실에 대한 책임을 묻고자 할 따름이다.

또한 동시에 우리들은 우리들에게 짐 지워진 이 나라 언론이 부활하고 재생하는 길이 '언론과 권력을 위한' 언론으로부터 이 세상을 위한, 이 땅에 사는 이웃을 위한 언론이 되는 것임을 믿는다. 그것이 우리가 말하는 민족언론, 민주언론이며 이미 지나간 1천 날이 열 번이나 되풀이되더라도 우리는 이 길에 헌신할 것이며 이룩할 것이다.

우리는 돌아가야 한다*

정태기
조선투위 위원장

우리는 돌아가야 한다. 다섯 번째의 '3·6'을 맞으며 우리들이 할 말은 오직 한 마디뿐이다. 우리는 돌아갈 것이다. 1975년 3월, 자유언론실천의 간절한 노력 끝에 이른바 유신체제라는 압도적 폭력에 의해 신문사에서 거리로, 세상 테두리 바깥으로 쫓겨난 이래 간난의 다섯 해를 정리하고 이제 우리는 우리의 본디 자리, 언론의 현장으로 돌아가야 한다는 것이다.

그것은 유신체제의 붕괴에 따른 당연한 논리적 귀결이며 다른 한 면에서는 신문 없는 신문기자로서 그 거친 5년 동안 한 번도 신문기자이기를 포기해본 적이 없는 우리들의 권리이기도 하다. 그러나 우리들의 돌아감, 우리들의 원상회복이 이뤄져야 한다는 것이 그런 단순 논리만은 아니다. 엄밀히 말하면 1975년 봄에 거리

---

* 편집자의 말: 이 글은 1980년 3월 6일 ≪조선투위 소식≫ 5주년 기념호에 실린 것이다. 1975년 해직 이후 5년 동안 거리의 기자로 지낸 조선투위 위원들은 1980년 봄이 되자 새로운 희망에 부풀어 있었다. 짧았던 민주화의 봄을 예견한 듯 기대와 염려, 철저한 자기점검을 담고 있다.

로, 세상의 바깥으로 쫓겨난 것은 우리들 33명의 조선일보 기자, 혹은 조선, 동아투위의 1백46명의 언론인이 아니라 이 나라의 모든 기자, 모든 언론인이었으며 한국의 언론 그 자체였다. 그 이래 한국의 모든 언론기관은 권력자의 표현기관임을 자임하게 되었고, '신문에 났다'는 것이 사실 혹은 진실의 입증이기보다는 '신문에 난 것'의 참된 진상, '신문에 난 것'의 의미를 캐내려는 갸우뚱거림과 의심암귀疑心暗鬼가 이 나라 민중들의 관습이 되다시피 하였다. 그렇다고 한다면 이제 제자리로 돌아가야 할 것은 우리들 33명의 기자가 아니라 이 나라의 모든 기자, 언론인이며 한국의 언론 그 자체라 할 것이다.

우리들이 돌아간다 함은 당연히 우리들의 잃었던 직업적 권리를 회복한다는 뜻이다. 그러나 우리는 우리들이 잃었던 것을 되찾으러 돌아가야 한다는 것만은 아니다. 보다 더 우리는 잃어버린 이 나라 언론의 본디 모습, 언론의 정당성을 되돌이켜 놓는 책임을 다하는 데 열렬한 관심을 갖고 있다. 우리는 한국 언론계에 대해 채권자인 동시에 채무자이기 때문이다. 우리는 우리가 돌아가지 않을 경우 한국 언론계가 최소한 언론사의 잃어버린 70년대를 어떻게 회복할 것인가를 생각한다. 이것은 우리들의 오만이 아니다. 오히려 이대로는 끝낼 수 없는, 그리고 저버릴 수 없는 스스로의 책무에 대한 우리들의 고통스러운 인식이며 확신일 뿐이다.

되돌아보면 그것은 참으로 어두운 시절이었다. 지나간 10년의 이 나라는 비단 언론만이 아니라 모든 자유의 암흑시대였다. 모든 자유, 그렇다, 찬성의 자유, 복종의 자유, 부패의 자유, 타락의 자유, 그리고 권력자와 재벌과 정보원의 무한정의 자유를 제외한 모든 자유가 총체적으로 억눌린 폭력의 시대였다. 누가 이 시대의 피해자가 아닐 수 있겠는가? 이 어둠과 폭력의 보다 큰 피해자는 세상의 테두리 바깥으로 솎아져 내동댕이쳐진 사람들이기보다 차라리 테두리 안에서 안주했던 보다 많은 사람일는지 모른다. 그들의 고통, 그들의 자학적 번민의 총화는 시원스레 쫓겨난 이들의 것보다 결코 덜하지는 않았으리라. 혹은 개중에 한 오라기의 번민도 없이 안락했던 이들, 혹은 보다 적극적으로 어둠과 폭력을 만끽했던 이들이 많았을지도 모른다. 그러나 그렇다면, 흑인을 흑인으로 차별함으로써 인간으로서의 존엄을 훼손당하고 파탄됨을 입는 것은 흑인 아닌 백인이듯이, 그들이야말로 이 시대의 가장 큰 불행한 피해자들이라 할 것이다. 사정은 언론의 문제로 좁히더라도 마찬가지이다. 하물며 언론은 기본적으로 권력과의 긴장관계를 그 존립 이유로 하는 것이라 할 때 무한 권력 체제 아래서 언론계의 그 누가 피해자가 아닐 수 있을 것인가? 이것이 오늘 우리들의 솔직한 생각이다.

  이제 이 땅에 새로운 시대가 열리려 한다. 그 시대가 새로운 언론, 언론의 새 시대를 출발로 하고 있음을 깨달으며 우리는 시련에 찬 다섯 해의 열정을 가다듬어 새 시대의 언론에 동참하려 한다. 우리는 이제 쫓겨난 기자, 신문 없는 기자들의 우리에게 귀정歸正하는 한국 언론 전체의 우리에 포함되려 한다. 그리고 그때의 우리는 분열과 갈등을 잊고 되찾은 자유와 그리고 정의를 생각해야 할 것이다. 자유, 그것은 달콤하고 누릴 만한 따스한 것이기보다는 거칠고 고통스러운 또 하나의 멍에임을 우리는 깊이 인식하고 있다.

하물며 정의의 문제에 있어서랴. 지식인으로서의 신문기자들에게 그것은 이집트의 가마솥에서 떨어지는 빵부스러기를 괴롭게 회상하는 광야의 유태인들만큼이나 고통의 길일 것이다. 그러나 우리는 생각해야 한다. 그것은 이 땅의 민중이 역사 있은 이래 천연스레 걸어온 길이며, 아직도 겪고 있는 고통에의 참여인 것을. 그리고 그것만이 저 어두운 70년대의 공백을, 없었던 것보다 있었던 것이 나은, 한국 언론의 빛나는 각성의 시기로 언론사에 기록되게 할 수 있는 길임을.

지금 우리들은 참으로 많은 할 말을 간직하고 있다. 언론과 언론인을 바라보는 지금 이 땅의 민중들의 모멸적인 시선을 우리들은 누구보다 따갑게 가슴 아프게 느끼고 있다. 또한 수많은 재벌들이 마치 훈장이나 야간 통행증을 얻듯이 언론기관의 소유를 소망하고 있는 현상도 알고 있다. 그런가 하면 또한 적잖은 언론 기업인들이 재벌의 행태를 흉내 내며 재벌 놀음을 지향하고 있음을 보고 있다. 뿐이랴. 안에 있는 동료 기자들의 거의 체질화된 자학적인 냉소주의를 알고 있다. 이 모든 것이 언론인들의 흔쾌한 자기갱신을 통해 광정匡正되어야 한다고 우리들은 믿고 있으며 지금이 그 중요한 걸음을 내디딜 때라고 믿고 있다. 그리고 지금 우리들은 신문사 바깥으로 쫓겨난 후에야, 그리고 5년이 지난 이제야 참으로 언론이 무엇이며 신문기자가 무엇인가를 철 늦게 어렴풋이 깨닫고 있음을 말해야 한다. 우리는 이 깨달음을 바탕으로 모든 분열과 대립과 갈등을 넘어설 수 있음을 믿고 있다.

  우리는 돌아갈 것이다. 이미 오래전에 짙어지는 어둠에서 우리는 밝은 날이 다가옴을 느꼈다. 그 밝은 날은 지금이 아니어도 좋고, 아직은 미명이어도 좋다. 그러나 이제 우리는 몸을 일으켜 밝은 날에 대한 준비를 갖추고 있다. 우리는 채비를 마쳤으며 우리의 자리에 돌아감은 한국 언론의 본디 자리로 돌아감의 시작이며 그것은 크게 우리 민주주의의 열매를 맺게 하는 큰 한 걸음이 될 것임을 우리는 확신한다.

또 다른 20년을 향하여*

책임감 때문에 이 자리에 섰습니다.

그 말밖에 드릴 말씀이 없습니다. 그것이 저의 진심입니다. 솔직히 나서고 싶지 않은 일이기도 합니다. 그만큼 힘들 것이기 때문입니다. 개인적으로는 다른 일을 해볼까 하고 있었는데, 주위에서 한겨레가 어느 때보다 힘든 상황을 맞고 있는 지금, 당신 도대체 뭐하고 있느냐는 비판을 많이 받았습니다. 한겨레의 상황을 들어보고서는 많은 고민을 했습니다. 저로서는 한겨레를 만들어준 많은 사람들, 3천여 창간발기인과 6만 8천 주주들한테 어떤 얘기라도 할 수 있어야 했습니다. 심지어는 한겨레가 부도가 나고 망하게 된다면, 그때야말로 제가 나설 수밖에 없을 것이라는 생각도 했습니다. 결국 그 책임을 제가 질 수밖에 없다고 보았습니다. 그 이전에 나서게 된 것이 다행인지 불행인지 어떻게 얘기해야 할지 가늠하기가 어렵습니다.

---

* 편집자의 말: 2005년 한겨레신문 대표이사 선거에 나선 정태기 후보의 글

3천여 창간발기인과 6만 8천 주주를 잊을 수가 없습니다.

한겨레를 만들어준 분들은 보통 사람들이 아닙니다. 지금도 기억납니다. 마산-창원공단의 여공 4명이 돈을 모아 만 원을 보내면서 주주가 되고 싶다는 얘기를 전해와 가슴이 벅차오르기도 했습니다. 한겨레에서 직접 일한 사원들의 희생도 훌륭한 일이지만 그런 사람들을 잊어서는 안 되고 잊을 수도 없습니다. 그들이 바로 우리의 힘이기도 합니다. 다시 그분들을 한겨레 주위로 모으고 그들과 함께 세상을 바꾸는 일에 나서야 합니다.

제 꼴이 우스워지는 것은 괜찮습니다.

하지만 거꾸로 저는 여러분께 묻고 싶습니다. 여러분은 준비가 되어 있습니까? 처음 후배들이 출마를 권유했을 때, 한겨레 안에서도 부정적인 얘기를 하는 분들이 있다는 얘기가 적잖게 부담스러웠습니다. 저는 생각을 접었습니다. 한겨레 안에서 견해가 모아지면 모르지만 더구나 경선을 해야 한다는 얘기까지 나오는 것은 분명 부담스러운 일이었습니다. 그런 상황에서는 대표이사를 맡게 된다고 하더라도 제대로 일을 할 수 있겠는가 하는 것도 문제였습니다. 지금도 젊은 후배와 경선을 해야 한다는 소식을 듣고서는 왜 굳이 그런 일에 나섰느냐고 전화 해오는 이가 있습니다.

하지만 괜찮습니다. 한겨레를 살리는 데 동참할 수 있다면 노욕이라는 말을 듣는 것도, 경선을 하는 것도 감수해야 한다고 결심했습니다. 제가 정말로 고심하는 부분은 바로 여러분입니다. 제가 아무리 열심히 해도 그것은 절반에 그 절반도 되지 않습니다. 바로 여러분입니다. 제가 주위의 시선을 무릅쓴 만큼, 한겨레 가족 여러분들은 과연 스스로를 바꿀 준비가 되어 있습니까?

노조의 '한소리'를 읽고 나서 가능성을 보게 되었습니다.
 비상경영위원회의 활동을 자세히 담은 '한소리'를 구해서 읽어 보았습니다. 크게 안도감을 느꼈습니다. 한겨레 사람들이, 우리는 열심히 잘하고 있는데 CEO가 잘못해서, 제대로 된 CEO가 없어서 회사가 이 모양이 됐다고 생각할까 걱정했습니다. 경영자 하나만 바꾸면 잘된다는 정도의 문제의식을 갖고 있다면, 천하장사가 와도 회사를 바꾸고 제대로 이끌어갈 수 없습니다. 비경위 자료를 보니, 거의 모든 문제가 노출돼 토론된 것을 확인할 수 있었습니다. 양상우 후보가 특종을 많이 하고, 공격적인 취재를 하는 기자라는 얘기를 들었습니다. 일 잘하는 사람이 노조위원장을 하고 대표이사에 나섰다는 것을 듣고 흐뭇했습니다. 이 정도 고민한 상황이라면 이제 합심해서 제대로 풀어나가면 된다고 생각합니다. 그 과정에 제 경험이 도움이 될 것으로 생각합니다.

지금이 변화와 개혁의 적기입니다.
 한겨레가 신문시장의 변화를 선도할 것입니다. 모든 언론이 위기감에 휩싸여 있습니다. 하지만 변신의 순발력이나 그 성공 가능성이 가장 높은 것이 한겨레라고 생각합니다. 지금이야말로 한겨레가 다음 20년을 내다보면서 모든 것을 다시 검토해야 할 때입니다. 조·중·동은 사주 중심으로 사주의 이익을 위해 움직이는 신문입니다. 특히 '조선일보'는 철저히 시장 상인의 마인드를 가진 사람들입니다. 시장 변화에 가장 민감하게 신문을 만들어왔습니다. 하지만 '조선'은 물론 '중앙'이나 '동아' 모두 근본적인 변신은 힘들 것입니다. 사주의 사고 범위와 이해 안에서만 움직이게 되어 있습니다. 장사꾼들은 욕심 때문에 과감한 도전을 못 합니다. 한겨레는 가능합니다. 무에서 유를 만든 경험이 있고 사무사思無私의 공심이 있습니다. 개혁과 변화에 대한 구성원들의 요구가 뜨겁고 스스로 바뀔 준비가 되어 있습니다. 한겨레가 변화를 선도해야 할 때입니다.

자유로운 영혼으로 새로운 신문을

신문 개혁에서부터 시작하겠습니다.

냉정하게 말씀드리면, 우리 주주들은 한겨레 직원들의 일자리를 만들어 월급이나 받으라고 신문사를 만들어준 것이 아닙니다. 제대로 된 신문을 만들라는 것이었지요. 한겨레가 지금 그들의 기대에 부응하고 있습니까? 그렇지 않은 측면이 너무나 많습니다.

제대로 된 신문을 만들어야 합니다. 한겨레 문제의 해결은 거기서부터 출발해야 합니다. 독자 배가든, 증자든, 영업이든, 한겨레라는 신문이 우리 사회에 꼭 필요하다는 인식을 심어주지 못하면 모든 일이 불가능해집니다.

이 시대의 가치에 대한 합의 도출을 위해 대토론회를 열겠습니다.

한겨레의 성격을 진보적 대중지로 규정짓는 사람들이 많은 것 같습니다. 충분히 의미가 있다고 생각합니다. 제 생각으로는 조금 더 근본적인 논의가 필요하다고 봅니다. 신문의 정체성은 매니페스토manifesto(선언)만으로 이뤄지는 게 아닙니다. 르 몽드는 매니페스토가 아니라 알제리 사태, 베트남 전쟁 등 민감한 사안에 대해 분명한 자기만의 목소리를 내왔습니다. 그런 보도 태도가 쌓여 오늘날의 르 몽드가 만들어진 것입니다. 우리의 방향은 아직도 애매합니다. 저는 신문의 방향에 대해 편집국 구성원, 나아가 한겨레 구성원 모두가 참여하는 대토론회를 열어야 한다고 생각합니다. 한겨레는 진정한 진보 신문인가, 그렇다면 이 시기 우리가 지향해야 할 진보는 무엇인가, 이런 것에 대해 전체 사원이 모여 큰 틀의 합의를 이루어야 합니다. 저도 적극적으로 참여하겠습니다. 구성원 개인의 스펙트럼은 다양할 수 있습니다. 평화라는 가치, 녹색으로 대변되는 환경이나 생명에 대한 가치, 빈곤층에 대한 문제제기와 현상에 대한 검토, 여성 등 이 시기의 진보는 무엇이며 한겨레는 그런 부분에 대해 어떤 목소리를 어떻게 내야 하는지 다시 한번 정리할 때가 됐습니다. 그런 토론회를 3월 초에 열겠습니다. 필요하면 두세 차례도 열 수 있을 것입니다.

한겨레신문은 50만~70만 부 정도는 되어야 합니다.

오프라인 미디어의 전반적인 정체와 퇴조, 인터넷의 발달, 방송

매체의 다양화, 매체 융합 등으로 미디어 환경이 크게 바뀌고 있습니다. 신문 가구 구독률이 40%대로 떨어졌습니다. 신문과 같은 종이매체는 사라질 것으로 생각하는 분들도 있습니다. 하지만 전체 국민의 95%가량이 뉴스를 방송이나 인터넷에서 얻고 있는 미국도 뉴욕 타임스 같은 신문이 건재합니다. 조금 더 분석해봐야 하는 문제이기는 하지만, 저는 개인적으로 신문이 상당히 오래 갈 것이라고 판단하고 있습니다. 뉴스를 접하는 경로가 다양해지겠지만 오피니언 리더들은 뉴스와 팩트만을 전달해주는 매체로는 만족하지 않습니다. 그들은 믿을 만한 저널리스트들의 판단을 요구할 것이고 따라서 여전히 신문을 선택할 것입니다. 뉴스 비중 판단과 깊이 있는 분석, 일람성 등 종이신문의 특성은 아직 독보적입니다. 한겨레신문은 50~70만 정도의 유가부수는 되어야 합니다. 어떻게 그렇게 할 수 있는지 심각하게 생각해보겠습니다.

물론 변화하는 매체 환경에 적극 대응하는 것도 필수 불가결한 일이겠지요. 온라인과 오프라인이 결합하고 통신과 방송이 합쳐지는 등 매체융합의 거센 도전 앞에 확고한 방향을 세워 대응하겠습니다.

창간기념일을 새 출발을 위한 축제일로 만들겠습니다.

한겨레를 초점이 있는 신문으로 만들겠습니다. 모든 것을 다하려고 해서는 살아남을 수 없습니다. 남이 장에 간다고 빈 지게 지고 장에 가는 식이 되어서는 안 됩니다. 포기할 것은 포기하고 정치, 경제, 사회, 문화 등 분야별로 깊이 있게 보도하고 사회적 담론을 리드하는 매체를 만들도록 하겠습니다. 그날의 이슈는 무엇인지 역량을 집중하는 방식을 고민해야 합니다. 신문의 변화에 대해서는 연구 검토가 진행 중인 것으로 알고 있습니다. 선거 과정이 끝나면 이를 본격화해 늦어도 5월 창간기념일에는 완전히 바뀐 모습을 선보이도록 하겠습니다.

한겨레는 자유로운 영혼을 가진 신문으로 거듭나야 합니다.

한겨레신문이 왜 특정 층으로부터 외면을 당하는가, 왜 마니아가 적어지는 것인가를 고민해야 합니다. 상황 변화의 탓이 클 것입니다. 하지만 한겨레가 스스로 변방에 좌표를 두고 자기가 선택한 색깔로 자신을 구별 짓고 있는 것은 아닙니까. '진보냐 보수냐, 성장이냐 분배냐'라는 단순 이분법으로 신문을 만드는 시기는 이미 지나갔습니다. 진보적 시각을 갖추었다고 할지라도 네 편과 내 편을 갈라 자신의 발에 스스로 족쇄를 채우는 식이어서는 진정한 언론이 될 수 없습니다. 오직 자유로운 영혼으로 세상을 바라볼 수 있어야 합니다. "한겨레가 달라졌다"라는 수용자들의 반응은 구성원 자신들의 이런 변화가 전제되어야 나올 수 있습니다.

경영 시스템을 구축하겠습니다

여러분을 더 피곤하게 만들겠습니다.
대표이사 얘기가 처음 나왔을 때, 제가 할 수 있는 일이 여러분들을 지금보다 더 피곤하게 만드는 것밖에 없다고 말한 게 기억납니다. 지식산업이라는 언론사의 성격이 일반 기업과 기계적으로 비교하기는 어렵고, 노동조합에서 어떤 반응을 보이게 될지 모르지만, 지금보다 더 열심히 더 많이 일해야 하는 것은 분명합니다.

다시 또 모금하는 것은 어려운 일입니다.

유동성 문제는 수치를 자세히 들여다보고 해결 가능성을 검토해봐야 할 것 같습니다. 정상적인 회사라면 이자율 10%가 훨씬 넘는 악성채권은 정리되어야 하고, 투자자금도 확보되어야 합니다. 증자를 한다면, 그게 가능한지, 누구의 돈으로 증자할지, 어떤 방식으로 할지 등등에 대해 자세히 논의 검토해야 합니다. 모금은 굉장히 어렵습니다. 그 가능성은 우리 사회가 한겨레에 대해 얼마나 절박한 인식을 갖고 있는지와 밀접한 관련이 있습니다. 한겨레의 필요성에 대해 절박한 인식이 없는 상황에서는, 왜 또 돈을 달라고 하느냐는 말이 나올 수도 있습니다. 물론 그 가능성은 우리가 얼마나 신문을 바꿔 그들에게 다가갈 수 있는가 하는 점과도 관련이 있습니다.

새로운 사업구조-수익구조를 갖추겠습니다.

광고 의존도가 현재와 같은 상황에서 신문이 자본으로부터 자유로울 수가 없습니다. 짧은 시간에 이런 구조에서 벗어나기는 쉽지 않을 것입니다. 하지만 적절한 계획을 세워 어떻게든 이 비율을 낮춰가야 합니다. 한겨레는 권력과 자본으로부터 자유로운 언론이어야 합니다. 그러기 위해서는 새롭고도 강력한 수익창출 구조를 만들어 내지 않으면 안 됩니다.

미래의 미디어 환경은 다양한 수익기회를 제공할 것입니다. 면밀한 분석과 검토를 통해 그 기회요인을 포착할 것입니다. 이를 위해 업무-편집을 망라해 회사의 인적 자산을 전략적으로 재배치하도록 하겠습니다. 한겨레의 근본 가치를 담은 신문을 키워나가는 동시에, 미래의 환경 변화에 적극 대응하면서 안정된 수익구조를 갖추도록 하겠습니다.

지금부터 급여를 높여가야 합니다.

일하는 조직으로 바꾸기 위해 성과급제를 이야기하는 분들이 많은 것으로 압니다. 하지만 아직은 이르다고 생각합니다. 입사한 지 1년이 조금 넘은 한 분의 연간 급여액이 1,300만 원이라고 하는 얘기를 듣고 마음이 너무 아팠습니다. 이런 정도의 급여 수준에서는 가장 기본적인 성과급 제도를 시행하기도 불가능합니다. 현재와 같은 급여제도에서 벗어날 수가 없습니다.

한마디로 지금까지는 노조가 중심이 되어 자기희생을 해온 과정일 뿐입니다. 허리띠를 졸라매는 것도 한계가 있습니다. 깎고 반납하는 세월이 너무 오래됐습니다. 방법을 찾아야 합니다. 지금부터는 급여를 높이고 회복하는 과정이 되어야 합니다. 한겨레 구성원들의 급여는 한계 수준에도 미치지 못합니다. 한겨레에서 받는 월급으로 생활이 가능할 정도는 되어야겠지요. 성과급제도 중요하겠지만 그게 가능한 토대가 마련될 때까지는 현재와 같은 급여제도를 유지할 수밖에 없다고 생각합니다.

원칙과 규정이 경영하도록 하겠습니다.

한겨레는 법치가 필요합니다. 자유로운 분위기도 좋지만 자기 일에 대해서는 책임지는 풍토가 조성돼야 합니다. 인사에서는 더욱 그렇습니다. 공과에 대한 평가와 상벌이 정확해야 조직이 발전한다는 것은 재론할 필요가 없습니다. 저는 새로운 인사제도 마련과 정착에 1년 정도를 잡고 있습니다. 올해 안에 제도를 마련하고 평가자에 대한 교육을 시킨 뒤 1년 뒤부터는 안정적으로 시행될 수 있도록 하겠습니다.

한겨레 식 경영 시스템을 구축하겠습니다.

한겨레의 경영이 주먹구구라는 말을 많이 들었습니다. 무엇이 진정한 한겨레식 경영인지, 그 시스템을 정착시키는 것이 중요하다고 생각합니다. 한겨레를 떠난 지난 10여 년간, 나름대로 적지 않은 경영 경험을 쌓을 수 있었습니다. 그 경험을 한겨레에 모두 쏟아붓겠습니다. 앞으로 어느 누가 CEO가 되더라도 크게 흔들리지 않는 경영 시스템을 구축하겠습니다.

한 가지를 덧붙이자면 올해는 수습사원을 꼭 뽑도록 하겠습니다. 지난해에는 불가피한 사정이 있었지만, 수습사원을 뽑지 않으면 오래지 않아 회사 인력체계에 큰 구멍이 날 것입니다. 저는 이것을 인력구조상의 '재앙'이라고도 표현합니다. 적은 수라도 뽑아 켜 켜이 쌓이도록 하겠습니다.

모두가 함께 하는 개혁을

개혁 주체는 우리 모두입니다.

과거를 돌아보면, 어려움도 곡절도 많았습니다. 속절없이 그런 얘기를 되풀이할 만큼 우리의 상황은 녹록지 않습니다. 한겨레는 사장 혼자 이끌어가는 신문이 아니었고 앞으로도 그럴 것입니다. 창간 때를 돌아보면, 한겨레에는 경영을 제대로 아는 사람이 거의 없었습니다. 지금은 다릅니다. 실무를 꿰뚫고 있는 10년 이상 경력자들이 곳곳에 넘쳐납니다. 저의 역할은 여기에 저 나름의 경험을 보태는 것입니다. 여러분들을 한데 모아 희망을 새로 만드는 데 앞장설 것입니다.

하지만 결국 개혁의 주체는 바로 여러분입니다. 세상을 바꾸고자 하는 뜻과 의지, 자기희생의 열정을 가진 사람들, 바로 한겨레 구성원 여러분이 개혁의 주체입니다.

대표이사 후보 기호 2번
정태기

학생과 매스컴

정태기

한겨레신문 이사

오늘날 우리는 좋건 싫건, 의식하든 않든 간에 공기와 더불어 '매스컴'이라는 또 하나의 환경 속에 살고 있다. 사실이 그럴 뿐만 아니라, 현대의 모든 나라가 민주주의를 내걸고 있는 한—사회주의 나라에서도 민주주의를 더 많이 주장하고 있다—그리고 민주주의가 그 실제 내용으로 이해가 서로 다른 사람, 집단 사이의 합의를 바탕으로 하는 한 매스컴은 정보를 다 같이 공유하고 국민이 함께 논의를 할 수 있는 유일한 방법이기 때문이다.

매스컴이라 하더라도 그 내용과 종류는 다양하지만, 크게 묶어 전파매체와 인쇄매체로 나눌 수 있다.

라디오, 텔레비전의 전파매체에 관해 우리가 잊어서 안 될 특성은 전파 그 자체가 마치 햇빛처럼 지구상의 인류의 공유물이며, 비

---

* 편집자의 말: 이 글은 정신여고 교지 기자로 활동하던 딸 정재은(지금은 SF동화작가) 양의 요청을 받아 교지 「정신貞信」에 기고한 것이다. 1988년 28호 매스컴 특집에 실렸다.

III. 학생과 매스컴

학생과 매스컴

정 태 기
한겨레신문 이사

오늘날 우리는 좋건 싫건, 의식하든 않든 간에 공기와 물과 더불어 '매스컴'이라는 또 하나의 환경 속에 살고 있다. 사실이 그럴 뿐만 아니라, 현대의 모든 나라가 민주주의를 내걸고 있는 한, ―사회주의쪽 나라에서도, 민주주의를 더 많이 주장하고 있다―그리고 민주주의가 그 실체 내용으로 이해가 서로 다른 사람·집단 사이의 합의를 바탕으로 하는 한, 정보를 다같이 공유하고 국민이 함께 논의를 할 수 있는 유일한 방법이기 때문이다.

매스컴이라 하더라도 그 내용과 종류는 다양하지만, 크게 묶어 전파매체와 인쇄매체로 나눌 수 있다.

라디오, 텔레비전의 전파매체에 관해 우리가 잊어서는 안 될 특성은 전파 그 자체가 마치 햇볕처럼 지구상의 인류의 공유물이며, 비록 텔레비전이나 FM라디오처럼 파장이 미치는 거리가 좁은 것이라 할지라도 한 지역에 사는 사람들의 공유물이라는 사실이다. 라디오나 텔레비전이 국민들의 합의 또는 공익에 보다 철저해야 하는 이유가 그것이고 우리나라 방송의 공정성이나 상업성이 요즘 문제가 되고 있는 원인도 그것이다.

전파매체와 인쇄매체는 제가끔의 장단점을 가진다. 그것은 적학치는 않으나 소설을 읽었을 때와 그 소설의 영화를 보았을 때의 경우에 비유할 수 있다. 소설은 읽은이로 하여금 자유로운 상상과 사색을 불러일으킨다. 그러나 영화는 주인공의 용모에서 풍경에 이르기까지 보는이에게 보는 그대로를 강요한다. 흔히 전파매체는 시청자의 감성에 호소하고, 인쇄매체는 독자의 이성에 전달한다는 표현이 그런 뜻이다. 신속성과 선동성이 강한 영향력을 미치는 만큼, 전파매체는 더욱 공정하고 진지해야 할 책임을 지니는 것이다.

대표적 인쇄매체라 할 일간신문의 역사는 적어도 미국독립 또는 프랑스혁명기에까지 2백년을 거슬러 올라간록 텔레비전이나 FM 라디오처럼 파장이 미치는 거리가 짧은 것이라 할지라도 한 지역에 사는 사람들의 공유물이라는 사실이다. 라디오나 텔레비전이 국민들의 합의 또는 공익에 보다 철저해야 하는 이유가 그것이고 우리나라 방송의 공정성이나 상업성이 요즘 문제가 되고 있는 원인도 그것이다.

전파매체와 인쇄매체는 제가끔 장단점을 가진다. 적확지는 않으나 소설을 읽었을 때와 그 소설의 영화를 보았을 때의 경우에 비유할 수 있다. 소설은 읽은 이로 하여금 자유로운 상상과 사색을 불러일으킨다. 그러나 영화는 주인공의 용모에서 풍경에 이르기까지 보는 이에게 보는 그대로를 강요한다. 흔히 전파매체는 시청자의 감성에 호소하고, 인쇄매체는 독자의 이성에 전달한다는 표현이 그런 뜻이다. 신속성과 선동성이 강한 영향력을 미치는 만큼, 전파매체는 더욱 공정하고 진지해야 할 책임을 지니는 것이다.

대표적 인쇄매체라 할 일간신문의 역사는 적어도 미국 독립 또는 프랑스 혁명기에까지 2백 년을 거슬러 올라간다. 근대의 민주주의 혁명은 바로 신문의 공적이라 해도 지나치지 않다. 그러나 민주주의 발전이 일직선으로 순조롭지 못했던 것처럼 신문의 역사 역시 뒤뚱거리기는 마찬가지였다. 특히 민주주의 발전이 침체기에 들 때일수록 신문은 자극과 흥미에만 치우친 선정적 기사로 빠져들기 일쑤였고, 오늘날 세계의 수많은 신문이 사회 발전에 중요한 일을 진지하게 다루는 데 애쓰기보다는 "사람이 개를 물었다"라는 우스꽝스러운 일만 찾아 헤매는 것이 사실이다.

한국의 신문은 어떠할까? 1896년의 독립신문이나 1905년 <시일야방성대곡是日也放聲大哭>이라는 슬픈 사설을 쓰고 일본 사람들에게 나라와 함께 없어진 대한매일신보 이래 신문의 뒤뚱거림은 나아지지 못하고 있다.

신문은 사실만을 써야 한다. 기자의 짐작이나 제 나름의 해석이 끼어들어서는 안 된다(사설이나 이름을 밝히고 쓰는 글은 다르지만). 그러나 '사실'이라는 말이 생각만큼 쉽지가 않다. 게다가 매일 일어나는 세상일 가운데 어떤 사실을 보도할 것인가는 더욱 어렵다. 미국에서 가장 중요한 신문으로 꼽히는 뉴욕 타임스는 제호 옆에 늘 사시社是에 해당하는 한 구절을 싣고 있다. "인쇄할 가치가 있는 모든 새 소식All the news that fit to print." 이처럼 신문의 보도 원칙을 미국 사람답게 실제적으로 표현한 말도 없을 것이다. 앞 구절은 사사로운 이해관계나 감정으로 비판하거나 칭찬하는 기사는 싣지 않는다는 뜻이며, 뒤 구절은 압력이나 위협에도 굽히지 않고 보도하겠다는 원칙의 표현이다. 그런 신문이 우리나라에도 빨리 튼튼하게 뿌리를 내려야 할 것이다.

신문의 또 하나의 원칙은 모든 사람이 읽고 알 수 있는 정도로 쉽게 써야 한다는 것이다. 실제로 우리나라 신문의 수준은 '중학교 3학년' 정도의 학력자를 기준으로 생각하는 것이 관행이다. 더러 어려운 용어들이 나올 때는 '해설'을 붙여 설명하는 연유가 거기에 있다.

학생 시절, 특히 고등학교 시절에는 '신문 따위'에는 관심이 적을

지 모른다. 그러나 신문은 시곗바늘로 치면 역사의 초침이라 할 수 있다. 신문을 포함한 매스컴에 진지한 관심을 갖는 것은 역사의 오늘에 관심을 기울이는 것이며, 사회생활을 간접 체험하는 것이 된다. 또한 미래의 희망과 사명을 정하는 데 없어서는 안 될 사색의 근거가 된다. 그러나 보다 중요한 것은 몸담고 있는 사회에 대한 시민으로서의 평균적인 학력 수준을 이미 넘어선 지식인으로서의 책무이기도 하다는 점이다.

지식인의 자세: 최영오崔永吾 군의 기사를 읽고

정태기

1962년 10월 6일. 서울대 법대 2학년 학생

10월 14일 발행 「대학신문」 437호에서 최영오崔永吾 군 1등병의 기사를 읽었다. 교내외의 적극적인 구명운동에도 불구하고 그 효과를 거두지 못한 것을 유감으로 생각하는 바이다. 그러나 여기서 말하고자 하는 바는 최 일병 그보다 학우 최 군의 개인에 관한 것이 아닌 좀 더 근본적인 것을 밝히고 싶다.

---

* 편집자의 말: 최영오 일병 사건이란 서울대 재학 중 학보병으로 입대한 최영오 일병이 1962년 7월 상관을 총기로 살해한 사건이다. 그는 1·2심 군사재판에서 사형선고를 받고 대법원에서 형이 확정되었다. 최 일병에게는 대학 시절부터 사귀던 애인이 있었다. 두 사람은 며칠이 멀다 하고 연애편지를 주고받았는데, 문제는 같은 중대의 행정병이던 정 아무개 병장과 고 아무개 상병이 종종 그에게 온 편지를 무단으로 뜯어보고 공개적으로 발설하면서 시작되었다. 이들은 애정 짙은 편지 내용을 다른 전우들 앞에서 큰 소리로 읽고 놀려댔다. 최 일병은 그때마다 항의도 해보고 '소원 수리'를 통해 호소도 해보았으나 소용이 없었다. 오히려 이들로부터 구타와 기합을 받았을 뿐 반인권적 희롱은 멈추지 않았다. 최 일병은 아무런 시정 조치가 취해지지 않자 분노를 참지 못하고 이들을 살해하기에 이른다. 아래 글은 고인(정태기)이 대학 2학년 때 이 사건에 대한 기사를 읽고 자신의 생각을 「대학신문」(서울대 신문)에 기고한 것이다.

최 군의 사건이 이 나라 사회 전체에 큰 파문을 던졌고 또한 모든 대학생에게 관심을 표하게 했다면, 이미 그것은 개인의 문제가 아니요, 우리들 또한 피상적인 동정에 그치기보다 좀 더 근본적으로 생각해볼 필요가 있는 것이다.

군대라는 특수 사회는 쓸쓸한 곳이기도 하다. 그러나 그곳은 일반적으로 사람들이 잘못 생각하듯 그렇게 위험한 동물들이 사는 곳도 아니요, 그렇다고 여학생들이 꿈꾸듯 소설처럼 낭만적인 곳도 아닌 것이다.

2천5백만 인구의 7할인 대체로 무지한 농민의 아들들이 대부분이긴 하지만 그런대로 후더분한 인정도 있고 또한 역시 미움도 있는 사람이 사는 사회이다(물론 이것은 학보병學保兵이 갈 수 있는 전방 말단 중대의 얘기임은 말할 것도 없다). 3년의 긴 시간을 농촌 출신의 사람들은 묵묵히 그 숱한 계급에 시달리며 고달픔을 참고 지내는 게 보통이고, 흰 옷을 입은 사람만 보아도 '사람 구경했다'고 즐거워하는 그 생활이, 어째서 그들에게는 고통스럽지 않을쏘냐?

단지 학보병에게 남다른 고통이 있다면 그것은 머릿속에 남은 최후의 의식이 뭔가 저항을 한다는 것이 있을 뿐이다. 시골 행랑방의 유행가 조각들로 흥겨워하는 사람들 속에서 어이없게도 그들은 브람스를, 쇼팽을 애타게 생각해내려고 애쓰는 것이다.

인종忍從을 미덕으로 생각해온 이 나라의 민중인 그 사람들에게는 지식인에 대한 반항이나 보복을 생각한다는 것은 너무나 엄청난 일로 느껴진다. 그들은 학보병들에게서 한마디씩 그들과는 너무도 다른 세계의 얘기를 듣고는 자연스럽게 외경의 염念을 표시하는 것이다. 이 땅의 사람들이 그토록 순박하고 착한 줄을 그렇게 절실히 느낀 적이 없다. 이것을 혼자의 독단이나 혹은 특수한 위치에 나 혼자 배치되었다고 상상할지도 모른다. 그러나 지금 비공식적이긴 하지만 학보병의 90%까지가 거의 모든 말단 부대의 행정요원으로 근무하고 있는 사실을 안다면 이것이 결코 독단이 아니라는 것이 증명될 것이다. 이것은 필연적이긴 하지만, 3년간의 긴 시간을 작열하는 훈련과 작업 속에서 참고 지내는 그들 농촌의 사병들에게 과연 절반의 기간을 펜을 들고 근무하다 제대하는 우리 학보병들이 그 이상의 혜택을 요구할 수 있는지 의문이기도 하다.

대학생도 국민의 일부분일 뿐, 결코 대학생을 위해 국민이 존재하지도, 존재하려 하지도 않을 것이다.

그러나 최 일병의 사건이 일어나자 제일 먼저 신문을 장식한 단어는 '열등의식'이란 것이었다. 안이한 사회인의 사고방식으로 상상할 수 있는 가장 쉬운 가설이었을지도 모른다. 또 실제로 최 일병의 사건에서는 그러했었는지도 모른다.

그들은 '열등의식'이란 말을 모른다. 오직 학보병들이 열등의식을 가르치지 않도록 노력해야 할 것이다.

또 하나 사건 직후 서울대학교 학생들의 결의문을 보면 그중 이런 말이 있다. "재학 시의 학업 실적을 입대 후에도 계속 보장할 수 있는 대책"을 요구한 것이다. 이 무슨 오만인가? 대학이, 또 대학생이 한 나라에서 점유하는 위치가 어떤 것이라는 것을 구태여 부연

할 필요가 없겠으나, 이 나라에 있어서 대학은 결코 귀족원도 아니요 특권계급의 양성기관도 아니다.

지식을 지배의 특권으로 아는 착오가 이처럼 대학의 양식을 의심케 만드는 것이다.

그보다는 여기서 전선의 학우에게 위문편지 한 번 전한 적이 없는 학생들의 무관심을 먼저 지적해야 할 것 같다.

아무리 학보병이 부대 내에서 융화되어 있는 것처럼 보이더라도, 항상 그 불모지역에서의 학보병은 고립되어 있음을 느껴야 한다. 브람스와 유행가가 함께 기뻐할 수가 없는 것이다. 그런데도 「대학신문」 한 장 그들에게 보내려고 해본 적 있었으며 위문의 방법을 생각해본 적이 있었단 말인가?

최 학우의 사건을 정당화하려고 애쓰는 것은 물론, 아직도 수없이 많은 전선의 최 일병을 정신적으로 지원하는 운동이 더욱 대대적으로 전개돼야 한다고 믿는다. 최 일병의 피해자의 열등의식을 논하기 전에 최 일병에게 더욱 너그러울 수 있었던 여유를 부여할 정신적인 지원이 없었던 책임을 우리는 지금 느껴야 할 것이다.

「대학신문」의 기사를 보면 대조 격인 두 개의 문장이 있다. 최 학우의 판결문에는 "사소한 연서 몇 장으로 인하여…"라고 원인을 밝힌 데 대하여 기사에서는 "인간에게서 가장 숭고한 젊은이의 사랑을 짓밟히고도…"라 한 것이다.

사랑과 생명과의 비교, 누가 옳은지 아무도 모를 것이다. 그러나 거듭 여기서 말하고자 하는 것은 옳고 그르고가 아니라는 것이다.

그리고 최 일병의 얘기 역시 아니다. 이 나라 지식인의 자세가 문제인 것이다.

'아는 것을' 오직 특권으로만 여기는 이 나라 인텔리겐챠의 서글픈 모습이 문제인 것이다. 녹음기만 남겨놓아 사람을 속이고는 한강의 다리를 끊고 도망친 옛 위정자처럼 민중을 이용하려는 지식은, 민중의 신뢰를 잃은 지식인은, 결국은 외딴섬으로 쫓겨나게 될 것이다.

대학의 그 나라에서의 위치와 대학에서 비롯한 여론의 결과가 얼마나 중대한가를 안다면 우리들은 여론의 오도誤導를 두려워해야 한다. 어머니로서의, 또 학우로서의 탄원과, 동류의식으로서의 정당화 내지 합리화는 구별돼야 할 것이다.

한 나라의 지성인의 자세는 침몰해가는 배의 선장의 그것과 같은 것이어야 하리라고 믿는다. 모든 선원을 피난시킨 후 조용히 침몰해가는 선장의 자세를 우리는 배워야 할 줄 안다.

지도자의 문제가 크게 논의되고 있는 요즈음 이 나라 민중 최후의 희망과 신뢰의 상징으로서 대학은 남아 있어야 한다.

대학의 권위는 외부적인 제도에 의한 손상보다 내부로부터의 경솔한 오만에 의하여 더욱 치명적인 타격을 받게 될 것이다.

끝으로 임진강변의 춥고 쓸쓸하던 밤의 기억을 생각하면서 학우 최영오 일등병에게 관대한 판결이 내려지기를 진심으로 비는 바이다.

농업과 농촌의 중요성에 관한
국민적 공감이 필요한 이유*

안녕하십니까, 정태기입니다.

배움도 적고 재주도 없는 사람을 불러 우리 농학계의 중추적인 석학 여러분을 뵐 수 있게 해주신 것을 매우 영광스럽게 여깁니다. 그러나 새로운 얘기를 할 능력도 없는 사람이 쓸모없는 말로 여러분들의 귀중한 아침 시간을 허비케 할까 걱정스럽습니다.

저의 본업은 언론인입니다. 1965년 조선일보에 입사해서 딱 10년간 경제 기자를 하다가 1975년 유신정부 때 언론파동으로 해직했고, 1987년 한겨레신문 창간 때까지 출판사, 컴퓨터 판매 같은 자영업으로 전전했습니다. 2007년 대산농촌재단 이사장으로 취임한 후 우리 농업과 농촌을 좀 더 깊이 살펴볼 수 있게 되니, 농업 농촌의 문제가 더 크게 다가옵니다.

1970년대 중국 문화대혁명 때 무한 육종연구소의 농학자들을

---

* 편집자의 말: 이 글은 정태기 대산농촌재단 이사장이 2008년 9월, 전국 농대학장들의 모임인 전국농학계대학장협의회가 주최한 조찬세미나에 참석해 강연한 원고를 바탕으로 재구성한 것이다.

하방下放시키자, 등소평은 "중국 농업의 한 세대가 사라지는구나!" 탄식했습니다. 대한민국 농업의 다음 세대가 보이지 않습니다. 지난 2세대 동안 희생을 바쳐온 마지막 세대가 지금의 농민이며, 60대가 59%에 이릅니다. 대한민국 농업에 내일이 있는가? 하는 생각을 하게 됩니다.

21세기에 접어들었습니다. 새 천년 새 세기라고 떠들썩하지만 이번 세기를 유별나게 주목하는 이유는, 인류의 문명과 삶에 패러다임 전환이 일어날 것이라는 확실한 현상과 징후가 나타나고 있기 때문입니다.

21세기의 키워드는 '세계화', '디지털', '생명공학', 그리고 '지속 가능성'이라고 생각합니다. '세계화'는 소련과 동유럽의 사회주의권이 일거에 붕괴, 해체되고 사실상 미국의 일극 체제가 뚜렷해진 1990년대 초 세계의 정치, 경제, 사회의 지도층들과 지식인들의 이상과 희망, 그리고 욕심이 뒤섞인 화두였습니다. 세계를 하나로 엮어 모든 나라의 차별성을 지양하고 보편적 체계로 일원화함으로써 교류와 교역이 자유로워지고 경제, 사회, 문화, 과학적 발전을 촉진할 수 있다는 명분이었습니다. 이와 같은 세계화는 인적, 물적인 국제적 유통이 눈부시게 증가하고 TV와 인터넷의 그물이 세계를 좁은 지구촌으로 변모시킴으로써 이미 이데올로기가 아니라 실제의 세계 현실로 나타나고 있습니다.

그러나 10여 년 세계화의 논의가 진행된 지금에는 세계화 즉, 미국화라는 비판과 함께 특히 경제 분야에서 다국 간 WTO 체제의 마무리가 지연되고 대신 양국 간의 FTA가 성행하며 지역적 블록화가 가속화되는 반발도 보입니다. 정치 분야에서도 세계화라는 통합보다는 소련이 15개 이상의 독립 국가로 해체되고 민족과 종교에 따른 근본주의 세력들이 세계 곳곳에 등장한 데 더해 중국의 세력화, 미국과 러시아의 긴장 등 새로운 다극화의 조짐도 보입니다. 그러나 세계화라는 이 거역할 수 없는 대세 속에서 한국의 농업이 다시 한번 수출산업, 제조업의 희생양으로 몰락이 가속화될 위험은 우리가 예리하게 주시해야 할 대목입니다.

21세기 또 하나의 징표인 과학기술의 비약적 발전은 디지털 문명입니다. 또한, 생명공학의 특징은 자기 발전을 한다는 것입니다. 산업혁명 이후 기계문명 시대의 기술들은 인간과 사회의 필요 Needs에 부응, 개발된 것입니다. 그런데 컴퓨터, 유전공학은 무엇에 쓰일지 수요가 정해지기 전에 기술 스스로 개발, 발전되어 응용부문을 찾고, 컴퓨터의 처리 용량이나 통신의 용량, 속도는 현실적 수요에 훨씬 앞서 개발되었습니다.

과학기술의 특성은 무한증식 욕구라 할 수 있습니다. 이미 국경을 넘어 통제가 불가능해진 자본(자본의 속성 역시 무한증식 욕구를 지니고 있습니다), 이 두 가지가 결합한 '과학 산업 복합체'가 탄생했습니다. 그러나 이러한 일이 희망보다 공포를 느끼게 하는 이유는 20세기 동안 군산복합체의 과오, 끊임없이 전쟁을 부추기고 군비확장 경쟁을 일으키게 해서 스스로 수요를 창출해냈던 역사 때문입니다.

이런 21세기가 우리 농업에 어떤 변화를 가져올 것인가 고민해야 한다고 생각합니다. 문명의 변화는 문화의 변화를 가져오고 문화는 사람의 의식을 변화시킵니다.

학자 여러분 모두 익히 알고 있는 얘기 두서없이 늘어놓았습니다. 그러나 이제부터야말로 공자 앞에서 효경을 파는 격으로 농학자 여러분들에게 감히 우리 농업의 문제를 주마간산처럼 얘기하려 합니다.

우리 농민과 농촌은 지금 헤어 나올 수 없는 불안과 좌절감 패배의식에 빠져 있습니다. 2005년을 기준으로 농가 인구는 340만, 농업취업인구는 300만 미만(2022년 농림어업조사결과에 따르면 2022년 농가는 102만 3천 가구, 농가인구는 216만 명, 65세 이상 고령인구 비율은 49.8%로 본 글이 쓰인 2005년보다 농가 인구가 감소하고 농업환경은 악화되었습니다)이며, 농업경영주는 60세 이상 59%, 40세 미만 3%, 농가소득은 1990년 도시 가계소득의 97.4%에서 2005년 78.2%, 경지면적은 180만 ha, 경작률 110%입니다.

노쇠함도 영향이 있겠으나 수입농산물에 따른 가격 불안정으로 자영보다는 계약재배 경작이 절반을 넘었습니다. 농촌 마을을 보고 있으면 한마디로 자식들을 모두 비농업 부문으로 피난시키고 늙은이들만 땅을 지키고 있는 재난지역의 풍경을 연상케 합니다. 이 농민들에게 미래에 대한 희망을 지니게 하고 사회에 대한 신뢰를 회복시키는 것이 농업과 농촌 갱생의 선결과제입니다.

그러나 현실은 거꾸로 가고 있습니다. 얼마 전 현역 재경부 장관이 "이제 농업이라는 말을 쓰지 말자," "농촌, 농민의 문제는 복지 정책으로 다루면 된다"라는 폭언을 하기도 했습니다. 이 말을 듣고 '모골송연毛骨悚然'이라는 말이 떠올랐습니다. 이는 농업을 포기하 겠다는 최초의 정부 측 공식 입장이 공개된 것입니다. 그러나 정부 내부는 물론 농업인, 농민단체, 미디어 어디에도 비판이나 항변은 없었습니다. 농업계 전체가 심각한 패배의식에 빠져 있지 않나 걱정이 됩니다.

이것이 오늘 제가 스스로 능력 없음을 잘 알면서도 이 자리에 서 게 된 직접 계기이기도 합니다. 한국 농업이 나라 안에서 한계상황에 처한 것 같습니다. 농업이 무엇인가? 농촌은 없어도 좋은 것인가? 농업이 없어져도 나라는 건재하는가? 같은 근원적인 질문을 국민에게 해야 할 시점이라고 생각합니다.

지금 정부의 농정은 뚜렷한 정책 목표가 보이지 않습니다. 그것은 이미 1980년대부터 일관된 현상이 아니었나 싶습니다. 개방론이 우세해지면서 농정은 수입농산물에 대한 방어대책에 급급했을 뿐, 이미 인구 7%대로 위축된 농촌사회의 미래에 대한 그림을 생각하지 않는 것 같습니다. 1990년대 이래 농업부문에 거의 200조 원의 투융자를 했다고 내세우지만, 그 효율은 지극히 의심스럽습니다. 보편성이 낮은 특정 작목이나 농법으로 성공한 농農기업의 사례들을 전시적으로 부각하는 동안 다수의 보통 농민들은 구경꾼이 되었습니다. 미시적이고 파편화되고 있는 농업정책의 근간을 확고히 세우고 소비자와 농민들에게 신뢰받는 농정이 되는 것이 가장 중요합니다. 그러나 지금 정부의 선진화 정책에 농업이 포함되기는 어려운 것으로 보입니다.

식량자급률을 획기적으로 높여 국민의 먹거리만은 우리 농업이 자급하는 것을 깊이 생각할 때가 되었습니다. 우리 농업에서 사라진 밀과 콩, 보리 정도는 자급이 가능할 수 있는 정책을 구상해야 합니다. 주곡 자급을 위해 총력을 쏟던 시절의 열정을 되살릴 수 있다면 가능할 것입니다.

농가소득 지지 정책도 강화해야 합니다. WTO에서 금지된 곡물가격 보조금에 연연할 것이 아니라 국토환경관리업무와 관련하여 환경 지킴이로서의 농민의 역할을 부여하고 직불제를 통한 농가소득과 도시가계 소득의 균형을 회복시키는 정책은 불가능한가? 전업농을 중심으로 일정 기준의 자격을 갖춘 농가의 등록제가 필요할 것입니다.

전 농지의 청정화를 목표로 친환경 농업을 전체 농업으로 확장, 식품의 안전도를 획기적으로 높이는 것이 필요합니다. 농산물에 대한 신뢰는 농민과 농업의 가치에 대한 신뢰로 직결될 것이고 작목에 따라서는 한국농산물의 '청정 브랜드'가 수출경쟁력으로 될 수 있을 것입니다.

농산물의 상품화 노력이 훨씬 강화되어야 하며, 합리적인 유통시스템 구축이 시급합니다. 농산물의 유통비용이 소비자가격의 60~80%라는 최근 조사를 보았습니다. 지금 노령의 농민들에게 작물의 상품화나 마케팅까지 기대하는 것은 불가능합니다. 농협이

경제기능을 강화해서 이런 시장에서의 역할을 감당케 하는 것이 가장 바람직합니다.

중요하고 시급하지만 이런 각론적인 정책들이 실현되기에는 정부나 국민의 농업의 중요성에 대한 인식이 너무나 부족합니다. 첨단과학기술 분야에서만 이른바 성장의 블루오션을 찾아 헤매는 정책당국자에 맞서 농업의 필수 불가결함을 국민에게 호소하고 동의를 구하는 노력이 절실하게 필요합니다.

이 부분의 논리 구성과 광범위한 홍보 콘텐츠는 아무래도 농학계에 계신 여러분이 해주셔야 할 몫이라고 생각합니다. 그러나 농업의 활로를 모색하고 장기적 발전을 위해서는 독립적 농업연구소 think tank가 필요하다고 생각합니다. 얼마 전 농촌진흥청의 폐지가 거론되어 충격을 주었습니다마는 농진청의 연구기능과 교육 기능을 독립시키는 것도 논의할 가치가 있어 보입니다.

이에 저는 감히 범국민적인 '농촌부흥운동'을 일으킬 것을 제안하고 싶습니다. 농업과 농촌이 살아야 나라가 지탱할 수 있다는 누구나 아는 사실을 온 국민이 공유하고 동의하기 전에는, 그런 국민적 합의가 전제되지 않는 어떤 농업정책도 성공할 수 없기 때문입니다. 실제 농업은 부가가치율에서나 생산성 향상의 면에서 제조업과 수평적으로 비교되기 어려운 산업적 특성이 있어 비교우위론자나 성장론자들의 논리에 계량적 숫자로 대응하기 어렵습니다. 그러나 비非계량적인 농업의 가치와 국제 식량 환경의 급속한 악화와 같은 절박한 실태를 설득하는 누구도 거역할 수 없는 명료한 논리를 작성하는 범농업계의 노력이 필요하고, 거기에는 지난 40년 동안 산업화의 과정에서 감수한 농업부문의 희생을 계량적으로 표현하는 것도 뒤따라야 할 것입니다.

'농촌부흥운동'은 농업계의 지난 경험, 주곡 자급이나 새마을운동 같은 목표를 설정하고 정치, 경제, 사회, 문화계의 지도적 인사들과 농민, 농업계 지도자, 그리고 정부가 함께 참여하는 국민운동이 되어야 할 것입니다.

이 운동, 즉 국민적 논의를 통해 농업이 국민경제에서 차지할 정당한 몫을 확보하고 산만하게 흐트러진 농업정책의 목표 수립과 농정의 효율성 제고 등 당면한 많은 문제를 풀어낼 수 있을 것입니다.

이를 위한 방법으로 예컨대 도시의 젊은 한계노동력을 농촌으로 환원시키기 위해 농업의 미래에 대한 희망을 구체적으로 제시해야 할 것입니다. 이를 위해 농촌의 교육인프라를 재건하는 것이 급선무입니다. 특히 폐교를 처분하는 것을 중단해야 할 것입니다.

제가 젊었을 때, 외국 여행을 하면서 '우리나라 금수강산錦繡江山'이라는 표현에 대해 회의를 지녔고, 때로는 국토에 대한 열등감을 가진 적도 있습니다. 그러나 나이 들고 더 많은 곳을 둘러 보면서 우리 선조들이 우리 국토에 대한 애정 어린 표현으로 이야기했던 '금수강산'이란 말이 과장이 아니구나 하는 것을 절실히 느꼈습니다.

4계절이 뚜렷하고 지진, 해일, 혹한, 혹서 같은 극단적인 기후가 없는 온화한 날씨에 적절한 강우량, 산과 강이 조화롭게 자리 잡은 정겨운 자연경관은 웅장하고 광대한 산과 평원을 가진 다른 어떤 나라보다 저에게는 아름답게 느껴집니다.

1960년대까지 우리 산은 거의 모두 민둥산이었습니다. 이제 너무 울창해져 문제가 될 정도로 푸르러졌습니다. 2차 대전 후에 산림녹화에 성공한 나라는 우리와 서독밖에 없다고 합니다. 그 산의 울창함은 우리가 어렸을 적부터 귀가 아프도록 들어온 나무의 중요성과 전 국민의 식목일 행사 덕분입니다. 나무에 대한 그런 관념은 우리가 아주 어릴 적부터 심어졌고, 그 덕분에 우리는 해냈습니다. 이제 농업과 농촌의 중요성을 국민적 과제로 삼을 때 금수강산을 회복하고 안전한 식품을 우리 땅에서 자급하고, 자부심 강한 농민이 함께 전통적 공동체 문화를 소중히 지켜가는 사회를 만들 수 있을 것입니다.

감사합니다.

7
정태기의 생태적 세계관과 문명관
: 대산농촌재단 이사장으로서「대산농촌」에 쓴 글

우리 농업의 창조적 결실을 위하여*

「대산농촌」, 2007년 여름호

우리 농업이 위기라고 합니다. 과연 많은 농촌 마을이 활기를 잃어가고 농민들이 도대체 무슨 작물을 심을지 당황해하고 있는 것이 오늘의 현실입니다. 이른바 세계화라는 대세, 닫힌 나라, 닫힌 경제를 고집하지 않는 한 피할 수 없는 세계 경제의 흐름 탓입니다. 그러나 우리는 전체 국민경제뿐 아니라 농업부문에서도 70년대에 주곡(쌀, 보리) 자급을 성취했을뿐더러 새마을운동 등을 통한 농민 농촌의 일대 각성을 통해 경제 작물과 축산에 이르는 근대적 농업 기반을 구축했습니다. 그만큼 우리는 위기에 오히려 강한 탄력을 보유한 것입니다. 비록 대세라고 하더라도 우리는 세계화 흐름 속에서 새로운 우리 농업의 위상을 수립해내는 창조적 대응력을 발

---

* 편집자의 말: 7장의 글들은 정태기 선생이 2007~2011년 대산농촌재단 이사장으로 재임하면서 쓴 것이다. 주로 농업에 관한 것으로 인류의 희망은 농업과 농촌에 있다는 메시지를 전하고 있다. 그러나 이 글들은 농업을 통해 들여다본 한국과 세계의 모습이다. 오늘의 문명과 세계를 어떻게 보고 있는가를 명쾌하게 밝히고 있다. 그의 세계관을 분명하게 보여주고 있다. 이 소중한 글들을 모아 보내준 신수경 대산농촌재단 사무국장에게 감사한다. 글마다 붙여놓은 짧은 해설(* 표시)도 신 국장이 달아준 것이다.

휘해야 하는 과제를 안고 있습니다.

이런 시점에 대산농촌재단의 이사장이라는 명예로운 자리를 맡게 된 것에 걱정과 책임을 느낍니다. 대산농촌재단은 창립자 대산 신용호 선생님의 농촌에 대한 사랑의 정신을 지난 15년간 조용히 그러나 성심껏 실천해옴으로써, 이제는 농업계에서 가장 신뢰받는 재단으로 자리매김하고 있습니다. 이제 농업 농촌 농민을 에워싼 시대의 매우 급한 요청에 부응해 치열한 문제의식에 터 잡은 사업 방향의 강화와 쇄신을 시작할 때라고 생각합니다. 농업과 농촌은 우리의 희망이자 반드시 지켜야 할 보루입니다. 저는 전임 이사장들이 공들여 실천해 왔던 귀한 사업을 앞으로도 내실 있게 펼쳐 이어나가려 합니다.

한 가지, 저에게는 꿈이 있습니다. 우리 농촌에 절실하게 필요한 사업, 그것은 너무나 도시화한 농업 소비자들에게도 절실한 일, 바로 농촌과 도시의 거리를 좁히고 상생케 하는 농촌체험사업을 더욱 활성화해나갈 것입니다.

중국의 옛글에 보면 한 사람의 인격이 성숙하기 위해서는 "1만 권의 책을 읽고 1만 리의 여행을 하는 것萬卷書, 萬里行"이 필요하다고 했습니다. 1만 권의 책을 읽고 1만 리를 여행하면 인생의 이치를 깨달을 수 있듯 우리 농촌을 '만리행'의 도구로 활용할 수 있을 것입니다. 예컨대 전국의 두메에 있는 폐교들을 외국의 유스호스텔 같은 청소년 숙박 시설로 되살려내 전국 농촌 순례나 농촌체험의 마당으로 제공하고, 국토여행과 농촌체험을 교육 과정 일부로 채택한다면 교육적, 사회적 효과는 매우 클 것입니다.

농업, 농촌, 농민이 당면한 문제는 매우 어렵습니다. 그러나 농업인들과 온 국민이 함께 농업과 농촌에 관한 관심을 하나로 모을 때, 우리는 세계가 다시 한번 놀랄 만한 창조적 결실을 반드시 얻을 수 있을 것입니다. 대산농촌재단은 그 결실을 돕는 거름의 역할을 정성껏 수행할 것입니다.

우선 농지만은 지키자*

「대산농촌」, 2008년 봄호

산수유, 생강나무, 매화에 이어 목련도 아기 주먹만큼 봉오리가 커졌습니다. 개나리, 진달래, 벚꽃이 만개하는 바야흐로 백화제방百花齊放의 계절에 우리 농민, 농업인 여러분들도 새로운 의욕을 가지고 계절에 맞는 약동하는 생활을 시작하시기를 바랍니다.

농업을 에워싼 세계적 환경의 변화가 예상을 넘어 빠른 속도로 가시화하고 있습니다. 작년 여름부터 폭등하기 시작한 세계 시장의 곡물 가격이 올해 들어서도 멈출 줄 모르고 콩, 밀, 옥수수에서 쌀까지 모든 곡물로 번지면서 곡물에 대한 수출제한, 관세인상, 수출금지 조처를 한 수출국들이 늘어나고 당연히 식량 수입국들에서는 품귀와 가격폭등으로 식량 소요 사태가 확산하고 있습니다. 우리와 직결된 쌀값도 3월 말에 톤당 760달러로 전월(톤당 300달러)보

---

* 2007~2008년에 있었던, 농산물 가격 급등으로 물가가 상승하는 애그리플레이션agriflation 현상이 우리 농업에 미치고 있는 영향과 식량의 위기 상황에 대해 진단하고 있다. 그리고 우리의 자립생존을 위해 식량 확보와 지속 가능한 농업이 중요하며, 무엇보다 농지를 지키는 일이 중요함을 피력하고 있다.

다 2배 이상 올랐습니다. 이는 베트남, 인도, 이집트 등 주요 쌀 수출국의 수출제한과 수출금지의 결과로 국제 쌀 시장의 거래량이 30%나 줄었기 때문입니다. 물론 이런 곡물 시장의 과격한 상황은 달러화 가치 하락과 금융시장의 혼란에 원인이 있지만, 국제 곡물 재고량이 70년대 이래 최저수준으로 줄어든 농업 자체의 문제이기도 합니다. 달러화의 가치와 금융시장의 투기 상황 등 일시적인 시장교란 상태가 그런대로 새로운 균형과 질서를 되찾는다고 해도 농업과 식량의 문제는 근본적으로 걱정스러운 상황입니다.

이런 식량의 위기 상황은 오랜 역사적 뿌리를 가졌습니다. 그 첫째는 19세기 이래 폭발적 인구 증가입니다. "식량의 증산은 산술급수적(2, 3, 4, 5……)으로, 인구 증가는 기하급수적(2, 4, 8, 16……)으로 진행되어 결국은 인류의 대재앙으로 귀착"할 것이라던 영국 경제학자의 비관적 전망은 옳았는지 모릅니다. 그 후 많은 경제학자는 맬서스의 이 비관론이 과학기술 발달과 농업혁명으로 극복되었다고 결론짓고 있지만……. 오늘날 한편에서는 엄청난 잉여 농산물을 쌓아두고 무역 분쟁을 일으키지만, 아직도 80억 인류의 4분의 1은 기아 상태에 시달리는 것이 실태이고, 식량 수급의 불균형은 다만 관심의 시야에서 가려져 있었을 뿐입니다. 그것은 일부 산유국과 중국, 인도 등 인구 밀집 지역 나라들이 단기간의 경제성장으로 중산층이 늘고 식량 소비 행태가 고급화하면서 단번에 수급균형이 깨진 것으로 입증됐습니다.

오늘의 식량 위기를 촉진한 두 번째 원인에는 이른바 '바이오 에너지'가 있습니다, 한계에 이른 석유 자원을 사탕수수, 콩, 옥수수 등 식량작물로 대체하려는 움직임입니다. 부족한 식량을 연료로 소비하겠다는 생각은 아무리 경제적 타당성이 있다 하더라도 도덕적으로 깊이 생각해야 할 문제입니다.

몇 해 전 일본 식당에서 겪은 일입니다. 일본 사람들에게는 와사비(고추냉이)가 우리네 고추만큼 필수적인 양념이었으나 와사비 값이 비싸서 대중식당에서는 건조 가공한 와사비만 썼고 뿌리를 갈아서 쓰는 생와사비는 귀한 편이었습니다. 그런 생와사비가 거의 모든 식당에서 흔히 나오기에 일본인에게 "어떻게?"라고 물었더니 답은 "타즈마니아!"였습니다. 오스트레일리아 가장 남쪽 섬인 청정 지역 타즈마니아에 와사비 농장을 개척, 수입해 온다는 이야기입니다. 와사비가 이럴진대 다른 주곡 작물에 대한 대책은 어떨 것인가? 실제로 일본은 남미를 비롯해 세계 도처에 일본의 농경지 면적보다 더 넓은 식량 생산기지를 확보하고 있다 합니다. 우리나라의 식량자급률은 26%,* 일본은 우리보다 조금 낮습니다. 같은 식량 수입국인 형편이지만 일본은 오랫동안 치밀하게 대비책을 세우고 있었습니다.

우리나라 1인당 국민소득이 2007년에 2만 달러를 넘어섰다고 합니다. 그러나 우리는 여전히 변방 국가 중 하나입니다. 세계의 중심에 서 있지 못한 변방 국가로서 모든 정책에 우선하는 일은 어떠

---

* 2008년 기준, 2019~2022년 평균 19.5%로 하락, 한국농촌경제연구원 자료

한 정세변화에도 대처할 수 있는 자립적 생존 대책을 세우는 것입니다. 그 내용의 첫 번째가 식량 확보이며 농업 지탱일 것입니다. 국내총생산GDP 중 비중이 3%, 농업 인구 7%라는 현실적 숫자에서 거시경제학자들이 자칫 농업을 아예 가볍게 여기는 생각을 탓할 수는 없습니다. 그러나 우리의 국민소득이 설사 5만 달러를 넘어 엥겔계수가 10% 미만이 되더라도 식량과 농업은 우리 생존과 변방 국가로서의 자립의 기초입니다. 그를 위해 행할 일은 매우 많은 것입니다. 그러나 그 수많은 과제의 실행에 앞서 우선해야 할 가장 시급한 일이 있습니다. 국내의 농업생산 기반인 '농지'만은 지켜야 한다는 것입니다. 1990년대까지 200만 ha를 웃돌던 총농경지 면적은 이제 180만 ha 미만, 논 면적은 120만 ha에서 100만 ha를 밑돌고 있습니다. 특히 우리의 논은 지난 30년 동안 우리가 얼마나 많은 투자와 정성을 쏟아부은 땅인지 생각해야 할 것입니다. 식량과 농업에 대한 백가쟁명百家爭鳴 이전에 우선 '농지'를 보전해야 한다는 큰 틀에 공감대를 이루어야 할 것이라는 간절한 생각입니다.

아시아 유일의 청정 농업국가를 이루자*

「대산농촌」, 2008년 여름호

장마가 시작되었다는데 이른바 '마른장마'인지 비는 시답잖게 오락가락하고 끝 모르게 올라가는 석윳값 탓에 온갖 물가가 치솟아 모든 이들의 시름이 깊습니다. 어쨌든 한참 일손이 바쁜 농사철에 농민, 농업인 여러분 모두 건강하시길 기원합니다.

미국 쇠고기 수입 문제로 온 나라가 마비되다시피 하고 급기야는 정치문제로 커져서 쉽사리 앞날을 예측하기 어렵지만, 정치의 핵심은 '믿음'이라는 공자의 말씀처럼 국민이 정부를 신뢰하게 되어야 풀리겠지요. 그러나 지금 벌어지고 있는 일들의 본질에 대해 우리 농업인들은 곰곰이 생각해 볼 필요가 있습니다. 미국 소의 광우병이나 최근 국내 주요 식품회사들이 수입한 유전자조작GMO 옥수수 문제는 모두 인간의 편의를 위해 자연을 거스른 데서 오거나

---

* 2008년 한미 FTA 개정 당시 광우병 논란이 나타났던 미국산 쇠고기 수입 반대 시위를 배경으로, '포드주의'로 불리는 대량 생산 시스템이 화학비료와 농약을 기반으로 한 단작농업과 GMO에 이르기까지 많은 문제를 일으키고 있는 상황에서 생태지향적 친환경농업의 중요성을 강조하는 글이다.

올 가능성이 있는 재앙입니다.

오늘날의 대량생산체제라는 것은 20세기 초 미국의 프레데릭 테일러라는 이가 "사람을 과학적으로 관리하면 생산성이 높아진다"라는 경영관리론을 제시하고 포드 회사 자동차 생산 공정에 컨베이어벨트를 써서 대량생산을 실현한 데서 시작된 것입니다. 그래서 이런 대량생산방식을 '테일러 주의' 혹은 '포드주의'라고 부릅니다. 제조업에서의 이런 방식 자체도 노동자의 중대한 인권 문제를 일으켰지만, 문제는 농업 분야에까지 일관조립생산이라는 이 방식을 도입한 데서 연유합니다. 북한에서 양계장을 닭공장이라 부른다고 합니다마는 오늘날 특히 미국의 축산업은 농장이 아니라 공장, 즉 소공장, 돼지공장, 닭공장으로 탈바꿈하고 소, 돼지, 닭을 '과학적으로 관리'한 데서 문제들이 생기는 것입니다.

우리 농촌에서는 예로부터 "벼를 비롯한 모든 농작물은 주인(농민)의 발자국 소리를 듣고 자란다"는 말이 있습니다. 농축산물은 모두 농사짓는 사람과의 교감에서만 제대로 영근다는 것이 진리입니다. 사람은 보이지 않고 컨베이어벨트로 속성 성장을 위해 풀만 먹는 소에게 동물성 사료는 물론이고 온갖 화학성분을 섞은 먹이를 쏟아붓고 가축의 분뇨 더미 속에서 짐승들이 뒤엉켜 있는 무인화한 미국 '가축공장'의 모습을 많은 분들이 TV로 보셨을 것입니다. 살충제, 제초제를 비행기로 살포하기 편하도록 아예 옥수수 콩의 유전자를 농약에 견디도록 바꿔놓은 이른바 GMO 곡물들 또한 생산성 향상만을 위한 '농산물의 과학적' 관리기법입니다.

미국 소에 대한 우리 국민의 분노의 핵심은 쇠고기의 안전성에 대한 불안입니다. 우리의 소득수준이 높아진 만큼 이제 식품에 대한 수요가 양에서 질로 달라진 것을 뚜렷이 보여주는 현상이기도 합니다. 농림부의 기능에 '식품'을 추가한 것은 이런 현실을 반영한 것입니다. 실상 우리의 농업정책은 70년대 이래 식량 자급, 그중에서도 쌀과 보리에 초점을 둔 '주곡 자급'에 집중해 왔습니다. 여태 '증산, 수출, 건설' 시대의 그 목표를 대체할 농업정책의 큰 방향을 제시하지 못한 채 농업생산 기반만 날로 침식되고 있는 것이 우리 농정의 현실입니다.

세계 식량 시장의 환경이 급변하고 있을 뿐 아니라 지속 가능한 성장에 대한 전 지구적 움직임은 이제 회피할 수 없는 대세가 되었습니다. 지속 가능한 사회란 "미래의 세대가 누려야 할 전망에 누를 끼치지 않고 현재의 필요를 충족하는 곳"이라고 요약할 수 있습니다. 농업의 중요성에 대한 근본적 성찰과 범국민적인 재인식이 절실히 필요한 시점입니다.

모든 농업의 친환경 농업화, 전 국토의 청정화를 제창할 필요가 있습니다. 한국이 아시아 유일의 청정농업국가, 친환경농업 국가라는 명성을 얻는 것을 일관된 목표로 삼는 데 정부와 농민과 소비자 모두가 합의한다면 10년 안에 목표를 이룰 수도 있을 것입니다. 네덜란드의 꽃, 덴마크의 축산물처럼 한국 청정농산물의 브랜드를 확보하면 세계에서 식품 수요가 가장 까다로운 일본이나 소득이 급상승하고 있는 중국 동부 연안 지역의 유리한 인접 시장을 점유하는 것도 가능할 것입니다. 물론 치밀한 검토와 시행방안 수립에 범국민적인 논의가 필요할 것입니다. 그러나 머뭇거릴 여유는 많지 않아 보입니다. 이미 이룩한 산업화의 저력으로 농업과 농민, 농촌을 부활시키는 것이 우리 사회의 당면한 최대 과제로, 우선순위 첫 번째의 정책목표로 삼아 뜨거운 논의가 시작되기를 기대해 마지않습니다.

희망은 농촌과 농업의 부흥에 있습니다*

「대산농촌」, 2009년 신년호

"우리가 정말 두려워해야 할 유일한 것은, 두려움 그 자체뿐입니다." 프랭클린 루즈벨트 미국 대통령의 유명한 취임사(1932년)의 한 구절입니다. 1929년 10월 뉴욕 증권시장의 붕괴로 시작된 세계 대공황이 3년째 접어들어 미국의 실업률이 25%에 이른 때였습니다.

기축년 새해 아침에 농업인 여러분께 차마 '복 많이 받으시라'는 인사를 하기 어려운 어둡고 추운 계절입니다. 그러나 세계 어느 나라 사람들보다 파란만장한 현대사를 살아낸 우리에게 지금의 사태가 유례없이 두렵고 절망적인 것은 아닙니다. 오늘날 세계에서 5천만 명이 넘는 인구와 2만 달러 이상의 1인당 국민소득을 누리는 나라는 6개국, 미국과 일본, 독일, 프랑스, 영국 그리고 한국 정도입니

---

* 세계 경제위기에 직면한 상황에서, 세계 경제질서가 크게 바뀌는 시기는 국민경제의 구조를 자립적으로 혁신할 계기가 되며, 희망이 될 수 있다는 의견과 함께 식량, 에너지, 환경보전이라는 인류 문명이 당면한 세 과지 과제가 모두 농업 농촌과 직결되어 있다면서 우리 농업과 농촌의 부흥을 위한 제안과 농업, 농촌을 포기해서는 안 되는 이유를 설명하고 있다.

다. 유럽 여러 나라와 캐나다 등 소득수준이 높은 여타 나라는 모두 인구가 훨씬 적은 나라이고, 우스개로 말하자면 작년(2008년)에 1인당 국민소득이 드디어 10만 달러를 넘어선 리히텐슈타인 같은 작은 나라도 있습니다.

세계 경제위기가 희망의 기회

지금 우리가 해야 할 일은 기왕에 밀어닥친 엄혹한 세계 경제 현실의 의미를 곰곰이 생각하고 이 위기를 넘어선 다음에 올 세계와 우리 경제의 변화된 모습을 그려보는 것입니다. 80년 전 대공황 이후 처음 겪는다는 이번 세계 경제의 파국은 필연적으로 세계 질서의 큰 변화로 귀결될 것입니다. 단지 경제 질서뿐만 아니라 정치, 사회, 문화에 걸친 전반적인 가치의 서열이 크게 바뀌게 될 것입니다. 어제까지 누구도 저항할 수 없는 당연한 명제였던 세계화와 신자유주의의 물결이 크게 약화할 것이고, 당장 보호무역주의가 부활하지는 않겠지만 시장 만능의 미국식 자유주의는 달러 가치의 퇴조와 함께 다극화되는 정치, 경제의 새 질서 속에서 반성기에 접어들 것입니다. 새로운 세계 무역, 통화질서 속에서는 아시아, 특히 세계의 제조창 구실을 하는 일본, 한국, 중국의 위상이 높아질 것도 예상됩니다.

우리 국내 경제로 시선을 돌려보면 10년 전 외환위기에 더해 두 번째 겪는 이번 사태로 한국 경제가 외부의 충격에 얼마나 취약한

가를 다시 뼈저리게 느끼게 합니다. 국내총생산GDP의 수출 비중이 40%, 수입을 보탠 무역의존도는 70%를 넘고 주요 대기업이 망라된 증권시장의 외국인 투자 비중이 40%, 에너지 수입 100%, 식량자급률 26%라는 수치는 싱가포르나 과거의 홍콩 같은 중계무역 중심의 도시 국가를 제외하고는 유례가 없는 외부의존 구조입니다.

이것은 GDP의 국내 수요 비중이 50%에 못 미친다는 뜻이고 그만큼 소득 분포의 불균형이 크다는 뜻이기도 합니다. 실상 1970년대 이래 수출 주도의 불균형성장정책으로 일관해온 정책의 결과 한국 경제의 내부 순환은 거의 마비된 상태입니다. 세계 경제 질서가 크게 바뀌는 시기는 국민경제의 구조를 더 자립적으로 혁신할 수 있는 계기가 될 수 있습니다. 내수의 확충으로 국민경제의 내부 순환을 건강하게 발전시킬 수 있다면 이번 세계 경제 위기는 우리에게 오히려 희망이 될 수 있을 것입니다.

인류 문명의 세 가지 과제가 농업·농촌과 직결

그런 희망을 현실화할 수 있는 주요 부문의 하나가 바로 농업과 농촌의 부흥입니다. 오늘 당면한 인류 문명의 세 가지 과제는 에너지와 식량과 환경보전의 문제일 것입니다. 그 세 가지 모두가 농업, 농촌과 직결된 것들입니다.

우리 농업과 농촌의 부흥을 위해서는 첫째, 식량자급률을 훨씬 높이는 것을 농업정책의 으뜸 순위로 삼아야 합니다. 우리와 똑같이 쌀을 제외한 곡물을 전량 수입에 의존하고 있는 일본이 최근 식량자급률을 40%까지 높일 것을 목표로 삼아 실행에 들어갔다고 합니다. 우리도 우선 쌀과 보리에 그치고 있는 국내 자급곡물을 콩과 밀, 그중에서도 식용으론 직접 먹는 만큼만 우리 땅에서 생산한다면 식량자급률 40%는 이룰 수 있을 것입니다. 작년 이래 지속해서 상승하고 있는 콩과 밀을 포함한 세계 곡물가격의 움직임은 우리의 자급 노력에 유리한 환경으로 변하고 있습니다.

둘째, 식품안전성과 관련해 우리 농산물에 대한 국민적 신뢰도를 크게 높여야 합니다. 지난해 미국 쇠고기와 중국 멜라민 파동의 큰 충격을 겪으면서 국산 유기농산물에 대한 관심이 높아지고 수입식품의 안전성에 대한 걱정이 커지고 있지만, 우리 농산물에 대한 소비자들의 신뢰도는 아직 실망스러운 상태입니다. 생산자로서의 농민의 책임감과 윤리의식을 높이는 것이 절실하게 필요합니다. 물론 농산물 유통 상인들의 탐욕이 소비구조와 생산 구조를 함께 왜곡하고 있는 현실이 있지만, 농업인들이 유통구조에까지 주도적 역할을 해낼 수 있는 적극적인 윤리의식을 발휘해야 할 필요가 있습니다.

셋째, 이미 노령화된 농민들을 이어받을 젊은 농민층의 육성을 위한 획기적인 정책이 필요합니다. 도시화와 인구집중은 선진국들만이 아닌 중국, 인도, 아프리카의 개발도상국들까지 골머리를 앓는 세계적인 문제로 날로 심각해지고 있습니다. 그러나 30여 년 수출을 통한 경제의 '압축 성장' 과정에서 이뤄진 우리나라의 도시화 및 인구 집중으로 인한 경제적, 사회적 압력은 더는 지탱키 어려운 지경입니다. 산업으로서의 성장률이 뒤진 농업의 쇠퇴로 거의 공동화空洞化되고 있는 농촌지역의 부흥은 이 문제를 풀어낼 수 있는 새로운 지평으로 가치를 드러낼 수 있습니다. 경제위기 대책으로 한강뿐 아니라 낙동강, 금강, 영산강을 정비하는 사업은 필요한 일입니다. 그러나 하천만 준설할 것이 아니라 인접한 농지와 산림에까지 관심을 넓이면 참으로 경제, 사회 구조를 한걸음 전진시키는 블루오션의 구실을 할 수도 있을 것입니다.

경제위기 극복을 위해 포기할 수 없는 농업 농촌

그러나 누가 그 일의 주역을 맡을 것인가는 여전히 숙제입니다. 80%가 넘는 대학 진학률이 시사하는, 모든 젊은이가 도시로, 도시로 몰려들고 있는 세상의 지배적 가치관을 바꾸어야 합니다. 우리나라의 모든 도시는 이미 과포화 상태입니다. 산업은 첨단 분야일수록 투자 대비 고용 창출 효과는 격감하고 서비스 산업마저 지나친 경쟁으로 낮은 임금의 외국인 노동력이 고용수요를 채우고 있습니다. 도시의 잉여노동력, 한계노동력의 피폐한 삶은 닥쳐온 경제위기 대책이 아니더라도 새로운 일자리 창출을 정책의 첫 번째 과제로 부각하고 있습니다. 방치된 농촌과 농업이야말로 이 도시의 문제, 취업의 문제에 대한 열쇠가 될 수 있을 것입니다.

도시 생활에 지친 청장년층을 농촌으로 돌아오게 하려면 그들이 터 잡을 바탕 여건을 만들어주어야 합니다. 이미 상당수에 이르고 있는 자발적 귀농인들을 참고로 삼아 최소 영농단위의 농지 공여, 농가 주택개발, 자녀들의 교육 시설 등의 환경 조성이 함께 배려되어야 할 것입니다. 그러나 더욱 근본적인 문제는 농가의 소득을 도시 가계 소득과 같은 수준이 될 수 있도록 보장하는 일입니다. 앞으로 약화할 전망이지만 세계화를 앞세운 WTO 체제에 따른 농산물 가격지지 금지가 걸림돌이라면 포괄적인 농가소득 보전 정책으로 정책을 바꾸고 유럽과 비슷한 농가의 환경 유지, 경작책임과 같은 의무를 부여하는 것도 가능할 것입니다.

도시 젊은 세대의 농촌회귀를 촉진하는 데는 앞선 농민들의 경험과 새로운 농업기술을 가르치는 단기적인 농업교육제도의 창설과 정비도 필요할 것입니다. 산업계의 OJT(현장실습교육)와 같은 농업연수를 시키는 농장의 창설도 필요한 일입니다. 그리하여 '농촌으로', 21세기의 '브나로드' 운동과 같은 사회적 열기가 일어날 수 있는 여건을 농정당국이 고심하여 만들어야 할 것입니다. 경제위기 극복을 위해 천문학적인 재정자금이 금융업과 제조업, 수출산업에 퍼부어지겠지만 그 투자계획의 끝머리에라도 농업, 농촌 부흥의 꿈을 빠뜨리지 말기를 진심으로 당부합니다. 그러나 농업과 농촌 부흥을 위한 정책의 가장 큰 전제는 농업과 농촌이 우리 삶에 필수불가결한 것이라는 국민적 합의입니다. 아무리 많은 국민소득을 얻는다 하더라도 식량과 환경만은 남에게서 사 올 수 없는 것이라는 사실을 국민이 명료하게 인식하는 것이 큰 전제입니다. 이런 국민적 인식과 합의를 위해 우리 모두 끈기 있게 노력해야 할 것입니다.

기축년 새해 아침에 농민 여러분, 이 긴 시야에서 희망을 바라보며 두려움 없이 또 한 해를 설계하시기를 진심으로 기원합니다.

농업은 국방과 같은 것*

「대산농촌」, 2009년 여름호, '발행인의 편지'

　겨우내 눈다운 눈 구경도 못 한 채 늦은 봄철까지 이어오던 긴 가뭄이 이른 장맛비로 이제야 겨우 해갈이 된 듯합니다. 그러나 지구 온난화 탓인지 폭염과 지역적인 집중호우가 예년보다 잦을 것이라는 기상예보와 함께 유난스레 병충해가 극성을 부리는 요즘 날씨가 바쁜 농사철의 우리 농촌에 시름을 더할까 걱정스럽습니다. 농민 여러분의 건투를 기원합니다.

　지난 5월 28일에 전국농학계대학장협의회가 주최한 조찬모임에서 정운찬 교수(전 서울대 총장)의 <세계 경제위기와 한국 경제>라는 제목의 강연을 들었습니다. 세계 경제, 특히 미국 경제가 요즘 언론의 기대 섞인 낙관론과는 달리 쉽사리 한두 해 안에 회복되지

---

* 2009년 여름호부터 2011년 신년호까지는 '발행인의 편지'라는 꼭지 이름으로 게재되었다. '농업은 국방과 같은 것'은 2009년 당시 대산농촌재단과 매년 심포지엄을 공동개최했던 전국농학계대학장협의회 조찬모임의 에피소드, 지인이 보내준 짤막한 이야기, 이사장으로서 농촌체험관광분야 연수를 이끌면서 느꼈던 소회 등을 통해 농업이 국방만큼 중요하다는 메시지를 전한다.

는 않을 것이고 한국 경제도 마찬가지 어려움에 놓여 있다는 다소 걱정스러운 전망이 요지였습니다. 강연이 끝난 뒤 농업계의 한 주요 인사가 "한국 농업에 대한 의견"을 묻자 정 교수는 "저는 농업문제는 모릅니다"라고 잘라서 답변했습니다. 그러자 학장 한 분이 다시 물었습니다. "그래도 경제학자로서 한국 농업과 농업정책의 방향에 대해 어떤 생각을 하고 계신지요?" 잠깐 곤혹한 표정을 짓던 정 교수는, "저는 제가 전문적으로 공부하지 않은 분야에 대해서 말하지 않는다는 원칙을 지키고 있습니다. 다만 농업 분야에 지대한 관심을 가지신 저의 은사, 조순 선생님의 견해를 수긍하는 정도입니다. 한마디로 '농업은 국방과 같은 것'이라는 것만 압니다"라고 단호하게 말했습니다.

놀라웠습니다. 새삼스러울 것도 없는 이 말이 제 귀에는 천둥소리처럼 크게 울려왔습니다. 비록 세계 12위권의 GNP(국민총생산) 규모를 누리고 있지만, 지정학적인 위치로 보나 불행히도 아직 끝나지 않은 군사적 긴장 지역이라는 점으로 보나 우리나라는 여전히 세계의 변방 국가의 하나임이 분명합니다. 변방 국가에서의 농업은 말 그대로 직접적인 국방에 버금가는 중요성을 가지고 있습니다. 또 당면한 세계 경제 위기로 더욱 뚜렷해진 우리 경제의 취약함—수출, 수입 합친 해외 의존도가 70%를 넘고 식량 수입의존도도 75%를 넘는 점—에 생각이 미치면 건강한 국민경제 순환의 기반으로서 농업의 중요성은 더욱 절실합니다. 농업과 농촌이 생태, 환경에 이바지하는 측면까지 함축하고 있는지는 짧은 답변으로 알기가 어렵습니다. 그러나 세계화의 거센 물결에 밀려 "이제부터는 아예 농업이라는 말을 쓰지 말자"던 지난해 경제부총리의 극언이나 토지 생산성이나 비교우위론에 함몰돼 쇠락해가는 농업경제학계에 좌절해 있던 이들에게 주류 경제학계를 대표하는 경제학자(정교수는 한국경제학회의 회장임)의 이날 발언은 참으로 고무적이었습니다. 밤새도록 치열하게 퍼부은 영국군의 거센 포격에 "이제는 다 망했구나" 하고 절망적으로 쳐다보던 언덕 위의 독립군 진지에 동이 트자 아침 햇살에 여전히 펄럭이는 성조기(미국 국가의 가사)를 바라보는 미국인들의 감격만큼이나 반가웠습니다.

친구가 이메일로 보내준 우화입니다.

어느 날 굉장한 부잣집 아버지가 가난한 사람들이 어떻게 사는지를 보여주려고 어린 아들을 데리고 시골로 갔습니다. 아버지와 아들은 찢어지게 가난한 농가에서 2, 3일을 보냈습니다. 시골 여행에서 돌아오는 길에 아버지가 물었습니다.

"어때, 재미있었냐?"

"굉장히 좋았어요, 아빠!"

"그래, 가난한 사람들이 어떻게 사는지 봤어?"

"예, 아빠!"

"그래? 뭘 배웠는지 말해주렴."

아들이 대답하기를,

"우리는 개가 한 마리뿐인데 그 사람들은 네 마리더라고요."

"우리 집 수영장은 정원 가운데 있는데 그 사람들은 끝이 안 보이는 개울을 가졌던걸요."

"우리 정원에는 외국제 전등이 있는데 그 사람들의 밤하늘에는 별이 총총 빛을 내더라고요. 우리는 작은 한 조각 땅에 사는데 그 사람들의 들판은 지평선까지 닿아 있었고요."

"우리 집에서는 하인들이 우리를 도와주는데 그 사람들은 남들을 돕고 살더라고요. 우리는 먹을거리를 슈퍼마켓에서 사다 먹는데 그들은 모두 길러 먹었고요."

"우리는 집을 지키는 담장으로 둘러싸여 있는데 그 사람들은 친구들에 둘러싸여 있던데요."

말을 잃어버린 아버지. 아들이 마지막으로 덧붙였습니다.

"아빠, 고마워요. 우리가 얼마나 가난한가를 알게 해줘서……."

'아이는 어른의 아버지'라고 한 영국 시인은 노래했습니다. 어린이의 맑은 눈은 사물의 핵심, 때로는 그 너머의 진리를 단번에 꿰뚫어 봅니다.

지난 4월 하순에는 십여 명의 농민들과 함께 '일본의 유기농산물 유통 체계'를 둘러보는 연수를 다녀왔습니다. 도쿄를 둘러싼 4개 현만 보았는데 일본의 유기농업 규모는 시장 점유율 등에서 우리나라보다 크게 앞서지는 않았지만, 농장에서 소비자에 이르기까지의 엄격한 품질관리 시스템이 돋보였습니다. 30년 이상 유기농만 해온 농부들은 여유와 자부심이 강하고 행복해 보였습니다. 그러나 가장 부러웠던 것은 30대 초반의 청년들인 아들 내외가 함께 농사를 짓는 집들이었습니다. 실제로 2세들이 가업을 물려받기로 한, '후계자가 있는 농가'는 일본 전체 농가의 51%에 이른다고 합니다. 물론, 가업을 잇는다는 전통이 아직 많이 살아 있는 일본의 문화 탓이긴 하겠으나 후계농이 3%에도 못 미치는 우리 농촌의 현실과 비교되어 한숨이 나왔습니다.

우리 농업의 현실이 크게 달라지지 않고는 단박에 개선이 되기는 어렵습니다. 그러나 세계가 달라지고 있습니다. 지금의 세계 경제 위기는 단순한 불경기가 아니라 경제체제의 근본적인 개혁을 피할 수 없게 만드는, 거의 문명적인 충격입니다. 농업의 중요성은 세계 식량 시장의 격심한 동요와 함께 더욱 커질 것입니다. 세계화의 광풍도 경제의 회복과 함께 크게 약화될 것입니다. 농업과 농촌의 미래에 희망을 지녀도 좋을 것입니다. 도시로 내보낸 젊은 자제들을 '귀농'시켜 농촌의 풍요로운 터전을 함께 창조적으로 가꾸게 하는 꿈을 농민 여러분이 깊이 생각할 때가 오고 있습니다.

농촌 불패, 농업이 미래다

「대산농촌」, 2009년 가을호

처서를 기다렸다는 듯이 기온이 뚝 떨어지더니 추석을 저만치 두고 가을이 성큼 다가섰습니다. 지구상에서 4계절이 가장 뚜렷하다는 한국의 가을을 새삼 실감케 하는 높은 하늘이 수확에 바쁜 농민 여러분의 시름을 잠시라도 덜어주었으면 하는 바람입니다.

지난주에 새로 나온 농업 분야의 책 한 권을 소개하려 합니다. 농촌진흥청 조은기 박사(국립농업과학원장)와 다섯 명의 동료 농학 박사들이 함께 펴낸 『농촌 불패, 농업이 미래다』라는 도전적인 제목의 책입니다. 책은 뒤엉킨 실타래처럼 풀기 어려운 한국 농업과 농촌의 문제를 세계의 농업, 환경의 문제까지 연결하며 차근차근 간결하고 냉철하게 분석하면서 농업과 농촌의 가치에 대한 우리 사회의 무관심과 몰이해에 대한 걱정과 분노를 행간에 감추고 있습니다. 그런데도, 쌀 자급을 성취하면서 이룩한 우리 농업기술에 대한 자부심을 바탕으로 한국 농업의 장래에 대한 굳건한 낙관이 읽는 이의 마음을 따뜻하게 합니다. 농업인들이 더 많이 읽겠지만 '농업을 농민들만의 문제로 잘못 인식하고 있는' 도시에 사는 이들

이 더 많이 읽어야 할 책입니다. 책의 몇 구절을 인용하면,

"농업은 우리 모두를 위한 공공산업이다. 농업에서 이룬 안전한 식량 확보는 우리 삶의 기본바탕이고 주권을 지키는 안보와 직결된다. 농업은 지구 온난화에 대처하는 이산화탄소 흡수원이고 논은 홍수의 피해를 막아주는 거대한 물 저장고이고 온갖 생명 자원을 품는 큰 인공습지가 되기도 한다. 이 모든 가치가 모여 인간에게 몸과 마음을 쉬게 해줄 쾌적한 안식처가 된다. 농업의 다원적 가치는 그 자체로서 공공성을 갖는다. 이 말은 수익자가 온 국민이라는 뜻이다. 이런 농업의 가치는 오랜 세월 동안 조상 대대로 수많은 유전자원과 공존하면서 만들어진 창조물이다."

"우리나라는 세계 5위의 곡물 수입국이다. 해마다 곡물을 1,400만 톤 수입한다. 인구 4천만 명이 넘는 OECD(경제협력개발기구) 국가 가운데 식량자급률이 20%대인 나라는 일본과 우리나라뿐이다. 우리 식량자급률은 27%, 그나마 쌀 자급률이 높기 때문이다. 쌀을 제외하고는 보리가 46%, 콩이 9.3%, 나머지 옥수수, 밀 등은 전량 수입에 의존하는 처지다. 2006~2008년의 옥수수, 밀, 콩 등 국제 곡물 가격이 크게 오르고 있다는 소식에도 우리 국민 대다수는 사태의 심각성을 잘 이해하지 못하고 있다. 심지어 쌀을 자급하고 있다는 사실을 모든 식량을 자급하고 있다고 착각하는 사람도 있다.…… G7 국가 중 일본을 제외한 6개국의 곡물 자급률은 100%가 넘는다. 호주 333%, 프랑스 173%, 캐나다 146%, 독일 101%, 스웨덴 122%, 미국 132%이다. 식

량을 자급하지 않고서는 강대국이 될 수 없다는 뜻이다."

"세계식량농업기구는 각 나라가 연간 식량 소비량의 18~19% 정도를 연말 재고량으로 확보하도록 권장하고 있다. 우리의 주요 곡물 재고율(2007년 기준)은 쌀 13.7%, 밀 11.8%, 옥수수 5.3%, 콩 10.6%로 쌀마저도 권장 재고율을 밑돌고 있다. 식량이 무기가 되고 있는 시대에 심각한 상황이 아닐 수 없다."

"기상이변의 가장 큰 피해 부문은 바로 농업이고, 식량을 수입하는 가난한 나라의 가난한 계층 사람들이다. 지구 온난화로 아프리카 많은 지역이 사막화되고 있고, 아시아지역에서는 농업을 경시하고 산업화를 중시하는 정책으로 농경지가 감소한 데 반해 인도, 중국 같은 신흥경제국은 인구 증가에 따른 식량 소비량이 늘고 소비패턴도 서구화될 것으로 보여 세계 식량부족은 구조적인 문제로 고착될 가능성이 크다. 국제식량정책연구소는 지구 온난화로 2020년의 곡물 수확량은 지금보다 1/6 정도로 감소할 것이라는 극단적 전망을 하고 있다."

"지금의 젊은 세대는 '보릿고개'라는 말을 모른다. 우리에게도 하루 세 끼 배불리 먹어보는 것이 소원이던 시대가 있었다.…… 1977년 국가 주도의 강력한 기술개발로 다수확 품종인 통일벼가 개발되면서 주곡인 쌀을 자급할 수 있게 되었다. 이제 막 산업화에 접어들었던 우리 경제의 압축 성장은 주식인 쌀의 자급자족이 있었기에 가능한 일이었다. 쌀 자급에 대한 노력은 다른 농작물의 품종개발과 재배기술을 발전시켜 우리 농업기술을 선진국 수준으로 끌어올리는 계기가 되었다. 쌀 자급 효과는 농기계, 비닐 등 연관 산업을 발전시켜 비닐 농업개발을 가져왔고 계절을 넘어 신선한 채소와 과일을 즐길 수 있는 '백색혁명'으로 이어졌다.…… 대규모 시설재배의 인프라와 경험은 파프리카에서 보듯 농산물 수출이 요구하는 규격화되고 균일한 품질의 농산물 생산을 가능케 하는 정밀농업의 기본이 된다."

"한국 농업의 자연조건은 좋은 편에 속한다. 다른 나라 농업 전문가들은 우리의 자연조건을 많이 부러워한다. 지방마다 기후, 풍토가 다르고, 농산물은 맛과 향기가 다르다. 기후도 나쁘지 않고 농업용수도 크게 부족하지 않다. 시설이나 농자재, 비료, 종자 같은 우수한 농업 인프라도 잘 갖추고 있다.…… 우리나라 농민만큼 부지런한 농민은 없다.…… 지난 10년간 집중 투자로 논 경지 정리 90%, 벼농사 기계화 90%를 달성했다. 시설 원예 재배지가 52,000ha인 세계 유수의 시설 원예 보유국이다.…… 농산물 수출 시장으로 중국과 일본을 지척에 둔 것도 우리 농업의 큰 행운이라 할 수 있다."

"농촌에는 인간의 원초적인 그리움을 간직하는 많은 생활양식과 편안하고 아름다운 자연경관이 어우러져 있다. 이러한 농촌의 가치를 어메니티Amenity라고 부른다. 이를 적극적으로 상품화하는 것은 단지 농촌의 소득을 얼마쯤 올려보자는 얄팍한 차원이 아니다. 이 각박한 산업사회를 살아가는 모든 구성원에게 기댈 수 있고 재충전할 수 있는 무언가가 존재한다는 것, 그리고 그것을 제공해줄 수 있는 터전을 보존하고 지켜야 한다는 생각은 도시와 농촌이 상생하는 관계라는 근본적인 깨달음의 차원이다."

"아직 우리 농업과 농촌이 그 힘든 자리를 꿋꿋이 지키고 있다는 것에 감사한다. 우리 아이들에게 물려줄 지속 가능한 미래는 '새로운 녹색성장의 중심산업'인 농업에 달렸다. 그래서 농업은 불패하며 우리의 미래이다."

시대정신Zeitgeist이라는 말이 있습니다. 얼음이 녹고 물이 끓어 증발하는 자연 현상의 임계점처럼 세상의 역사에도 진화의 법칙과 변화의 임계점이 있다는 독일 역사철학자의 생각이지요. 보통 이 시대정신의 변화는 민감한 일부 선각자들이 먼저 알아채게 마련이지만 지금은 많은 보통 사람들이 우리 시대의 큰 변화와 문명의 전환점이 임박해 있다고 느끼고 있습니다. 거의 2백 년에 걸친 산업화의 미친 듯한 질주가 더는 지탱하기 어려울 것이라는 생각이 널리 퍼지고 있습니다. 대량생산, 대량소비, 끝없는 고도성장을 추구해온 결과가 대기 오염, 기후 변화, 그리고 세계의 침몰 위기입니다. 시장 만능주의와 세계화의 거역할 수 없는 구호는 슬그머니 '녹색경제'로 바뀌고 있습니다.

인류 문명 창조의 시발점이었던 농업은 이제 다시 인류의 '오래된 미래'로 떠오르게 되었습니다. 농업과 농촌은 이제 농민의 것에서 국민의 것으로, 인류의 것으로 다시 평가되어야 할 때입니다.

2010년 새해, 지구를 살리는 농업의 가치는 더욱 무거워질 것입니다*

「대산농촌」, 2010년 신년호, '발행인의 편지'

경인년, 범띠 해 새해 아침에는 참 눈이 많이 내렸습니다. 섣달 그믐께부터 시작된 매서운 추위도 누그러질 줄 모르고 보름 넘게 지속돼 근년에 강원도 위쪽까지 북상해온 사과 등 과수원들이 무탈할지 문득 걱정됐습니다. 그러나 지난 몇 해 동안 이어져 온 겨울 가뭄에 비하면 풍성한 눈과 추위는 농촌에는 다행한 일이라 생각합니다. "겨울이 오면 봄도 멀지 않으리"라는 것을 우리 농민들은 누구보다 잘 알고 있습니다. 엄혹한 겨울일수록 다가오는 봄이 더욱 찬란하리라는 희망과 믿음을 바탕으로 농업인 여러분께 복 많이 받으시라는 새해 인사를 드립니다.

2010년 올해는 세계적으로 큰 변화가 시작되는 첫해가 되리라

---

* 산업혁명 이후 지속해서 가속화되었던 약탈적 산업화로 인한 전 지구적 기후 위기, 세계화와 신자유주의의 몰락과 정보통신기술의 대중화에 따른 문명적 충격 등 세계 정세의 변화 속 지구를 살리는 농업에 대한 정의와 가치, 농업이 미래의 중심 산업으로 설 수 있을 거라는 희망을 제시한다.

는 예감이 듭니다. 앞으로 10년은 어쩌면 먼 훗날 역사가들이 문명사, 세계사의 한 전환기였다는 평가를 내릴 시기가 될 것 같습니다. 이미 변화할 수밖에 없는 많은 문제가 가시화되었고, 치열한 갈등과 저항 혹은 반동의 기복이 있겠지만 인류의 이성이 큰 줄기를 바르게 잡아가리라 믿어야 할 때입니다. 이미 드러나 누구나 알고 있는 인류의 문제들—산업혁명 이래 2백여 년간 줄기차게 가속화해온 약탈적 산업화의 결과로 임박한 전 지구적 기후 변화의 재앙, 그 산업화를 바탕으로 축적된 세계 자본들이 급기야는 세계 시장을 한 덩이로 묶어 장악하려던 세계화와 신자유주의의 파탄, 이미 스스로 자기 진화동력을 얻은 정보통신기술IT의 대중화에 따른 문명적 충격, 이 모든 변화의 결과로 세계 정치지도의 불가피한 재편—은 19세기나 20세기에서 이뤄져온 것 같은 점진적인 변화나 해결책으로 대응할 수 없는, 급박하게 당면한 현실들입니다. 19세기의 변화가 시계의 시침時針처럼 움직였다면 20세기의 변화는 분침, 지금은 초침처럼 소리 내며 돌아가고 있습니다.

1928년 12월에 마하트마 간디는 "신神은 인도가 서구방식의 공업화에 몰두하는 것을 금지했다. 한 작은 섬나라 왕국(영국)의 경제적 제국주의로도 오늘날 세계를 사슬로 묶고 있다. 만약 3억 명(당시 인도 인구)이나 되는 한 나라가 비슷한 경제적 약탈에 몰두한다면 세계를 메뚜기떼처럼 초토화할 것이다"라고 썼습니다.

80여 년 전 간디의 초토화 경고는 이미 현실이 됐고 메뚜기떼들은 지구 생태 균형의 임계치를 넘어서 기후 변화의 재앙에 이르렀지만, 간디의 인도는 물론 중국까지 20억의 인구가 지금 또 하나의 서구식 공업화로 약진하고 있습니다.

이 지구를 어찌할 것인가가 인류의 가장 큰 당면과제이겠지요. 지속 가능한 산업화, 녹색의 공업화는 가능할 것인가? 지구가 하나의 유기체라는 '가이아 이론'을 제창한 J. 러블록이라는 과학자는 "지구는 단 한 번의 빙하기만으로도 스스로 치유하는 복원능력이 있다. 인간은 인간에 대해서만 걱정하라"고 외칩니다.

불과 20년 전 사회주의권의 몰락 이후 명실공히 세계의 패권 국가로 군림하여 군사, 정치, 경제의 주도권을 행사하던 미국이 재작년 단 한 번의 금융공황으로 경제적 수세에 몰리면서 세계의 경제지도는 물론 정치지도 역시 빠르게 바뀌면서 아시아로 세계의 이목이 쏠리고 있습니다. 1백 년 전에 아시아는 먼저 공업화를 이룩한 이른바 열강들의 무력으로 한 나라도 남김없이 식민지의 참혹함을 겪었습니다. 중국을 중심으로 한 아시아가 미국의 시대에 이어 다극화될 세계에 대한 영향력을 더 많이 가질 때 인류는 더 공정하고 평화로운 경제와 정치와 문화 질서를 누리게 될 것인가? 간절한 염원을 가져봅니다.

놀랍게 진화한 정보통신 기술이 앞으로 10년간은 산업에서뿐만 아니라 문화와 생활 전반을 변모시킬 것입니다. 많은 제조업이 엄청난 시설 투자를 했지만, 노동력 수요를 크게 일으키지 못하는 이른바 '고용 없는 확장'이 시작되었습니다. 이미 20세기 초 분업에 의한 대량생산체제가 나오면서 노동자가 자기가 만드는 생산품이 무엇인지도 모르는 '소외' 현상이 문제로 제기되었지만, 생산과정에서 인간의 소외는 이제부터 더욱 심해질 것입니다.

농업은 어찌 될까요? 우선 세계화의 폭풍이 많이 수그러들 것입니다. UR에서 DOHA라운드까지 가서 풀리지 않고 있는 농산물의 무역 자유화 논의는 상당 기간 제자리걸음을 할 것입니다. 애초에 미국이, 더 정확히는 카길, 몬샌토를 비롯한 미국 곡물 독과점 회사들이 세계 곡물 시장을 독점하려는 의도에서 끈질기게 밀어가던 농산물 분야의 무리한 세계화 시도는 성취하기 어렵게 보입니다. 오히려 남미를 비롯한 농업 약소국들의 '식량 주권'에 대한 절규가 더 크게 확산할지도 모릅니다. 걱정스러운 것은 매우 많은 어려운 문제를 해결하느라 여러 가지 질서가 바뀌고 새로 짜이는 중에 기득권자들에 의한 심각한 국제 식량 파동이 당장 올지도 모른다는 점이지요.

생산에 필요한 정보에서 유통경로의 혁신에 이르기까지 농업부문에도 정보통신 기술의 응용은 더욱 활발해질 것입니다. 혹은 프로그램된 트랙터가 로봇처럼 논과 밭을 갈지도 모르지요. 그러나 어떤 경우에도 농업에서 생산자인 농민이 소외되는 일은 없어야 할 것입니다. 생명을 살리는, 지구를 살리는 기본산업으로서의 농업의 가치는 더욱 무거워질 것입니다. 다만 오늘날 미국의 대규모 농업이 하는 20세기 초기의 공업과도 같은 대량생산 방식으로, 벌레도, 곰팡이도, 풀도, 그리하여 땅까지 모두 죽이고 증산에만 몰두해 시장을 독점하려는 낡은 방식이 아니라면, 농업은 미래의 중심 산업으로 우뚝 설 수 있을 것입니다.

농업의 미래, '씨앗 민주주의'*

「대산농촌」, 2010년 봄호, '발행인의 편지'

봄이 왔습니다. 영 올 것 같지 않던 봄이라서인지 4월 들어 갑자기 돋아난 개나리, 미선나무, 진달래, 이른 철쭉에 생강나무, 회양목들의 새싹들과 꽃봉오리들이 전에 없이 감격스럽고 신비합니다. 아직 육중하게 침묵하고 있는 큰 나무들도 가지 속에서는 생명의 약동이 느껴지는 듯합니다. 지난겨울은 참 대단했습니다. 우리나라 아시아만 아니라 북미대륙, 중부 유럽에 걸친 북반구 전역에 혹한과 폭설, 또는 반년 넘는 가뭄이 지속됐고 브라질이나 호주 등 남반구는 폭우와 홍수에 시달렸습니다. 지구 온난화라는 기후 변화의 재앙 역시 자연계의 변화가 늘 그렇듯 선형적線形的으로 진행되는 것은 아닌 듯싶습니다.

2008년에 터져 나온 세계 금융위기는 여전히 진행형입니다. 경

---

* 생태 농업의 중요성을 피력하며, 농업의 지역화와 민주화가 중요하며, 농업의 민주화는 다양한 품종의 씨앗을 농민들이 직접 생산하고 파종함으로써, '유전자 변형작물GMO'을 만들고 전통적 종자 기업까지 사들여 세계 종자 시장을 독점하려는 기업들로부터 농민들이 자유로워져야 한다는 내용이다.

기침체, 지급불능, 그리고 계속되는 실업 증가와 계층 간 불균형, 사회적 갈등은 확산 중입니다. 금융위기는 그러나 빙산의 일각입니다. 산업사회의 맹목적인 낙관주의, 성장지상주의가 초래한 생태계 파산의 한 가지 표피적인 증상일 뿐이기 때문입니다.

지금의 위기는 가히 전면적입니다. 위기의 대기실에는 이미 석유와 식량과 물 그리고 기후 변화가 줄을 서 있는 형국입니다. 그러나 세계의 주류적 정치, 경제 지도자들은 지금의 위기가 얼마나 심각한지와는 상관없이 위기 전의 안정적 상태로 '원상회복'만이 목표인 듯 행동하고 있습니다. 그것이 더 거대하고 심각한 파국을 초래할 것으로 예감하는 선각적인 세계 지식인들의 걱정이 많습니다. 그들은 그러나 위기야말로 새로운 문화, 문명으로의 진화를 추동하는 계기가 될 수 있음을 역설합니다. 불교에서 말하는 제행무상諸行無常, 세상 만물은 끊임없이 변합니다. 변화는 물질 또는 환경의 평형 상태가 깨어질 때 활발해집니다. 물리학의 열역학에서 생물학의 진화이론에 이르기까지 현대과학은 극심한 비평형상태가 반응의 동인이며, 우주와 생명의 진화, 인류 역사 변혁의 계기임을 과학자들이 공인하고 있는 사실입니다. 그래서 미래는 위기로부터 온다는 인식입니다. 그러기 위해서 인류는 서유럽 문명이 주도해 온 오늘날의 세계 문명을 자연의 생명체가 보여주는, 유기적으로 연계되어 있고 스스로 자기 조직화하는 높은 수준의 역학구조로 전환할 것을 주장합니다. 이 새로운 문화의 가장 중요한 분야의 하나가 전 지구적인 생태 농업화입니다.

전면적 생태 농업화를 위해서는 세계화보다는 농업의 지역화와 민주화가 필수적입니다. 농업의 민주화는 무엇보다 씨앗(종자)의 민주화를 뜻합니다. 다양한 품종의 씨앗을 농민들이 직접 생산, 파종할 수 있어야 합니다. '유전자 변형작물GMO'을 만들 뿐 아니라 전통적 종자 기업들까지 사들여 터미네이터 씨앗으로 세계 종자 시장을 독점하려는 기업들로부터 농민들이 자유로워져야 합니다. 오늘날 지구상에는 10억 명 이상의 인구가 굶주림을 겪고 있습니다. 사하라 이남 아프리카의 끔찍한 기근 사태는 오래됐고 인도 어린이들의 70%, 5억 명 이상이 제대로 영양공급을 받지 못한다고 합니다. 더욱이 최근에는 부유한 국가에서도 끼니를 거르거나 열악한 영양 상태에 있는 극빈층의 수가 빠르게 늘고 있습니다. 기아는 더는 제3세계만의 문제가 아닙니다.

그런데 '전 지구적 생태 농업화'라고? 많은 이들, 특히 지식층들이 깜짝 놀랄 말입니다. 이들은 미국 유럽의 몇몇 곡물 수출국과 이들이 주도하는 식량 관련 국제기구들, 그리고 한 줌의 세계적 곡물 메이저들의 끊임없는 홍보에 세뇌되었기 때문입니다. '발달된 과학기술로 영양이 더 풍부한 곡물의 획기적 증산을 이루어 인류의 기아 문제를 해결한다'는 그들의 주장은 1950년대 '녹색혁명'이라는 구호로 현실화되었습니다. 농업의 산업화, 기업화를 통한 대량생산체제는 포드 자동차의 성공만큼이나 고속 성장했습니다. 그러나 기업농의 규모화는 필연적으로 생산성을 높이기 위한 단작농업이 될 수밖에 없었고, 당연히 막대한 화학비료와 살충제, 살균제, 제초제를 융단 폭격하듯 퍼붓는 기계농업화로 결국은 엄청난 땅을 초원화, 사막화시켰습니다. 기업농의 성장주의는 급기야 단작농업의 폐해를 회피하느라 종자 개량에 유전자공학을 접목해 인간과 동물, 식물을 아우르는 모든 생명 구조마저 식민지화하려는, 넘지 않아야 할 선을 넘어서고 있습니다.

문제는 이와 같은 기업농의 엄청난 규모화와 수량적 식량 증산에도 불구하고 지구상의 기아 문제는 전혀 해소되지 않을뿐더러 오히려 악화하고 있다는 점입니다. 특히 농업 분야의 세계화 압박은 전통적 곡물 생산국가들의 농업생산기반을 허물어뜨려 세계 식량 사정을 더욱 궁핍하게 만들고 있습니다. 세계의 식량문제는 이제 증산의 문제가 아닌 분배의 문제라는 것이 더욱 분명해지고 있습니다. '전 지구적인 생태농업화'의 불가피성을 주장하는 학자들은 전통적인 소규모 다품종 집약 영농의 생산성이 대규모 단작농업보다 높다는 것을 여러 사례로 입증하고 있습니다. 그와 같은 전면적 생태 농업화를 회복하기 위해서는 농업의 지역화와 민주화가 필수적이라 합니다. 농업의 민주화는 무엇보다 씨앗(종자)의 민주화를 뜻합니다. 다양한 품종의 씨앗을 농민들이 직접 생산, 파종할 수 있어야 합니다. '유전자 변형작물GMO'을 만들 뿐 아니라 전통적 종자 기업들까지 사들여 이른바 터미네이터 씨앗으로 세계 종자 시장을 독점하려는 기업들로부터 농민들이 자유로워져야 합니다.

농업은 생명 산업입니다. 미래에 대한 확신도 없이 자연과 생명에 대한 외경의 느낌을 잃었을 때 농업은 어떤 끔찍한 재앙으로 다가올지 모릅니다. 위기는 새로운 차원의 미래 창출하는 계기가 될 수 있습니다. 큰 위기는 큰 도약의 가능성을 내포합니다. 새봄에는 농업인 모두 위기에 관해서, 미래에 관해서 큰 꿈을 꾸었으면 합니다.

"3만 달러까지만"*

「대산농촌」, 2010년 여름호

"3만 달러까지만 버티면 되는데…. 그때까지 우리 농업의 기반을 허물지만은 말아야 할 텐데요." 저명한 농학자 한 분이 최근 우리 농업의 걱정거리들을 나누는 자리에서 절절하게 털어놓은 생각입니다. 생명 산업으로서의 농업의 원초적 중요성은 물론 환경과 사람과 문화 등 농업의 외부경제효과를 모두 무시하고 시장경제에서의 성장 효율성만을 좇아 질주해온 기획, 재정 당국자들과 애초에 비교 열위론에서 시작해 급기야는 산업으로서의 농업 포기론에까지 이른, 그래서 환경으로서의 농촌만 생각하자는 통치권 주변의 관변경제학자들에 떠밀려온 우리 농학, 농경제학계의 탄식이기도 합니다.

실상 세계를 둘러보아도 1인당 국민소득이 3만 달러를 넘는 나라 중에는 식량자급률을 100% 이상 이루지 못한 나라는 드뭅니다.

---

* 생명산업으로서의 농업뿐만 아니라 환경, 사람, 문화 등 농업과 농촌의 다원적 가치를 가진 농업과 농촌의 중요성을 환기하고, 농업을 등한시하는 비농업인들의 진지한 관심과 인식 확산을 호소하고 있다.

거기에는 이들 선진국이 전쟁이나 대공황으로 겪은 20세기의 참혹했던 기아의 경험을 바탕으로 농업의 자립이 주권 국가의 기초라는 국민적 공감이 바탕을 이루고 있습니다. 한국 경제는 올해를 전환점으로 세계 금융위기의 영향을 벗어나 거시적으로는 다시 성장세로 반전되고 이르면 10년 남짓, 길어도 20년 안에 1인당 국민소득 3만 달러에 이를 것으로 예측할 수 있습니다. 이런 새로운 성장 단계에서 제조업을 주축으로 하는 선도 산업들의 농업기반에 대한 침식 압력은 더욱 거세질 것입니다.

한국 농업의 기반, 그것은 거의 모두가 1970년대 이전에 경제개발의 필요조건으로서의 주곡(쌀, 보리) 자급을 위해 투자, 형성된 것들입니다. 1980년대까지 대략 210만 ha(정보)를 상회하던 농경지 면적은 2007년도에 180만 ha를 밑돌기 시작해 감소속도는 해마다 빨라지고 있습니다. 특히 절대농지가 농업진흥지역(115만 ha)으로 전환한 뒤 진흥지역 이외의 농지들에 대한 다른 용도로의 전환압력은 날로 강해지고 있습니다. 도시의 확대와 공업 부문의 성장에 못지않게 도시 투기 자본에 의한 농지의 점유율도 높아져 도시 부재지주와 임차농의 관계는 새로운 문제로 등장해 장차 농업정책의 심각한 과제가 될까 걱정되고 있습니다. 농지보다 더욱 심각한 중요 기반이 농업의 주체인 농민입니다. 우리의 농가 수는 123만 가구로 전 가구 수의 7.5%, 농업 인구는 327만 명으로 전인구의 6.8%(2007년)입니다. 이 중 전업농가는 75만 가구로 실제 농업노동에 종사하는 인구도 같은 비율로 보면 200만 명이 채 못 될 것입니다.

총인구에 비교한 농업 인구나 농가의 구성비율은 선진국에 비하면 아직도 높은 편입니다. 그것은 농민 혹은 농가의 평균 경작면적이 매우 작다는 것을 뜻하기 때문입니다. 그러나 더욱 중요한 점은 그 농민들의 태반이 노령으로 60대 이상 농민이 전국 평균 40%를 넘었고 연령별 구성도 심각한 역삼각형으로 청년이 적다는 점입니다. 실제로 우리 농업, 농촌의 노동력 기반은 이미 황폐화했고 지금도 농촌 청년들은 도시로 이동하고 있습니다. 당장 농업기반 쇄신을 위한 최소한의 교육과 투자가 이루어져야만 10년 혹은 20년 뒤에 우리 농업이 지탱될 것입니다. 그 젊은 농민들을 기르는 첩경은 물론 농가와 도시가계의 소득 균형, 농민도 도시 사람 못지않은 소득을 가지고 교육과 문화생활을 누릴 수 있다는 미래상을 제시하는 것입니다.

농지와 농민이라는 1차적인 기반과 함께 지극히 왜곡된 우리 농업구조를 바로잡는 일 역시 우리 농업기반의 일부가 될 것입니다. 우리의 곡물자급률은 어떤 기준에 따르든 30%에 미치지 못합니다. 대략 2천만 톤에 이르는 우리나라 식량 수요는 500만 톤이 국내 생산으로, 1,500만 톤을 수입으로 메우고 있습니다. 이 수입 곡물 중 사람이 먹는(식용) 소요량은 밀 200만 톤, 콩 30만 톤, 옥수수 100만 톤 정도입니다. 나머지 1천만 톤의 옥수수와 밀과 콩은 대형화되고 비대해진 축산업의 사료용입니다. 한 해 1천만 두의 돼지, 280만 두의 소, 1억 2천만 마리의 닭이 길러지지만, 축산업의 국내 부가가치율은 매우 낮습니다. 반면 그들의 배설물에 의한 환경오

염은 매우 크고 많은 항생물질 투입으로 농사용 비료로도 쓸모없는 것이 대부분입니다. 축산은 미래의 농업과 맞춰 순환될 수 있는 작은 규모의 친환경 산업으로 고쳐져야 할 것입니다. 축산업의 적정규모화가 이뤄지면 우리 식량자급률은 50% 이상으로 높아질 수 있고 밀과 콩의 국내 생산도 도모할 수 있게 되면 식량 자급을 향한 기반의 기틀을 만들 수 있을 것입니다.

"3만 달러까지만," 농업을 살려야 한다는 국민적 공감이 자리 잡을 때까지 버티기 위해 우리 농업의 기반을 지키려는 최소한의 노력이라는 농업인들의 애달픈 바람을 위해 농업인보다는 비非농업인들의 진지한 관심과 심사숙고를 바라마지 않습니다. 우리의 후손들을 위하여.

농업, 농촌 부흥운동을

「대산농촌」, 2010년 가을호

'봄은 왔지만 봄 같지 않네'라는 유명한 중국 시구가 있지만, 가을이 왔어도 가을 같지 않은 스산하고 황량한 2010년 우리 농촌의 가을입니다. 오곡백과가 다 여문 수확의 풍요로움 대신 농민들의 가슴속은 실의로 가득 찬 듯합니다. 지구 온난화 진행인지 초여름 서리 냉해에 잇달아 폭우와 태풍, 폭염이 쉼 없이 덮친 얄궂은 날씨 끝에 드디어 배추 파동으로 세상과 매스컴은 온통 난리가 났지만, 막상 배추를 심은 농민들에게는 강 건너 불구경이었습니다. 거의 모든 배추가 이미 몇 달 전에 밭째로 상인들의 손으로 넘어갔기 때문입니다. 밭떼기나 계약재배가 무엇인지, 왜 그래야 하는지 농민들만 아는 안쓰러운 내막을 95%의 국민은 모르고 있습니다. 밭농사의 경우 계약재배 비율이 30% 수준이었던 것이 최근 4, 5년 사이에 급격히 늘어 지금은 80%를 넘어섰다는 것이 농촌의 정설입니다. 생산자로서의 농민의 주도권이 상인의 손에 장악된 것입니다. 이른 봄, 작목의 결정에서부터 비료와 농약의 투입량, 사용 시기, 수확 일정에 이르기까지 생산의 결정권은 수집 상인들의 손으로 넘어가버렸습니다. 그리하여 배춧값은 농민에게는 포기당 500원, 소비자가격은 2,500원의 구조가 정착되고 이번 파동 때는 농민가격의 20~30배에 이르게 된 것입니다.

많은 이가 이런 농촌 상황을 농산물 유통구조의 문제로 지적하고 시장구조를 혹은 농협을 고칠 것을 역설합니다. 옳습니다. 그러나 절반만 옳습니다. 유통구조의 개선이 당면한 한국 농업의 중요한 해결과제이면서 농민들에게도 절실한 바람인 것은 분명합니다. 그러나 지금 나타나고 있는 농촌의 변화는 더 근원적인 것입니다.

지금 우리 농업이 소리 없이 붕괴하고 있습니다. 한 사회의 중대한 변화를 그 안에 몸담고 있는 이들이 자각하는 데는 긴 시간이 걸립니다. 예를 들어 미국 산업에서 사무직 근로자(화이트칼라)의 수가 현장 근로자(블루칼라)보다 많아진 것이 1957년이었습니다. 그러나 이 사실을 확실하게 느낀 것은 1980년대 들어서였습니다. 그것이 미국 제조업의 몰락과 경제구조 변화의 고비였는데도 미국 시민 모두가 인식한 것은 4분세기나 지나서였습니다. 우리 농촌 들녘은 여전히 푸르고 지금쯤엔 황금물결이 출렁입니다. 그러나 마을 안쪽은 달라졌습니다. 불과 5, 6년까지도 대부분 마을이 노동력을 자급했습니다. 마을 안에서 품앗이로, 혹 모자라면 이웃 마을, 혹은 읍내의 일손들이 농번기면 달려왔습니다. 고령화가 진행되면서 몇 해 사이 농촌의 일손이 절대 부족 상태로 바뀌었습니다. 밭떼기 판매나 계약재배가 급속히 늘어난 것은 노령의 농민들이 더는 일손을 구할 길이 없어졌기 때문입니다. 계약재배나 밭떼기 판매를 하면 최소한 수확기에는 상인들이 전국에서 모집한 농촌 용역단(대부분 할머니들)을 동원해서 농작물을 캐서 포장, 수송해 갑니다.

정부에서 벼재배 면적을 줄이려고 갖가지 노력을 하지만 좀처럼 줄지 않는 것도 같은 이유입니다. 논농사가 작물 중에 가장 기계화가 많이 이뤄진 분야입니다. 다른 작물을 논에 심으려면 노동력이 2, 3배 필요한 만큼 작물전환을 피하려는 것도 그 원인입니다. "일손이 있어야지요!"가 농촌에서 가장 자주 듣는 얘기일 만큼 농촌에 농민이 줄었습니다.

농지도 급속히 줄어들고 있습니다. 200만 ha를 넘던 남한 전체 농경지가 이제 170만 ha 수준으로 줄었고 4대강 개발이 끝나면 다시 10만 ha 이상 줄어 농경지 160만 ha대로 축소됩니다. 남아 있는 농경지의 이용률도 100.3%로 제자리걸음을 하고 있습니다. 우리 농업의 인적 물적 기반이 심각하게 허물어지고 있습니다. 누구나 알고 있고 걱정하던 일들이 현실로 드러나고 있는 것에 불과하지만 우리 국민은 매우 둔감합니다. 개발시대, 고도성장시대 효율성 우위의 경제정책이 드디어는 농업 포기에 이른 결과입니다. "까짓것 자동차, 휴대폰 팔아서 사다 먹으면 될 것"이라 믿는 관변 경제학자들이 눈을 떠야 풀릴 문제입니다. 세계화나 신자유주의가 벽에 부딪힌 가장 큰 이유가 농업 분야 탓입니다. "공산품 팔아서 사다 먹을" 데가 없는 것이 농산물입니다.

국제무역에서 농산물은 실제로 다섯 손가락 안에 드는 곡물 메이저의 독점시장입니다. 이번 사소한 배추 파동에서 보듯 세계 어느 곳에서도 우리가 필요한 식량을 우리 입맛에 맞게 "사다 먹을 데"는 없습니다. 농업과 농촌을 부흥시키는 일에 정책전환이 시작되어야 합니다. 농업이 농민만의 것이 아니라 국민의 것이라는 합의를 바탕으로 하여 1948년 농지개혁 이래 오늘에 이른 우리 농업을 기초부터 다시 점검하여 바로잡을 때가 왔습니다. '농업 농촌 부흥 운동'은 몇 해 안에 이뤄질 일은 아닙니다. 짧아도 20년쯤의 미래를 상정하고 천천히 탄탄한 전국민적 합의를 다져나가는 긴 안목과 인내가 필요할 것입니다.

농업부흥을 우리 국민경제의 한 가지 구조개선책으로 중심에 놓더라도 부족함이 없을 것입니다. 21세기 신자유주의 경제와 세계화가 가져온 가장 뚜렷한 결과는 심각한 양극화, 경제적 계층분화입니다. 또 세계화와 함께 진행된 IT(정보화) 기술의 진화로 고용이 따르지 않는 투자의 확대로 양극화는 세계적 문제로 두드러지고 있습니다. 급속 개발, 압축 성장으로 뒤틀려 있는 우리 경제의 지역적 산업적 계층적 불균형을 바로잡고 내수시장의 든든한 바탕을 만들 수 있는, 농업과 농촌은 가장 확실한 '블루오션'의 미개척지라는 인식을 가질 때 국민소득 3만 달러 시대의 사회가 평화스러워질 것입니다.

앞으로의 '10년'*

「대산농촌」, 2011년 신년호

여린 쑥 잎새가 보이는가 했더니 그 곁에 달래, 냉이가 소복이 자라고 질경이, 민들레, 꽃다지, 씀바귀에 연둣빛 머위순, 원추리 순까지 고개를 들었습니다. 며칠만 지나면 성가신 잡초로 지청구를 들을 이른 봄나물들이 밭둑이며 들판과 산기슭을 뒤덮고 머잖아 진달래며 산벚나무 매화 꽃망울까지 붉어지면 이 땅의 봄은 만개할 것입니다. 이제부터 길어야 석 달, 남녘에서는 두어 달 뒤면 봄맞이의 기쁨을 안게 되겠지요. 신묘년, 토끼해의 아침元旦에 농민, 농업인 여러분들의 활기찬 새해맞이를 기원하는 마음은 간절하지만, 작년과 똑같이 새해에도 연말에 시작된 한파와 눈보라가 설날, 입춘까지 이어질 것 같아 걱정입니다. 그러나 지구의 기후 변화가 심각하게 다가오고 있다지만 '비, 구름, 바람의 신선을 거느리

---

* 2011년을 맞으며, 앞으로 '10년'은 국제 환경의 격변 속에서 어떤 상황에서도 농업이 미래를 위한 새로운 중심과제로 등장할 것이다. 농업과 농촌, 농민의 문제와 심각한 농업기반에 대한 자각과, 소중한 농업 농촌에 대한 일반인의 관심을 호소하고 있다.

고 널리 인간을 돕고자' 나라를 열었다는 우리나라는 아직 24절기를 어긴 적이 없는, 축복받은 또렷한 4계절의 땅입니다.

신묘년, 2011년은 그러나 또 하나의 새해라는 뜻보다 21세기 들어서 두 번째 맞는 '10년'의 첫해라는 점이 더 무겁게 다가옵니다. 2008년 미국에서 시작된 세계 금융위기는 아직도 진행 중이지만 그 진동의 폭과 강도는 정치가들이 낙관하려는 것과 달리 세계 정치와 경제는 물론 지정학적인 기존 질서까지 바꿀 수 있는 잠재력을 과시하고 있습니다. 지난 세기의 끝 무렵부터 시대의 대세인 것 같던 신자유주의의 흉흉한 기세는 한풀 꺾인 듯하지만, 세계화의 진로는 아직 드러나지 않고 있습니다. 올해부터 시작되는 '10년'이 정치와 경제 그리고 문명의 전환 방향을 가늠하는 새 세기의 큰 고비를 이룰 것은 확실합니다.

역사의 전환기는 늘 큰 위험을 수반합니다. 이미 그 위험은 세계의 자원쟁탈전으로 모양을 드러내고 있습니다. 가장 첨예한 대상은 당연히 에너지와 식량 그리고 물입니다. 지난 세기 동안 승승장구 고도성장을 구가해온 잘못된 개발 문명의 방향이 자초한 결과입니다. 인류의 지혜가 과연 이 문명사적인 위기를 어떻게 수습할지는 예단키 어렵습니다.

식량 문제, 농업의 문제는 지구환경의 문제와 더불어 이제 경제의 문제가 아닌 국제정치의 문제가 되기에 십상입니다. 지구상에는 여전히 8억 5천만 명의 절대 기아 인구가 있고 아시아, 아프리카의 기후 변화, 사막화의 진행으로 지구상의 경작 가능 농지는 계속 줄어들고 있습니다. 세계 곡물 무역을 장악한 5개 미만의 국제 곡물 메이저는 초거대 규모의 단작농업으로 세계 농업환경을 악화시킬 뿐 기아 문제에는 관심이 없습니다. 세계가 더욱 치열한 자원경쟁으로 내몰릴 때 식량은 가장 심각한 국제적 다툼의 대상이 될까 두렵습니다.

식량 문제는 국민경제의 암반과 같은 치명적인 존재입니다. 당연하면서도 오랜 기간 외연적인 고도성장에 익숙해온 우리가 잊고 있는 문제입니다. 앞으로 '10년', 우리 경제가 국제 환경의 격변에도 불구하고 1인당 국민소득 3만 달러를 넘어서는 성장을 지속하든, 혹은 안팎의 난제에 부딪혀 상당 기간 제자리걸음을 하든 간에 '농업'은 미래를 위한 새로운 중심과제로 등장할 것입니다.

너무 오래 우리 농업은 방치돼 있었습니다. 정책당국자들은 성장률에 급급하여 비교열위 산업인 농업을 "산업으로서 포기"해왔고 국민 다수는 농업과 농촌은 '으레 그런 것'으로 소가 닭 쳐다보듯 해왔습니다. 농업은 그러나 오랜 기간 투자와 노력이 있어야 제 모습을 지탱하는 일차 산업입니다. 지금의 우리 농업 역시 한 세대도 더 전인 1970년대, 중화학공업을 통한 고도 성장기에 진입하기 위한 전제로, 경지 정리와 관개 수리시설에 새마을운동을 더한 천문학적인 물적·인적 투자를 퍼부은 농지기반 위에 서 있는 것입니다. 이들 농업기반이 농지에서부터 농업 경영의 주체인 농민들까지 급속히 허물어지고 쇠락하고 있습니다.

그 위에 더러는 농업구조까지 이치에 맞지 않게 뒤틀려 있습니다. 이를테면 비대할 대로 비대해진 우리 축산업이 그 전형입니다. 오랜 노력으로 우리는 주곡(쌀, 보리) 자급률을 이룩했습니다. 그러나 지금 곡물 자급률은 26%, 국내 곡물 소요량의 4분의 1에 불과합니다. 해마다 옥수수 900만 톤, 밀 250만 톤, 콩 130만 톤을 수입해야 하는데 그중 대략 1천만 톤의 곡물이 소, 돼지, 닭의 사료용입니다. 우리 축산업은 한마디로 국내 부가가치가 전혀 없는 대규모 공해산업일 뿐입니다. 우리의 축산 규모는 그 배설물(축분)이 모두 국내 농업에 퇴비로 순환 투입, 소화될 수 있는 선을 상한으로 한 유기 축산으로 줄여야 할 것입니다. 유럽의 선진 축산국들은 이런 총량 규제를 넘어 이미 '동물 복지' 기준을 마련해 시행하고 있습니다.

줄어드는 농지와 노령화한 농민의 문제는 훨씬 더 무겁고 심각한 농업기반의 문제입니다. 그러나 닥쳐오는 세계 환경의 대전환기를 맞아 적어도 한 세대 뒤를 염두에 두고 국민적인 지혜를 모아 우리 농업의 장래를 위해 당장 해야 할 일들을 논의하고 찾아야 할 때입니다.

농업은 영원하다: 재단 창립 20주년을 맞으며*

「대산농촌」, 2011년 봄호

"봄, 봄, 봄, 봄은 다리가 아픈가봐. 나비 등을 타고 오는 걸 보면…" 여태 잊히지 않는 초등학교 시절, 국어책의 아름다운 동시 구절입니다. 세상이 답답하고 어지러워도 봄은 언제나 우리 마음을 설레게 하는 희망의 계절입니다. 2011년 올 한 해 우리 농민, 농업인 여러분들의 기운찬 건투를 기원하면서 봄 인사를 드립니다.

21세기가 시작되려나 봅니다. 반도체와 디지털 기술에 의한 정보통신 혁명, 금융공황과 경제위기, 아랍권의 민중봉기, 기후 변화와 지진, 해일, 폭우, 가뭄이 함께 일어나는 천재지변, 핵발전소의 폭발과 방사능 불안 확산…. 어느 것 하나 국지적인 것이 없는 실시간으로 전 지구적으로 영향을 끼치는 일들이 끊임없이 벌어지고 있습니다. 새 세기는 늘 그렇게 시작되었습니다. 문명과 문화의 변화가 쌓이고 모여 임계점에 이르면 물이 끓어 넘치는 격동적 변화

---

* 농업 농촌은 우리 사회를 지탱하는 힘이며, 인류가 있는 한 영원하다는 메시지와 함께 농업을 지탱하고 있는 고령 농민들의 노고에 대한 감사와 지속 가능한 농업을 위한 사회적 관심과 노력, 인식이 중요함을 이야기하고 있다.

로 귀결되고, 때로는 혁명으로(19세기), 때로는 전쟁으로(20세기) 표면화되어 언제나 수많은 가난한 사람들의 희생 위에 새로운 시대는 시작되었습니다. 21세기는 어떻게 진행될까요? 참으로 두렵습니다. 인류의 이성이 야만적인 문명의 진보를 억제하고 평화로운 역사를 창조해낼 수 있을까요?

참으로 문명의 진보, 과학기술의 진보가 무엇인지 깊이 생각하는 인류의 지혜가 아쉽습니다. 과학과 기술의 진보가 19세기까지는 그래도 인류의 희망일 수 있었고 새로운 과학적 발견과 기술적 발명은 인간을 가혹한 노동으로부터 해방하리라는 기대까지 모을 수 있었습니다. 그러나 20세기 자본주의의 대량생산 체제가 시작되면서 거대한 생산력은 바로 자연에 대한 거대한 파괴력을 바탕으로 지탱되었습니다. 스스로 생산한 생산제품까지 끊임없이 파괴하고 신제품을 쏟아내야 유지되는 대량 생산 체제는 지금으로서는 치유할 방도가 없는 것처럼 보입니다. 더욱 불행한 사태는 과학과 기술이 바로 이 거대 자본의 수중에 장악되었다는 것입니다. 과학과 기술 발전 진행의 방향타가 자본의 손아귀에 잡혀 있음으로써 참된 인류의 미래와 복지보다 자본의 이익 창출에 이바지하는 데 골몰할 수밖에 없는 구조로 과학은 비뚤어진 길로 내몰리고 있습니다. 자연 자원의 물리적 가공에 그치던 과학과 기술은 급기야 생명체의 유전자에까지 손을 뻗쳐 생태계를 위협하고 있습니다.

사람의 노동력은 참으로 소중한 것입니다. 기술의 발전은 인간 노동의 가치를 더욱 높일 수 있어야 하지만, 실제는 인간의 노동을 배제하고 기계에 일임하는 생산체제가 보편화하고 있습니다. "더 빨리, 더 싸게, 더 많이" 생산하는 데 사람의 노동력은 점점 걸림돌처럼 되고 있습니다. 사람들은 기계와 경쟁하고 되고 마침내는 이웃과 경쟁해야 생존할 수 있는 체제로 변했습니다. 물신物神이라는 종교가 세계의 모든 종교보다 더욱 사람들에게 지배적입니다.

1910년 세상을 떠난 톨스토이는 제정 러시아의 귀족으로 소유하던 거대한 농지를 모두 농노들에게 분배하고 러시아 문학을 대표하는 『전쟁과 평화』, 『부활』, 『안나 카레니나』를 포함한 모든 책의 저작권까지 포기하고 한 농민으로 살겠다는 결심으로 은퇴했습니다. 톨스토이로부터 깊은 영향을 받았던 인도의 간디 역시 자립적 농적農的 삶과 농촌의 마을공동체에 인도의 독립과 미래를 걸고 스스로 물레를 돌리며 농사를 지었습니다. 시대의 아픔을 남 먼저 느끼고 고민하던 선각자의 미래 희망은 농업과 농촌 공동체였습니다. 그들이 붙잡고 몸부림치던 시대의 아픔은 지금도 여전한, 오히려 더욱 짙어진 인류의 아픔입니다.

농촌은 피폐해지고 농민들은 노쇠해지고 있습니다. 그러나 연로한 농민들이야말로 우리 농촌과 농민의 본질적 가치를 몸으로 알고 있는 분들입니다. 이 노령의 농부들에게 땅(농지)을 지키게 하여 도시에 내보낸 자녀들의 귀환을 기다리게 해야 합니다. 이 농부들에게 마을을 지켜 도시에서 지쳐 돌아온 청년들에게 '경쟁보다는 상생을' '편익보다는 환경과 생명을' 더욱 소중한 가치로 깨닫게 가르치는 소임을 하게 해야 합니다. 불행하게도 지구가, 혹은 지역

경제가 회복하기 어려운 파국에 이르더라도 인류의 희망은 농업과 농촌에만 있을 것입니다.

대산농촌재단이 올해로 창립 20주년을 맞습니다. 1991년 10월에 고故 대산大山 신용호 선생은 "농업은 미래를 지켜주는 산업이요, 농촌은 우리 삶의 뿌리"라는 신념으로 우리 농업과 농촌, 농민을 위해 "정부가 하지 않는" 공익사업을 찾아내어 우리 농업의 미래에 이바지하자는 생각으로 재단을 창립, 직접 초대 이사장을 맡았습니다. 농업은 오늘날 자립 국가를 지향하는 모든 나라의 포기할 수 없는 기초산업입니다. 그리고 그 농업은 인류가 살아 있는 날까지 영원할 것입니다.

정태기 약력

정태기 鄭泰基　　Chung, Tae Ki

1941. 2. 28.　　출생 (대구)
2020. 10.12　　별세

학력
1957　경기중학교 졸업
1960　경기고등학교 졸업
1966　서울대학교 법과대학 행정학과 졸업

경력
1965~75　조선일보사 경제부 기자
1976~78　동양화학공업㈜ 기획실장
1978~83　도서출판 두레 대표
1980. 5. 17.~1980. 11. 27.　수배, 도피 생활
1983~87　화담기술㈜ 대표
1987　새신문창간사무국장
1988~90　한겨레신문사 상무이사
1992~95　포스데이타㈜ 부사장
1995. 10. 25.~2000. 5.　㈜신세기통신 대표이사 사장
2000. 9.~2001. 6.　글로벌트레이딩웹코리아㈜ C.E.O
2005. 3.~2007. 2.　한겨레신문 대표이사
2007. 6.~2011. 6.　대산농촌문화재단 이사장
2000년대 중반부터 강원도 평창군 거주

포상
2020. 12. 1.　제8회 리영희상 특별상
2021. 6. 10.　민주주의 발전 유공자 포상(국민훈장 모란장)

엮은이 **조선자유언론수호투쟁위원회**

사람들은 군사독재시대를 '암흑시대'라고도 부른다. 나라와 사회에 대해 알아야 할 것을 알지 못하고 말하고 싶은 것을 맘 놓고 말할 수 없었다. 그 가장 큰 이유는 언론이 권력의 탄압에 굴복하여 알려야 할 것을 알리지 못하고 거짓 보도로 국민을 속여 국민을 어둠 속에 가두었기 때문이다. 언론이 자신의 역할을 포기하고 권력의 통치수단의 하나로 편입되었기 때문이다.

이 죽어 있는 언론을 살리려고 조선일보 기자들이 궐기하여 싸운 것이 1975년의 '3·6 자유언론수호투쟁'이었다. '있는' 사건을 '없는' 사건으로 만들고, '없는' 사건을 '있는' 사건으로, 진실을 거짓으로, 거짓을 진실이라고 보도하는 신문을 더 이상 만들 수 없다고 거부한 것이 조선일보 기자의 3·6 제작거부투쟁이었다.

언론의 자유를 외치며 지금이라도 올바른 신문을 만들라고 요구하는 기자들을 대거 해직시킨 것이 1975년의 '조선일보 사태'였다. 언론사가 언론의 생명인 '언론의 자유'를 외치는 기자 32명을 언론사에서 추방한 것이 조선일보였다. 그 해직당한 기자들이 결성한 단체가 '조선자유언론수호투쟁위원회(조선투위)'다. 이 조선투위가 1년 반 뒤 50주년을 맞는다.

조선투위는 결성된 뒤 약 반세기에 걸쳐 언론의 자유와 민주언론을 위해 싸워왔으며 민주주의를 갈망하는 국민과 함께 나라의 민주화를 위해 싸워왔다.

조선투위는 언론암흑시대를 살면서 언론다운 언론을 갈망해온 국민과 함께 새 언론 만들기에 나서 '한겨레신문'을 만드는 데 열심히 참여했다. 그리하여 동아투위, 80년해직언론인들과 함께 국민의 간절한 염원이었던 '한겨레'를 탄생시키는 데 성공했다. 세계적으로 유례가 없는 사례였다.

언론인 정태기 이야기
언론을 바꾸지 않으면 미래는 없다

1판 1쇄 인쇄　2023년 11월 15일
1판 1쇄 발행　2023년 11월 20일

엮은이　조선자유언론수호투쟁위원회　　**펴낸이**　조추자　**펴낸곳**　도서출판 두레
등　록　1978년 8월 17일 제1-101호
주　소　(04075)서울시 마포구 독막로 100 세방글로벌시티 603호
전　화　02)702-2119(영업), 02)703-8781(편집)　　**팩스**　02)715-9420
이메일　dourei@chol.com　　**블로그**　blog.naver.com/dourei

• 가격은 뒤표지에 적혀 있습니다. 잘못 만들어진 책은 구입하신 곳에서 바꾸어 드립니다.
• 이 책은 저작권법에 따라 보호를 받는 저작물이므로 책의 내용 일부 또는 전체를 재사용하려면 저자와 출판사의 허락을 받아야 합니다.

ISBN 978-89-7443-162-4　03300